向中非合作论坛20周年献礼

浙江师范大学非洲研究文库·总主编　刘鸿武

中非合作论坛20年回顾与展望

中非关系研究论文集锦

主　编　刘鸿武
副主编　王　珩　吴月芽

ZHEJIANG UNIVERSITY PRESS
浙江大学出版社

回首一看世事新

刘鸿武

2020年,中非合作论坛成立20周年,是中非关系发展进程中一个值得纪念的年份。中非合作论坛成立20年来,中非关系有了快速的发展,中国的非洲研究事业也伴随着这一进程而日益为各方所重视,有了明显的进步。为纪念中非合作论坛成立20周年,我们选编了这些年来发表在《浙江师范大学学报(社会科学版)》上的部分论文,汇集成册出版,以作为一个小小的窗口,展示这些年中国非洲研究事业的进步轨迹。

2000年中非合作论坛成立时,我作为国内非洲研究界代表应邀出席了在北京人民大会堂举办的相关活动。从那以后,我开始有了比较多的机会来观察、接触和参与到中非合作的一些具体工作中来,在理论研究与实际工作的结合方面有了一些新的尝试。到2010年中非合作论坛成立10周年时,受外交部委托,我组织了一个中国学者代表团前往南非,与中国驻南非大使馆和南非国际问题研究所共同主办了"纪念中非合作论坛成立10周年研讨会",这也是配合国家对非外交的一种学术交流活动。研讨会召开当天,在南非进行国事访问的时任国家副主席习近平出席了开幕式并发表了重要演讲,晚上他还在中国驻南非大使馆会见了我们,就非洲研究做出了重要指示。按照这次重要会议的精神,我们在外交部支持下创办了"中非智库论坛",并于2011年10月在杭州举办了中非智库论坛的第一届会议。截至2020年,中非智库论坛已在中国和非洲轮流举办了九届,成为中非合作论坛框架下的机制化中非学术交流平台。

2020年也是距我首次到非洲大陆留学整整30周年的年份。30年前的1990年,我受国家留学基金委资助赴尼日利亚拉各斯大学进修,学习非洲文化史,从此开始了我30年不断往返于国内和非洲大陆东西南北的人生。经过长期努力,在各方支持下,2020年8月27日,教育部正式发布通告,确认浙江师范大学的"非洲学"和"非洲教育与社会发展"为国家备案认定的交叉学科。这是现代中国高校发展史上，首次出现以"非洲"命名的学科，在某种意义上开创了当代中国高校非洲学科建设与人才培养的新历史。

过去 10 多年，浙江师范大学围绕非洲研究而逐渐形成了跨学院、跨学科、跨专业的多样化学术团队，越来越多的人参与到了这项事业中。大家共同开展的协同创新工作，给学校的发展进步和精神风貌带来了多方面的积极影响，而这也正是我 2007 年来浙江师范大学创办非洲研究院的一个基本期待与理想目标。当然，就我个人而言，这是一段更为漫长的学术之路，许多事情可以回溯到更遥远的过去，有许多时代背景变化中的个人经历与甘苦，值此论文集出版之际，写此小序以作纪念。

一、奠基与积累

学术研究是一个在实践中逐渐积累和提升的思想过程。我从事非洲研究和人才培养的这 30 多年，大体上可以分为云南大学和浙江师范大学两个时期。前一个时期为后一个时期提供了必要的积累，后一个时期是前一个时期的自然提升与拓展，而把这两个时期连接起来赋予其特殊意义的，却是遥远的非洲大陆，以及在那块大陆上发生的各种有意义的事情。现在回过头去看，这一切的发生发展，是时代、环境、人与事的结合，是许多人共同努力的结果。

1989 年年初，我获得国家留学基金委资助，计划前往西非的尼日利亚拉各斯大学留学，因种种原因，延后到 1990 年年底才得以成行。那是我第一次前往非洲国家。当时从中国去非洲尤其是西非国家还很不方便，我先从昆明飞到北京，在北京办理各项出国事宜后启程出境。第一站是从北京飞到法国巴黎，在那里转机停留了一天，然后途经尼日尔首都尼亚美，飞到大西洋边的多哥首都洛美，住在海边一个叫作和平饭店的酒店里，在那里我第一次见到了西非金色的海滨沙滩。停留两天后，我终于搭上了一趟航班飞到目的地尼日利亚首都拉各斯，在中国大使馆的帮助下抵达拉各斯大学，在简陋的国际学生宿舍里安顿了下来。整个宿舍楼里住满了来自西非地区各国的黑人大学生，也有少量来自中东的留学生。

初次到遥远的非洲且一头就沉到了非洲当地人的生活环境中，一切都是那么新奇而吸引人。异域的风情、独特的环境、多样的民风，使我好像一下子回到了跟随父母去到一个新的少数民族地区的童年，在陌生世界里，环境、生活、语言、风俗的种种差异令人感到新奇，让我敏感而有所触动，似乎我的精神生命开始复苏，续接上过往的生活世界。后来许多年，每当有人问起我为什么做非洲研究的时候，我都会觉得这与我自小生长在中国边疆民族地区有很大关系。这种相似感不仅让我选择了非洲，而且让我一直坚守了下来。

从我个人经历与感受来看，中国西南边疆民族地区，在文化特征、生态环境与民族形态的多样性和差异性方面，与非洲多有可比较的相似之处。我出生在云南西双版纳边地一个叫作勐遮的地方，它位于西双版纳州勐海县，当地居民以傣族为主，还有哈尼、拉祜、布朗等少数民族，汉族也有分布。我父母是广东人，新中国成立之初在东北的长春、哈尔滨上大学和工作，后作为国家派遣到边疆民族地区工作的援边干部，跨越数千公里从东北到了西南，在那个特殊时代辗转于昆明、西双版纳、丽江、迪庆、曲靖各地工作，其中在丽江和迪庆生活的时间最长，约有 20 年。1979 年我从丽江考上大学离开云南之前，一直是在云南的傣族、纳西族、傈僳族、藏族、白族、彝族这样的边疆民族地区生活的，这让我从小就浸泡在少数民族文化的环境中，对于多元文化生活方式有着特殊的经历与适应力。这对我后来到非洲那样多民族文化世界中生活与学习，是一个重要的人生经历与知识储备的过程，非洲也因此成了我的第二故乡，一个去了就不会再离开的精神故乡。

我自小生活的云南西双版纳、丽江、迪庆，这些哀牢山与横断山脉深处的世界，优美而壮阔，与非洲之大美可比可通。我后来行走非洲，研究非洲，总是会看到非洲美好的一面，关注非洲美好的一面，即便许多的研究工作与非洲的战乱、动荡、贫困有关，也没有改变我内心对非洲的情感。

在武汉大学读本科时，我学习的专业是中国史，同时也兼修世界史、文学与哲学，听了当时许多著名教授的课程。当时的武汉大学也算是中国高校文史哲学科的高地，学风自由、朴实。我在历史系学习中国历史，唐长孺教授及其门生讲授的魏晋南北朝隋唐政治史、经济史、文化史给我留下了深刻印象，而吴于廑先生及其门生讲授的希腊罗马史、世界史、西方史学史、整体世界史，打开了我这个边疆民族地区长大的学生的世界视野。此外，我还听了石泉教授的中国历史地理、刘绪贻教授的美国史、张希平教授的第二次世界大战史、姚薇元教授的中国近现代史等课程。这些专业性的课程与读书经历，让我初步形成了较为完整的中外历史的知识图谱。同时，大学期间我也到哲学系选修了杨祖陶、陈修斋等教授的西方哲学史课程，听过一些中文系的中外文学语言课程。这些成为我之后学术发展的基础性积累。加上我本身来自边疆地区，对内地汉文化的学习更为敏感，又喜博览群书，后来想一想，相对完整的中国史知识、世界史知识的学习积累过程，对于我做非洲研究其实是很有帮助的。因为这样的知识积累，可以让我有一个比较开阔、有深度的知识背景与比较眼光，去观察、理解、思考非洲文化文明的特点，把握到一些宏观的、重大的、历史性的中非两大文明体系的相同与相异之处，并能理解与感受这些相同与相异之处的形成背景与过程，从而形成自己非洲研究的个性思想与观念看法，而不是简单地跟着别人的知识图景与观念路径，对非洲事务人云亦云。

从武汉大学毕业后，我到云南大学当了一名青年教师，有五六年的时间除了班主任的工作外，主要是给学生上世界史方面的基础课和专业课，包括讲授世界近代史、世界现当代史、西方史学史这几门基础课，还上西方政治制度史、西方文化思想史、世界经济史等专业课。要承担这些课程的教学任务，需要广泛地阅读基本文献，长年积累，这也为我后来专注于非洲问题与中非关系研究奠定了相对开阔的跨区域、跨国别的知识基础。到 1990 年我前往尼日利亚留学时，应该说我自己的生活经历、知识结构和学术视野已比较丰富而成熟了，可以用自己的人生经历和知识积累来观察非洲，观察种种与我过去的生活很不相同的东西。

当时，尼日利亚已经在其内陆建设了新首都阿布贾，有的政府部门已经开始迁往那里，但中国驻尼日利亚大使馆还没有迁走。拉各斯是西非几内亚湾上的大城市，历史上曾是西方贩卖黑人的大本营，因此尼日利亚沿海地区也被称为"奴隶海岸"。后来这里被开发成了种植棕榈树的地区，生产机器润滑油以驱动欧洲的早期工业革命，因此这个地方又被称为"油河口岸"。而"拉各斯"一词，据说最初是一个葡萄牙语词，意思是"潟湖"，海水在这里会倒灌进内陆，之后这里便形成了巨大的红树林、沙滩、椰树林。拉各斯这座海滨城市，由大陆部分和几个岛屿组成，跨海大桥连接着大陆与岛屿，景色很壮观。中国大使馆在维多利亚岛上，拉各斯大学校园位于大陆上，距海湾也很近，每次从学校去大使馆，要穿过亚巴商业区和伊科伊岛，可以充分感受到这个西非大城市的喧嚣、拥挤、热闹。初到拉各斯，我为它开阔复杂的自然景观与城市风貌所感慨：非洲与我原来想象的不太一样。带着这种"与我原来想象的不太一样"的感觉，我在后来的岁月里走遍了非洲大陆东西南北各地，一点点地开始认识了解非洲的丰富与独特。

二、基础研究、现实研究与比较研究

从尼日利亚拉各斯大学回国后，我开始在云南大学组建非洲研究学科，尝试着推进相关探索工作。最先要做的是设定好有意义的研究领域与重点方向。根据我自己的感受与观察，我觉得研究非洲需要先从非洲文明与文化的研究工作做起，这属于基础性研究，也是我初次去尼日利亚留学的课题。同时，在把握非洲文明与文化特征的基础上，又要联系历史来关注现实问题，而重点、焦点应该是关注当代非洲国家的统一建构与政府能力提升问题，这也是我作为一个中国学者从自身经历与视角来观察非洲而提出的现实课题。此外，作为一个身处中国边疆民族地区的学者，我觉得还可以用自己的早年生活经历，来比较中国少数民族与非洲各族群的历史文化与现实发展问题。

带着这些思考与尝试的结果，我在 1992 年同时获得了三个非洲研究领域的国家和省部级项目资助，分别是 1992 年度国家社会科学基金青年项目（关于撒哈拉以南非洲的文化史研究）、1992 年度教育部哲学社会科学规划项目（从部族社会到民族国家——尼日利亚国家发展史研究）、1992 年云南省教委哲学社会科学研究项目（非洲文化与中国少数民族文化历史发展的比较研究）。这三个同时开展的课题，第一个属于基础性研究，第二个属于现实性研究，第三个属于比较性研究，三个课题既有区别又有联系，形成一个相互支撑的整体，这大体上构成了我后来许多年从事非洲研究的基础框架与路径方向。

在 20 世纪 90 年代初非洲研究还不太受重视的情况下，同一年里我作为一名年轻教师能有三个课题同时入选国家和省部级层面的项目，是很不容易的。想到国家给予的信任和托付，我深知工作的意义重大，自然不敢懈怠，全力以赴地开展了相关的研究与教学工作。

在随后几年中，这三个课题之下的一批教学和科研成果被陆续发表出来。1993 年史学方面的重要期刊《历史教学》连续推出了我撰写的关于非洲文化史研究的 5 篇系列文章，这些文章从不同的角度谈论了非洲文化发生、发展和演变的一些基本问题，并且努力从与中国文化、欧美文化做比较的多维观察角度来理解非洲文化的特质与意义。在这些文章的基础上，后来我完成了一篇关于撒哈拉以南非洲文化特征与文化史研究的总结性的理论文章，发表于《世界历史》1993 年第 3 期，这应该是对我后来从事非洲研究的一个基本方法论的路径思考。

1993 年到 1997 年，我先后在《西亚非洲》《思想战线》《史学月刊》《世界经济与政治》等杂志上发表了一系列有关非洲历史与政治形态，以及将非洲文化与中国文化、中国少数民族文化、欧美文化、中东伊斯兰阿拉伯文化做比较研究的论文。这种视野相对开阔的研究，是基于我赴非洲留学调研和长期生活积累的感受而成的，因具有独特的观察基础与分析框架，逐渐引起了学界的关注。那些年，我运用这些研究成果和赴非留学获得的一手资料，开始在云南大学先后为本科生和研究生开设"非洲文化史""非洲国际关系史""尼日利亚政治研究""尼日利亚民族研究"等涉及非洲研究领域以及区域和国别研究的课程，并且招收培养非洲研究方向的硕博研究生。而这几年间，我也通过两次职称破格评审，由助教晋升为讲师、副教授、教授，同时接任历史系世界史教研室主任，与同事们一起开始组建学术团队申报世界史专业博士点，最终在 1999 年以亚非史为特色，经国务院学位委员会审批，建立了世界史专业博士点，于 2000 年开始招收首届非洲史专业博士研究生。云南大学的非洲研究由此开始在全国有了特殊的地位。

20 世纪八九十年代，中国进入经济转型与市场化改革的关键时期。处于快速变动社会下的大学里，人文类的文史哲传统学科面临许多困境，一些人放弃了，转向了，下海了。历史学本就属冷门学科，非洲研究更是"遥远偏僻"而不为人重视和支持。要在如此受冷落的领域开展研究，如何坚持、如何创新，是研究者必须面对的问题。当时我自己的感受就是，如果要坚持做非洲研究，要坚持做历史文化领域的研究工作，首先必须有超越非洲研究本身、超越历史研究本身的更广泛的关于学问与人生、学问与时代的基本问题的思考。因为这是一个学者安身立命的基本要求，这个问题不解决，是不能在非洲研究这个受冷落的领域独自往前走的。

在此思考过程中，我开始关注在中国快速向以经济建设为中心的方向转型的新时代条件下，当代中国人的精神生活应该如何建构，传统的文史哲等学科应该如何做、做什么等问题，以及文史哲等人文学科是否能够通过自身的变革而成为建构当代中国人精神生活、满足当代中国人精神生活需要的基础性学科的问题。20 世纪 80 年代末，我开始撰写关于文史哲和人文学科对当代中国人精神生活特殊意义的文章，如发表于《世界历史》1991 年第 1 期的《人文科学与史学功用》便是这一些思考与研究的早期成果。与此同时，我开始在云南大学开设"人文科学概论"课程，这是一门专门讲授文史哲基本问题的跨度很大的综合性课程。随后我作为云南大学人文实验班的指导教师，努力推进云南大学人文学院的建设工作，还担任历史系世界史教研室主任，承担着繁重的本科生基础教学工作和专业建设工作，每年讲授"西方政治制度史""西方文化史""世界近现代史""国际关系史"等涉及面广泛的课程。

当时，为开设这样一些跨学科、跨领域的大学本科课程，我必须做广泛而大量的阅读，整理授课笔记，撰写教学大纲和编写教材，而这个过程对我后来到浙江师范大学开创专门化的非洲研究院学科建设，其实是一个重要的知识储备和实践拓展的过程。尤其是在云南这样的边疆民族地区，多年系统讲授"非洲文化史"与"西方文化史"这两门既有关联又差异对比强烈的课程，让我逐渐积累起相对丰富和开阔的知识背景，从欧美文化、非洲文化、中国文化的多元视角来理解和讲授相关课程内容。

　　我在云南大学开设多年的本科生课程"非洲文化史"是一门涉及内容十分广泛的基础类课程，它要求我结合在尼日利亚等非洲国家做国别研究的经历，结合自己早年在中国边疆民族地区生活的经历，对非洲大陆重点区域和重点国家的历史、文化、民族、宗教、语言及社会问题做系统的知识积累与内容整理。这一时期，我因为正同时撰写《中国少数民族文化简史》等视角新颖、内容独特的著作，所以有意识地开始思考不同文明与文化之间的相同与相异之处，以及人类不同文明文化间的相互关系，从而逐渐地形成了对非洲文明、非洲政治经济和中非关系的系统性看法和理解。现在回过头去看，这几年正是我系统地积累非洲知识及开展早期研究的十分重要的起步时期。[①]

　　这些思考与研究，对我做专业性的非洲研究是十分重要的。因为从根本上说，一个中国学者如果要继续坚守在这些学科领域，并在坚守过程中做出创新，需要从整体上说清楚讲明白文学、史学、哲学这些人文传统学科在当代中国的特殊价值与意义是什么，中国当代经济社会发展需要什么样的文化环境与精神支持。经过几年的努力和积累，1997年，我开设的课程项目"非洲文化史课程建设成果"获得云南省教学成果奖一等奖，随后又作为云南省向教育部推荐申报项目，经过专家论证鉴定，最终获得了当年的国家级教学成果奖二等奖。这是我首次赴非留学的重要成果，也是迄今为止国内唯一一项非洲领域的教育部国家级教学成果奖。

　　在此基础上，1998年我与同事们在云南大学创建了"云南大学亚非研究中心"，这是国内高校成立比较早的非洲研究机构之一。2001年，我主持的"亚非历史文化学科建设与研究人才培养"项目再次获得云南省教学成果奖一等奖，我主持的"适应国家发展需要的高等学校人文素质教育"项目也同时获得云南省教学成果奖二等奖。2002年，我与同事们牵头申报的以亚非国际关系为特色的国际关系专业博士点获得了国务院学位委员会批准，我从2003年起开始招

---

　　① 　关于这方面的相关论述，请参见刘鸿武《从中国边疆到非洲大陆：跨文化区域研究行与思》第一、二章（世界知识出版社2017年5月第1版，2018年1月修订后第2次印刷）。

收非洲国际关系方向的博士研究生，同时在世界史、国际关系这两个专业领域培养非洲研究的博士研究生，这些都为以后云南大学的非洲研究发展开创了最基础的平台资源。

2002 年，我开设多年的课程"人文科学概论"的教材《守望精神家园——人文科学论纲》获得教育部全国普通高等学校优秀教材奖二等奖（从 2005 年起，国家级教学成果奖与国家优秀教材奖合并为一，不再独立评选国家优秀教材奖）。2004 年，这门课程的改编教材《故乡回归之路——大学人文科学教程》被列为国家高等学校人文素质教育教材，由清华大学出版社出版；同年，"人文科学概论"入选教育部国家级精品课程，这也是到目前为止云南大学为数不多的几门国家级精品课程之一。这门课程的网络课程资源后来在全国许多高校得到推广使用，教材也一再修订再版。2010 年，云南大学出版社出版了我的《文史哲与人生——人文科学论纲》。2013 年，《故乡回归之路——大学人文科学教程》经修订后收入云南省"百人百部"系列而由云南人民出版社再版。2006 年，经学校批准，我在云南大学正式创办了云南大学非洲研究中心，我作为创始主任，在云南大学建设起了一个半实体性的科研机构。就这样，经过近 20 年的积累与发展，云南大学的非洲研究学科逐渐建立起来，云南大学也成为当代中国非洲研究和人才培养的重要高校之一。

培养一大批硕士、博士研究生和青年教师，是我 30 多年学术生涯所做工作中很重要的一部分。我自 1984 年开始在云南大学工作，先后担任助教、讲师、副教授、教授 30 多年，并在世界史、国际关系这两个专业持续招收培养非洲研究方向的硕士生、博士生（2007 年我到浙江师范大学创办非洲研究院后，继续担任云南大学硕士和博士研究生导师）。到 2020 年，云南大学经我指导毕业的累计有 30 名博士生（目前还有在读博士生 5 人）、72 名硕士生。2007 年，我到浙江师范大学创办非洲研究院，继续推进研究生培养，并通过努力开创了非洲学、非洲教育与社会发展、中非关系史等方向的交叉学科，目前已经在浙江师范大学累计招收培养博士生共 11 名（已毕业获博士学位 1 名），硕士生 22 名（已毕业获硕士学位 16 名）。

这前前后后毕业的 100 多名非洲研究方向的博士和硕士，一部分留在云南大学工作，更多的则分布于全国各地甚至遥远的非洲各国，在各地开枝散叶，各创新业。他们许多人都坚守在非洲研究的实际工作和科研教学领域，经过自己的努力，成为中国非洲研究的后起之秀，成为各单位的学术骨干、教授、博士生导师，比如李智彪教授、罗建波教授、亢昇教授、龙向阳教授、周倩教授、张永宏教授、李泽华教授、王珩教授、赵姝岚教授、王涛教授,以及李湘云副教授、姜恒昆副教授、肖玉华副教授、张瑾副教授、杨惠博士、方伟博士、杨广生博士、王严博士、武涛博士、宁彧博士、胡洋博士、周军博士,等等。有些陆续在全国开创了自己的研究事业,有的甚至建立了新的研究机构,如罗建波教授在中央党校建立的非洲研究中心、李智彪教授在中国社科院西亚非洲研究所开展的创新工作、李泽华教授在云南国土资源职业学院创建的非洲资源研究中心、杨广生博士在浙江农林大学参与创建的非洲农林研究院、方伟博士在安徽大学参与创建的西亚北非研究中心等,这些都是可喜可贺的成果。

能有这么多的博士和硕士研究生毕业后继续从事与非洲研究有关的工作,对一名导师来说,是一件很值得欣慰的事,也可以说是我一生中很有意义的成就之一。之所以有此成就,一方面与我始终注重培养学生们的非洲兴趣与志向有关,让大家在读书时就对非洲有了一份持久的感情,因而后来不少人选择了非洲研究为自己一生的事业;另一方面却是大时代的特殊背景使然,因为这些学生赶上了中非关系快速发展的好时代,获得的用武之地和成长机会日益广阔和增多。

三、浙江师范大学创业新天地

不过,2007年以前我在云南大学的工作,基本上是"导师＋学生"式的师徒小作坊体制,每年带三五个博士生和硕士生,与学生一起,围绕着我主持的课题和开设的课程,做些研究工作,写几篇学术论文,另外,我还指导学生完成学位论文。到2006年我即将离开云南大学前往浙江师范大学创办非洲研究院时,云南大学时任领导希望我能继续主持云南大学的非洲研究工作,于是经学校批准,一个实体性质的云南大学非洲研究中心正式成立,由我担任中心主任。学校提供了两间办公室,每年有数万元的专项经费供中心使用,还把我的几位学生留下来作为专职科研人员,这应该是一个很大的进步了。但总体来说,研究的规模与层次都还很有限。

不能把非洲作为一个独立的专门化的学科领域来做系统完整的建设并培养更多的人才,这始终是我在云南大学工作时的一个缺憾。因而,如何更好地推进非洲研究事业进步,培养更具专业性、规模化、实体性的非洲研究队伍,建构开阔的学科平台,让更多人参与进来,一直是我思考关注多年的问题。

2006年是中非关系发展的关键一年,也是我做非洲研究出现转折性变化的一年。那一年11月中非合作论坛的首届峰会北京峰会召开,我应邀出席了相关活动,感受到中非关系加速发展的时代脉搏正在有力地跳动,国家对非洲研究的期待也在明显提升。北京峰会前后,我承担的一个中国国际关系学会委托的项目"中国对非洲战略初探"获得了学会奖励,我收到通知要到北京参加颁奖大会。时任国务委员唐家璇同志出席大会并给我颁发了获奖证书,学会几位领导也建议我做更多的努力来推进非洲研究。

这一进程的重大变化,是从我2007年赴浙江金华在浙江师范大学创办一个成建制的、专业性的非洲研究院而开始的。从那时起的10多年来,我一次次地往返于中国和非洲各国之间,在各方支持下,与我的同事们开始为建构一个相对独立的非洲研究学科,或可称之为"非洲学",而做出更为系统、综合的努力,并在此平台上培养新一代年轻学者。如今,一支包括多位非洲籍学者在内的40多人的专职科研与管理团队在浙江师范大学非洲研究院成长起来。除此之外,在浙江师范大学内部,参与到非洲研究领域中的各学院老师也越来越多,有10多个校内学院建立了结合自己学科特色和优势的涉非研究机构,从而使得非洲研究逐渐成为这所大学的一个综合性品牌。

在人才培养方面,这10多年来,浙江师范大学通过各类基地和学位研究生教育,培养、培训了数千名来自非洲数十个国家的各级各类政府官员、大中小学校长、各类专业教师、智库机构和媒体工作者。学校有10多个学院设立了涉及非洲的本科专业方向与研究生专业方向,仅非洲研究院自身培养毕业的研究生就已经累计近200人,他们中的一些人已经成长为中国非洲研究的另一支生力军,可谓前景可期,令人欣慰。

现在,如果把云南大学非洲研究中心和浙江师范大学非洲研究院这两支队伍加在一起,包括科研人员、管理团队、研究生(含留学生),毕业了的、在读的,那么,差不多占到了今日中国非洲研究的半壁江山,他们所承担的非洲研究领域的国家社科基金项目也几乎占到了这个时期全部非洲领域国家社科基金项目的一半,可谓名副其实的中国非洲研究领域的"国家队"。因而当2017年国家启动首个与非洲国家的人文交流机制"中国-南非高级别人文交流机制"时,交流机制秘书处教育部国际司便将这一机制下设的两个研究机构"中国-南非人文交流研究中心",分别设立在了浙江师范大学和云南大学,这是足以让我感到自豪和欣慰的成就。

在过往30多年的探索过程中,我和我的同事们做了许多方面的探索、尝试、实践,有许多收获和成果,也经历过许多挑战和困难,有不少遗憾和挫折,其间的甘苦冷暖,如水入口,冷暖自知,如要做一番回顾梳理,自是一言难尽。无论是当年从非洲回来在云南创建非洲研究学科,还是后来到金华创办成建制的非洲研究院,都是一种颇具挑战性的全新尝试,并无前车可鉴,得自己去探路,去行走。我想,每个人的经历不同,感受相异,但所有的探索都是有价值、有意义的。中国人历来重视历史经验与教训的总结,记载总结这个过程,当是一件对于后来者有意义的事情。

四、非洲学的实践性与创新性

总体上说,非洲问题研究,也包括中非关系研究,涉及的领域都很广泛复杂,举凡非洲各国、各地区、各领域之政治、经济、历史、文化、内政、外交,乃至天文与地理,皆可包容在研究领域内,而中非关系快速发展,涉及的领域与问题也是与时俱进。那么,一家研究机构或一个学术团队,乃至一个学者本身,要如何选定自己的研究方向与研究领域,以什么样的方式和角度去开展研究工作、培养人才呢?非洲大陆各国各地区之国情民状不仅千差万别、各不相同,而且这块大陆正在经历着快速的变化发展,各个国家都处于变化与动荡、变革与探索的过程中,那么对于这样一个复杂多样且不断变化着的研究对象,中国学者要对其进行认知、把握与理解,又需要什么样的战略眼光、认知理念和治学方法呢?

从理论上讲,非洲研究涉及非洲大陆数十个国家,我们是对非洲所有国家开展研究,还是选择其中的几个重点国家来做研究,也是一个比较难确定的问题,因为非洲的重点国家并不好选择。有些国家虽然小,但地位却很特殊;有些国家过去不太受人关注,但突然发生的事情影响很大;有些国家资源十分贫乏、经济实力弱,但却可能是中非合作的重要伙伴。因而选择重点研究国家或者重点领域对于中国的非洲研究者来说一直是一件费思量的事情。近年来,教育部提出中国的区域国别研究要全覆盖、无死角,从非洲研究来说,这应该是一个努力方向,但做起来却并非易事。此外,非洲研究涉及面宽泛,因而从自然科学、社会科学、技术科学、人文科学的不同学科角度,都可以涉足其间,做综合性、整体性、联动性的研究。此外,要建设一个优秀的非洲研究机构,不但需要其管理团队和学科带头人及科研人员的学科覆盖面广泛、知识储备深厚,而且更需要能形成相互合作、协同攻关的研究团队,否则就会杂乱而纷繁,呈碎片化形态。如何在理论和实践上有效解决诸如此类的特殊挑战,如何统筹整体与个体的关系,都是必须充分考虑的。

从原则上讲,上述这些问题的解决,自然是无一定之规,无特定之法,而应该坚持实事求是的原则，依据研究对象之多样性与特殊性，采取因时而变、因事而变之多样性、变通性之治学路径与方法，边走边看，边做边想，在实践中探索提升，从而不断接近真理。但是，研究者又不能随意乱走，漫无边际，不思方向。如果一个科研机构没有自己的核心理论与战略目标，让年轻的科研人员自生自灭，或许也会有个别的优秀人才靠自己的努力走出适合自己的学术道路，成长起来，但整个机构松散杂乱、人浮于事、无所作为的情况也许就很难避免。

学术是人的一种主体性追求与创造，依赖于人的实践与探索，并无一定之规。作为一个实践主义者，或者说行动主义者，我认为在探寻中国认识非洲、研究非洲的学科建设过程中，不可能有一种普适的理论或主义可以照着去做，而应该根据实际情况，在实践中去探索一条独特的道路。不过，在一些大的方面，还是有一些基本原则与理念需要用心思考和规划。结合自身经历，我一直以为，一个新创立的研究机构若要走得远，走得高，走出一条自己的路来，在刚开始的时候，还是应该有一番慎思明辨、高举远慕之战略思考与规划构想。

这些战略性的方向与构想，大致如下：一是要努力设定好自己的建设宗旨、发展目标与前行路径，再以严谨勤奋之躬身力行在实践中一步一步探索、完善、提升；二是要有一种与众不同、开阔包容之治学理念与精神追求，形成一种独特的学术文化与研究品格，并将其体现在事业发展的方方面面；三是要有高屋建瓴之完整规划、切实可行之实施路径，并在具体工作中精益求精，做好每个细节；四是要有开阔坚实之发展平台、丰富多样之学术资源，汇集方方面面的资源与条件为年轻人创造发展空间；五是要有扎实严谨、亲力亲为的勤奋工作，敏于行而讷于言；六是要培养出一批才情志意不同凡响的优秀人才，有一批心性不俗的志同道合者。

这些年，在探索前行的实践过程中，我作为一个组织策划者和领导者，无论是在云南大学还是在浙江师范大学，在学科、学术、学生的不同层面上，要做种种的建设探索，要扮演多重的角色，包括制定研究院的各种学科、学术、学位的建设规划，同时努力将其付诸实施。为此，我写过许多具有操作性的工作报告，制定过若干份发展规划或工作纲要，在不同的工作场合与研讨会现场发表过许多演讲，在实践过程中陆续写下了一些理论性的思考文章。这些工作报告、发展规划、实施方案、学术演讲稿、理论文章，总体上都不是坐在书斋中的纯理论研究，不是空洞的理论推演，而是来自我自己创办非洲研究中心和非洲研究院的真切感受，起源于实践中碰到的问题、面临的挑战、遭遇的困境，以及要解决这些问题、应对这些挑战、突破这些困境，我们应该如何做、做得如何等的思考所陆续形成的文字。这一切，大体上构成了我行走、思考、治学的基本来源。

行动与行走，是我从事非洲学理论问题研究的起点与归属，但这并不意味着我忽视理论本身，轻视思想与精神。事实上，所有的实践与行动，背后都是有思想与理论的，因为在行中需要思考，当你去行时，其实一定有思在里面。我想，一个大学教授，如果他从没有做过学科建设与规划，从没有做过学科组织与管理，就来写学科建设的理论文章，可能是另一种写法，即一种从理论到理论、从概念到概念的写法。而我有所不同，我是一个实践者，一个在行走中思考与观察的人。这种在实践中做出的规划、思考、总结，必然包含着许多知识创新与思想成长的内容。中国人讲"知行合一"，或者说是"行知合一"。正如王阳明所说，行中必已有思，有心，有真诚，他强调"知行合一"，知与行，其实是在一个过程中并行产生的。对我来说，建设非洲研究学科，首先不是一个理论问题，而是一个现实问题，是一个在行动的过程中面临的问题，对这些问题的理性思考与解答实践，后来我在小书《非洲学发凡——实践与思考六十问》中做了初步的总结说明。①

五、坚守、坚持与坚韧

当代中国非洲研究学科建设问题，既是一个理论问题，又更是一个实践问题。我多年的理论与实践探索，就是以个人经历为背景，以非洲研究院建设为个案，对当下中国非洲研究事业的发展走向、当务之急及具体举措如何落实做出了一些描述说明。这些不成熟的探索实践总体上还是初步的，将其梳理出来，形成文字，是希望能为当代中国区域国别研究学科建设提供一些素材。我想，其中若有成功的经验与素材，则可供后人借鉴参考；若有什么挫折与失败的教训，则也可能有助于后人吸取教训而加以避免。

回顾这么多年的学术探索路程，有几点特别的感受。

第一个感受，学术研究是一个长期积累的过程。无论是教学还是科研，都不是一天就能做起来的，而是需要积累和沉淀，需要传承和延续。经常有人说浙江师范大学的非洲研究是从无到有，是突然发展起来的，其实不是，它有根源，有传承。这个根源和传承，从我自己的角度来说，就是当年我来浙江师范大学之前所积累的工作，如果没有我过去在尼日利亚、坦桑尼亚留学的经历，没有在云南大学 20 多年的坚持不懈，就不会有后来的这些成果。人们常说，学者到

---

① 刘鸿武. 非洲学发凡——实践与思考六十问. 北京：人民出版社，2017：25.

了哪里，学科或学术就到了哪里。比如，我当年在云南大学获得的两项国家级教学成果奖和教材奖、三项云南省教学成果奖，出版的许多著作，培养的许多人才，这些积累起来的成果，随着我到浙江师范大学，也就相应地"传导"或"溢出"到了浙江师范大学，成为该校非洲研究学科建设的一个基础。可以说，学术是有积累和传承的，浙江师范大学非洲研究的一个重要源头在这里。同时，学科学术建设又是能创新和发展的，这 10 多年来我与我的同事们在浙江师范大学所开展的工作，因为有新的平台建设与资源投入，有新的学术团队的成长，在这里我们又创造了更新更好的成果，做了更多更有意义的工作。这就是一个自然的历史过程。正如中国人常说的，过去的并未过去，未来的已经到来。

第二个感受，是古人说的"功夫在诗外"和"学问就是人生"。也就是说，你能做成一件杰出的事，功夫和本事其实是既在这件事之内，又在这件事之外的，你得有超出这件事本身的开阔学术视野与眼界心胸、智慧与能力。就我们做非洲研究来说，要做得好，在做自己的非洲政治、经济、教育、宗教专业时，必须有超出这个专业范围的更广博的知识与更开阔的理论修养、兴趣与爱好。这方面我自己的感受，就是当年在云南大学做的文学、史学、哲学、国际关系学、非洲学的跨学科研究与教学，以及人文科学基础理论的研究与教学。在这方面我也花了差不多 20 多年的时间积累和探索，形成了自己的知识体系和跨学科跨领域的学术背景，这让我后来到浙江师范大学创办非洲研究院时，得以有一个相对开阔的知识视野，能把这么多的学科和学院沟通和连接在一起，组织起创新型的跨学科非洲学，因而能与国内其他非洲研究机构有所不同。这就是中国古人所说的"功夫在诗外"的意义，或者说，功夫既在诗内，也在诗外，也就是人们常说的"磨刀不误砍柴工"。我们非洲研究领域的科研人员如果要有所成就，就不能心胸太狭隘、视野太狭小、目光太短浅，各个学科、各个领域的知识，非洲以内和非洲以外的政治、经济、文化、教育、历史、宗教、民族、社会、自然、科技、地理，各方面的知识、各方面的研究，对自己做好非洲研究都是有意义的、有帮助的。甚至，你真要做好非洲研究，也必须努力懂得中国，懂得欧美，懂得亚非拉。

第三个感受，坚守才是一切。非洲研究是一个相对比较艰苦与困难的领域，与热门学科相比，一个学者自己的精神世界和学术追求是不是够单纯，是不是够本真，是不是够持久，是不是够坚韧，对于能否真正成长为一个优秀的非洲研究学者可能是至关重要的。天下许多事情，没有什么诀窍，都是时间换来的，非洲研究尤其如此。10 年，在非洲学术研究领域，是一个最基本的时间单位。凡事不坚持 10 年甚至 20 年、30 年，或许都不会有重大的成果。我有时会对学生和青年教师讲,我们做非洲研究,也没什么特殊的方法与理论可作灵丹妙药,也不一定非要有什么天赋才华,唯一重要的就是你能不能坚持。能坚持,一直去做,一直走,就可以了。如果稍有所成就停止不前,或稍遇挫折就放弃而去,则终难成大事。就比如说,关于中国的"非洲学"能否建设、如何建设,以后人们还会一直探索讨论下去,有人说可以,有人说不可以,可我觉得无论说可以还是不可以,大家都各有各的道理,都各有各的见识,自当在实践中百家争鸣、百花齐放。

我想,中国的非洲学建设,其实是一个开放着的、建设着的过程,也许它永远都不会有正式宣布自己建成的那一天,它一直开放着,一直在拓宽着前面的路。我们要做的、能做的,就是努力行走在这条路上,去探索、实践、思考,完善它、发展它。

学术追寻永无穷期,而实践之路长青。

目　录

第三篇 中非和安合作

第四篇 中非人文交流

第一篇

中非政治互信

对非发展援助与中国国际责任的
当代实践*

刘鸿武

摘要:作为一个有久远历史传统和深厚文化根基的文明古国、一个日渐崛起的现代国家,中国在当代的对非援助与履行国际责任带有明显的自主特色与东方大国的行为特征,它既根植于中国古老的文化传统与民族精神之中,又紧紧服务当代中国在全球化时代背景下追求复兴强盛的时代要求与战略目标,以及推进世界和平发展的中华民族时代使命感。本文基于中国传统文化与民族精神,讨论分析了当代中国对非援助与履行国际责任的民族实践及支撑这种实践的历史基础与文化渊源,并分析了中国对非援助与中国承担国际责任之间的互动关系。

关键词:对非援助;国际责任;中华文化;民族实践

作者简介:刘鸿武(1958—   ),男,云南西双版纳人,浙江师范大学非洲研究院教授,教育部长江学者特聘教授。

近年来,关于中国对外援助和国际责任问题、关于中国要做一个负责任大国的话题在国际上十分流行,西方一些政客和媒体更是热衷于此,各种议论、猜测和指责可谓花样翻新,十分热闹。①其实,中华民族在这个世界上的生存发展已经有数千年了,它与世界上其他国家的交往早有漫长久远之历史。作为世界史上最古老且延续至今的文明的创造者,中华民族之所以能绵延发展数千年而不衰,就在于它自古迄今一直是一个群体意识、家国意识、天下意识、责任担当

* 本文发表于《浙江师范大学学报(社会科学版)》2015 年第 2 期(本书后面的文章均发表于此刊物,后仅标注发表的年份、期号)。基金项目:浙江省高校重大人文社科攻关计划重点规划项目"未来 10 年大国在非洲的战略博弈与中国非洲学的建构及使命"(2013GH001)。

① Zoelick,R. B. "Whither China:From Membership to Responsibility?":Remarks to National Committee on U. S. -China Relations. (2014-12-20)[2014-12-25]. http://2001-2009. state. gov/s/d/former/zoellick/rem/53682. htm.

与忧患意识很重的民族。当代中国的对非援助及与非洲国家的互利合作正是整个中国漫长历史创造的一部分，是古老文明精神的现代延续。

一、中华文化传统中的忧患责任意识与天下担当情怀

中华民族是一个特别重视群体利益与天下安危的古老民族。中国人常说"一个好汉三个帮"，也知道"独木难成林"之道理，因而一直主张在"人我之间"和"家国之间"建立起一种平衡互利的关系结构，倡导"己欲立而立人，己欲达而达人"之基本准则。人际关系如此，国际关系也一样。当今世界，一个国家、一个民族要想生存和发展，必得与他国、他族有往来，有合作，在互利合作中寻求自我发展，努力与外部世界形成一种互为机遇、互为动力、自利与利他相平衡的新型国际关系。而实施对外援助与承担国际责任是在现代国际社会中一国、一族与他国他族交往合作而形成的一种基本关系形态。①

中国是一个文明古国，一个有着自己独特知识传统与世界视野的国家。早在上古之时，在自身文明视域所及之范围内，中国的先贤们就形成了一种开阔高远的古人称之为"天下"的济世情怀，一种超越个体生命之小我而形成"民，吾同胞；物，吾与也"②之大同理想。这其中体现的宽广、担当与远大，从根本上支撑着中华民族千百年来的生存与发展。

在千百年治乱相因、盛衰更替的漫长历史进程中，中华民族一代又一代的先贤圣哲始终在思考国泰民安之策，探究太平盛世之举。在此过程中，中华民族逐渐从自己的历史实践中生成了一种"推己及人和推己及物"的普适情怀、一种"己欲立而立人，己欲达而达人"的"担当天下"的责任文化。所谓"生年不满百，常怀千岁忧"，一代又一代，中华民族的仁人志士始终恪守"穷则独善其身，达则兼济天下"的处世原则，秉持"天下兴亡，匹夫有责"的家国信念与责任意识，超越个体生命之"小我"而上下求索，努力去完成"立功、立德、立言"之人生使命，从而"为天地立心，为生民立命，为往圣继绝学，为万世开太平"。由此而在中国政治史、思想史、文化史上留下了极为丰富的、具有中华民族特色的关于"自度与度人""自立与济世""个人与国家""责任与权利""中华与世界"之种种关系维度如何处理与理想状况如何达致的思想智慧和知识传统。这些丰富的

---

① 刘鸿武. 非洲发展大势与中国的战略选择. 国际问题研究，2013（2）：72-87.
② 出自"故天地之塞，吾其体；天地之帅，吾其性。民，吾同胞；物，吾与也"。见：张载. 张载集. 章锡琛，点校. 北京：中华书局，1978：320.

思想智慧、精深的知识传统,实为支撑中华民族历数千年风霜雨雪而不衰、经无数磨砺考验而永固的精神根基与民族精神。①

深刻洞习和准确把握国家民族治乱兴衰之缘由并有强烈的担当情怀与责任意识,是中华民族得以生生不息绵延不止的内在精神动力。早在两三千年前,中华先贤们就开始系统地思考国家民族治乱兴衰之根源及每一代人所应担当之责任。所谓"殷鉴不远,在夏后之世",为取鉴以经世,疏通以知远,一代又一代中华先贤们原始察终,见盛观衰,上下探索千年文明演进之规律,更以"天行健,君子以自强不息"的责任意识与生命信念,探寻家国民族兴亡之运、盛衰之迹,从而"垂鉴戒、定褒贬",在总结历史经验教训、顺应历史潮流的基础上担当人生责任,开创国家民族之繁荣盛世。一代又一代,中华民族的先贤们以高远的天下情怀与责任意识,努力去"观乎天文,以察时变",将数千年沧桑往事与岁月沉积通贯于眼前而观之,将过往之一切成功经验与失败教训总结升华成为种种关于"变易通久""自强不息""多难兴邦""厚德载物"的民族忧患意识与民族奋斗精神,并因此而去安邦治国,经世济民,去创造"经国之大业,不朽之盛事",从而"上无愧于天,下无憾于地,外无负于人,内无疚于己"。②"人生自古谁无死,留取丹心照汗青",这正是一种"青山与我长在,江河并我共流"的中华民族传承久远的担当情怀与责任意识。

进入近代后,在西欧率先兴起向现代社会加速发展的两三百年间,中国一度闭关锁国,隔绝沉沦,乃至落后于世而为西方列强欺凌,甚至遭东亚近邻日本铁蹄入侵劫掠,国运之衰可谓千古未有。但是,国人终能"知耻而后勇",以史为鉴,痛改前非,几代中国人奋力变革图新,放眼全球而追逐先进,使中国终得复兴崛起,巍巍然再次自立于世界民族之林而成一世界性大国。近代以来中华先贤的此种复兴国家民族的担当情怀、责任意识、自强精神,自可光大于世而成为今日国人走向世界、履行担当中华民族济世利他之国际责任的坚定信念与精神动力。

二、中华责任文化传统的现代国际实践及其创新意义

当代中国对非洲国家民族解放与发展事业的积极支持、援助与合作关系,

---

① 刘鸿武. 故乡回归之路——大学人文科学教程. 北京:清华大学出版社,2004:27.
② 刘鸿武. 文史哲与人生. 昆明:云南大学出版社,2010:66.

就是在这样一个大的时代背景下逐渐发展起来的。① 从全球角度看，第二次世界大战结束以来的 70 年，全球体系结构及国家间的关系一直处于不断变化与调整中，以援助为对外交往的特殊工具和手段而与亚非拉发展中国家形成独特的交往关系，一直是当代世界国际关系的基本形态与内容之一。②

一般而言，现代意义上的国际援助与国际责任是随着现代国际体系的诞生而形成的，而现代主权国家（或民族国家）的出现和以主权国家间的关系为基础的现代"国际社会"的形成，是国际援助与国际责任产生的两大基础。③ 中华民族参与现代世界体系及其国际援助体系，是一个逐渐认知、推演与拓展的过程。作为现代世界体系中的国家，中国在进入 20 世纪后，在追求中华民族伟大复兴的过程中，也开始以自己的方式，站在新的时代起点与全球视野上，来思考中华民族在复兴自我并自立于世界民族之林的过程中，如何在自存与共存、援他与助我、利己与互惠之间寻求适当平衡，努力承担起现代意义上的国际主义与人道主义责任，为人类现代和平与发展做出自己的贡献。④

早在 20 世纪初叶，孙中山在领导中国革命时曾说过："中国如果强盛起来，

---

① 刘鸿武，杨洁勉. 中非合作 50 年：背景、进程与意义——中国学者论中非关系（英文版）. 昆明：云南大学出版社，2009. 正如美国学者黛博拉·布罗蒂加姆在其研究中国对非援助的著作《龙的礼物：中国在非洲的真实故事》中指出的，中国的援助与经济合作组织的援助是很不一样的，"这种不同既体现在内容方面，又体现在援助活动的标准方面"。在她看来，"中国是截然不同的捐助者和战略伙伴。因为中国本身也是一个发展中国家，而且是一个在近期拥有类似经历的伙伴。中国在发展上所取得的成功（比如说中国在快速经济转型和减少贫困方面的成功）使它具有了很大程度的可信性"。Brautigam, D. *The Dragon's Gift：The Real Story of China in Africa*. London：Oxford University Press，2009：3.

② 在当代世界的援助体系中，西方国家一直占据主导地位，国际援助理念与政策、援助手段与标准，也多由西方国家制定和掌控。按照西方学者的看法，世界各国的援助的动因各有不同，但大体上可以归纳为如下几个方面。第一，人道主义需要，对受援国面临的各种自然与人为的灾难提供人道主义的援助与救助。第二，国家外交与战略的需要。受援国对本国具有特殊的战略意义，通过援助可以加强对受援国的政治经济影响力，提升本国在国际战略竞争中的地位与实力。第三，经济利益方面的考虑。通过援助可以推进本国经济利益的拓展与扩大合作空间。虽然受援的国家经济十分落后，从当下看援助成为发达国家单方面的付出，但受援国往往具有巨大的经济发展前景，因而援助可以让施助者获得长远的经济利益。第四，文化传统、价值观念和意识形态立场的共通性与相似性。通过援助可以增加援助者在国际上的战略盟友，巩固文化传统与价值理念方面具有共同基础的合作伙伴关系。第五，地域政治的考虑，等等。参见：Schraeder, P. J., Hook, S. W. & Taylor, B. Clarifying the Foreign Aid Puzzle：A Comparison of American, Japanese, French, and Swedish Aid Flows. *World Politics*，1998，50（2）：294-323.

③ 本文中使用的"主权国家"与"民族国家"这两个概念具有内涵与外延的同构性与互换性。主权是国家的基本属性，是国家形成与维持的核心，而这里的"民族国家"中的"民族"，是指构成这一国家的全体民众共同组成的以国家为基础的共同体，相当于"国族"，是以国家为范畴的"国家民族"，他们在一国之内共享不可分割之国家主权。

④ Liu, H. W. China-Africa Development Cooperation and Reshaping of Modern Human Civilization. *China International Studies*，2010（5）：38-47.

我们不但是要恢复民族的地位，还要对于世界负一个大责任。"而后又明确告诫后人："余致力国民革命，凡四十年，其目的在求中国之自由平等。积四十年之经验，深知欲达到此目的，必须唤起民众，及联合世界上平等待我之民族，共同奋斗！"①第二次世界大战期间，中国人民以自己英勇顽强的抵抗精神在东方战场抗击日本法西斯，救亡图存之时，积极推动世界反法西斯统一战线的形成，为世界反法西斯战争的最终胜利做出了巨大贡献。毛泽东在领导中国革命时也曾说过："我们的责任，是向人民负责。每句话，每个行动，每项政策，都要适合人民的利益，如果有了错误，定要改正，这就叫向人民负责。"②新中国成立后不久，毛泽东在一篇纪念孙中山先生的文章中谈到中国与外部世界关系时明确表示："再过四五十年，就是二千零一年，也就是进到二十一世纪的时候，中国的面目更要大变。中国将变为一个强大的社会主义工业国。……中国应当对于人类有较大的贡献。"③他还说，中国人口已达到 6 亿多，面积达到 960 万平方公里，是世界大国，"而这种贡献，在过去一个长时期内，则是太少了，这使我们感到惭愧"④。援助亚非拉人民的独立与解放事业，能为人类做出较大贡献，也因此成为新中国领导人的一个奋斗理想与长远目标。1963 年 8 月，毛泽东在会见来访的非洲朋友时进一步表示："已经获得革命胜利的人民，应该支援正争取解放的人民的斗争，这是我们的国际主义的义务。"⑤

　　20 世纪 60 年代中国开始向亚非拉国家提供援助时，中国领导人曾对援助的战略意义与目标有过相应的思考："我国对外援助的出发点，是根据无产阶级国际主义精神，支援兄弟国家进行社会主义建设，增强整个社会主义阵营的力量；支援未独立的国家取得独立；支援新独立的国家自力更生，发展民族经济，巩固自己的独立，增强各国人民团结反帝的力量。我们对兄弟国家和新独立国家进行援助，把他们的力量加强了，反过来就是削弱了帝国主义的力量，这对我们也是巨大的支援。"⑥为此，中国领导人曾经多次对来访的非洲国家领导人说，我们援助非洲其实就是援助我们自己。⑦

　　进入 21 世纪以来，随着中国发展进程的加快与国力的增强，随着中国日益

①　孙中山. 孙中山选集. 2 版. 北京：人民出版社，1981：691.
②　毛泽东. 毛泽东选集（第四卷）. 北京：人民出版社，1990：128.
③　毛泽东. 毛泽东文集（第七卷）. 北京：人民出版社，1999：157.
④　毛泽东. 毛泽东文集（第七卷）. 北京：人民出版社，1999：157.
⑤　毛泽东主席接见非洲朋友的谈话. 人民日报，1963-08-09(1).
⑥　在第三届全国人民代表大会第一次会议上周恩来总理作政府工作报告. 人民日报，1964-12-31(1).
⑦　周恩来发表中国政府对外经济技术援助八项原则. (2009-03-18)[2009-03-24]. http://www.china.com.cn/fangtan/zhuanti/2009-03/18/content_17464417.htm.

融入全球体系及中国经济规模与总量的上升，中国与外部世界形成了越来越紧密的互动依存关系，中国与亚非拉发展中国家的互助合作关系的结构与性质也处于明显的变化与调整之中。一方面，中国日益成为推动世界经济特别是发展中国家经济增长的重要动力，给世界的发展带来了巨大机会与普遍利益；另一方面，中国自身在市场、技术、资源、能源方面对外部世界的依存度也在明显加深，与其他国家的利益合作及竞争的规模与领域也在持续扩大。同时，随着全球化进程的加速推进，人类面临的全球性问题日益复杂，和平与发展问题，气候、环境与生态问题，各种传统与非传统领域的安全问题相互交织，人类面临着越来越多的共同的生存挑战，需要共同应对担当。

中国的国际社会责任问题，就是在此背景下近些年来重新被外国人和中国人自己所关注和热议的。国际社会越来越期待中国从一个受援国转变成为一个援助国，期待中国在国际社会扮演更广泛、更积极、更主动的角色，承担更多的国际责任，履行更广泛的国际义务，包括在推动世界经济增长与减少贫困，实施国际人道主义救援，提供国际公共产品，以及在世界和平建设、安全治理、应对气候变化及环境生态保护等领域，中国都能作为一个世界性大国，承担更多的国际责任。① 可以说，无论是客观情势还是主观意愿，中国自身对世界的影响与作用已经空前地获得了提升。

三、全球化背景下中国国际责任的准确内涵及其合理度量

然而，对于中国应该承担什么样的国际责任和义务，以什么样的方式去承担国际责任，世界各国或国家集团的要求与期待却很不一样。在一些西方人心目中，中国的责任就是在国内推行西式政治改革，建立西式民主与政治制度，遵循西方的人权、良治、环保、劳工等方面的标准，实施彻底的自由化市场经济制度，在国际上则应遵守和维护西方主导的现有秩序与规则，尊重西方在亚非拉世界的既得利益与优势地位，并以西方要求的行为方式与观念形态，参与和支持西方主导的国际援助体系与援助模式，等等。从总体上说，西方概念或语境下的"中国责任论"问题，基本上是一个如何约束中国、改造中国，让中国按西方习惯和认可的方式"进入国际社会，承担国际责任与义务"的问题，这其实是要求中国向西方负责，维护西方之利益与特权。

发展中国家对中国国际责任也有自己的看法。一些新兴的发展中大国希

---

① 刘鸿武，罗建波. 中非发展合作：理论、战略与政策研究. 北京：中国社会科学出版社，2011：5.

望携手中国,借助新兴经济体不断增强的经济力量,塑造新的国际政治经济秩序。其他发展中国家则期望中国在国际社会中代表其政治经济利益,增加发展援助,扩大对外投资,促进共同发展。值得注意的是,近年来,随着中国与亚非拉经济合作关系的快速发展,中国的海外利益增长迅速,在一些领域,中国与亚非拉国家的当地企业与百姓形成了既有合作也有竞争的态势,一些结构性的矛盾有升级的趋势。一方面,随着这些国家自主发展意识、资源保护与权益意识的提高,其对中国的要求与期待也出现了新的变化。另一方面,他们也会在西方与中国之间寻求利益的最大化,会越来越多地要求中国扩大援助规模,提升援助层次,增加拉动当地税收和就业机会的投资,增加当地资源开采的价值链与附加值,在投资贸易中更多考虑当地百姓的利益,让利于当地,多做社会公益与慈善事业。还有些国家希望中国减少劳工输出,加快在非洲的中国企业的本地化进程,雇用更多当地员工为企业中高级管理人员,提高当地劳工待遇,增加教育与人力资源培训,更重视当地环境保护问题,等等。

对于外部世界关于中国国际责任的种种要求与期待,中国必须做出谨慎周全的判断与回应,仔细辨析其用意及中国之可为与能为。如果处理不好,应对失当,担当了中国不应该担当的责任,就可能成为一种抑制中国自我发展的阻力、一种不可承受的巨大负担,致使国内民众与国际社会皆不满意。但如果处理得当,因势利导,顺势而为,发挥好中国的负责任大国的作用,也可能成为促使中国经济加速转型发展、提升发展层次和发展水平的动力与机遇,从而改善中国与外部世界的关系结构并提升中国的国际地位与影响力。[①]

我们认为,作为一个有久远历史传统和深厚文化根基的文明古国、一个发展中的现代国家以及逐渐上升为全球第二大经济体的新兴经济体,当代中国的对非援助与国际责任的履行,必然带有明显的自主特色与东方大国的行为特征。从总体上说,中国对非援助与国际责任,既根植于中国古老的文化传统与民族精神,又紧紧服务当代中国在全球化时代背景下追求复兴强盛的时代要求与战略目标。因而中国的对外援助与履行国际责任,应该大体符合如下原则。第一,中国是国际社会负责任的一员,必须以认真负责的态度来处理国际事务。第二,中国还是一个发展中的国家,承担的国际责任不能超出自身的能力,不做超出国力和力不能及的事。第三,中国不回避应尽的国际义务,但中国承担的国际责任和义务,不是为特定国家或国家集团服务,而是对中国人民负责,

① 刘鸿武. 非洲机遇与中国的"全球再平衡战略". 东方早报,2013-03-27(A18).

对世界负责，对未来负责。第四，随着中国自身力量的增强，中国会承担更多的国际责任，同世界各国人民一起推进和平与发展事业。

近年来，一些西方国家对中国援助和国际责任的看法，常常是矛盾的、情绪化的，有时甚至是戏剧性的。有时他们指责中国对外援助太少，指责中国自私自利，不负责任；有时又指责中国援助太多，将中国的对外援助规模夸大到令人吃惊的地步，由此暗中指责中国国际野心太大，且不顾国内民生疾苦。许多时候他们也指责中国的援助不按规矩行事，我行我素，自搞一套，破坏了西方在亚非国家建立民主制度、推进人权事业和实施良政的努力，是整个国际社会中不负责任的"另类"。事实上，对西方来说，首要关心的问题并不是中国对外援助的规模大小和承担国际责任的多寡，而是中国是否按照西方的标准与要求去做，会不会成为与西方模式不一样的"另类"。① 在西方的强大话语攻击下，中国国内也有许多批评的声音出现，有的人批评中国四处撒钱，依据是西方批评中国的"五年豪砸五千亿"②；有的人批评中国过去 60 多年的对外援助只搞工程项目，形式单一且不重视发展援助，并认为中国不应该自外于西方模式成为一个特立独行的"另类"；更有人直接主张中国应该"顺应时代潮流"，与西方社会接轨，按照西方的援助模式来改造中国的援助体制机制。

美国国会"美中经济安全审议委员会"（U. S. -China Economic and Security Review Commission）曾于 2013 年发布一份有关中国经济和对外援助的报告，称中国的对外援助规模从 2002 年的 5000 万美元，迅速膨胀到 2007 年的 250 亿美元，称这五年间中国的对外援助经费突然增长了 500 倍。这份报告引起了国内外许多人的关注，来自国内外的捧杀与指责之声四起。然而这份关于中国援助经费的估算报告是很不可信的。事实上，2002 年中国的援外经费不像这份报告中说的只有 5000 万美元这么少。根据相关数据，当年中国的对外援助约为 62 亿元人民币，按当年汇率折算为 8 亿多美元。同样，2007 年中国的外援经费也没有这份报告中说的猛增到 250 亿美元这么多，根据中国商务部、财政部相关数据，2007 年中国的对外援助实际约为 173 亿元人民币，按当年汇率折算约

① 余南平. 中国对外援助不应再由商务部主导.（2013-07-01）［2013-07-09］. http://www. ftchinese. com/story/001051164? full=y. 这篇文章对中国援助体制改革问题的看法有一定的代表性，该问题也是一个需要认真思考的问题，但作者引用的美国国会"美中经济安全审议委员会"关于 2002 年到 2007 年中国外援达 4700 多亿人民币的数字并不可信，此外他认为长期以来中国对非援助只做传统的工程项目而不重视发展援助的说法也与事实不符。

② 中国式援助：五年豪砸五千亿.（2012-05-28）［2012-06-03］. http://data. 163. com/12/0528/05/82IO1S2O00014MTN. html.

20 亿美元,距这份报告说的 250 亿美元相去甚远。事实上,以 20 多个西方发达国家为主组成的"经济合作与发展组织发展援助委员会"(OECD/DAC)的对非援助在 2006 年达到高峰时的援助总额也只有 260 亿美元,中国一个国家不可能仅 2007 年一年的对非援助就高达 250 亿美元。虽然近年来中国的对外援助在逐渐增长,但即便到 2012 年,中国的对外援助总额也仅为 298 亿元人民币,按当年汇率折算也不到 50 亿美元。① 在长期研究中国对外援助问题的美国学者黛博拉看来,中国对外援助的金额远没有西方宣称的那么多,她认为中国对非官方发展援助在 2008 年约为 10 亿美元,2009 年增长到约 14 亿美元,并认为中国对非援助的最大特点是"承诺少、兑现多",而西方却是"承诺多、兑现少"。②

　　长期以来,中国对外援助经费由三部分构成,即无偿赠款、无息贷款、优惠贷款三部分。国外一些机构之所以往往将中国对外援助数额大大高估,是因为许多以商业贷款实施的中外合作与投资项目也被列入了中国的对外援助项目。根据中国政府 2011 年 7 月首次发布的《中国对外援助白皮书》,从新中国成立到 2009 年年底,中国累计提供对外援助金额为 2562 亿元人民币,其中无偿援助资金为 1062 亿元,无息贷款 765 亿元,优惠贷款 735 亿元。2007 年中国对外援助的 173 亿元人民币中,由国家财政安排约 112 亿,其余 60 多亿优惠贷款由中国进出口银行安排。又如 2012 年中国对外援助总额约 298 亿人民币,其中财政安排约 167 亿,进出口银行安排约 131 亿。③ 2012 年 7 月在北京召开的中非合作论坛第五届部长级会议上,中国政府宣布未来三年(2013—2015)将向非洲国家提供 200 亿美元的优惠贷款,约折合 1300 亿元人民币。这 200 亿美元将用于支持非洲国家的基础设施建设、工业、农业、科技、卫生、教育、环境、新能源及其他经济与社会生活各领域的发展,具有突出的发展援助的性质,但也并非是单纯的无偿赠款和无息贷款。

　　从总体上说,中国有自己的对于对外援助及履行国际责任的理解与期待,而这种理解与期待,其实是与中国对于自我、对于时代、对于自我与外部世界的关系等核心问题的基本判断直接相关联的。

四、当代人类发展问题之解决与中国的国际责任问题

　　新中国与亚非拉国家的现代援助关系开始于 20 世纪 50 年代初,它是近代

---

　　①　相关数据根据中华人民共和国商务部、财政部当年公布的相关数字整理而成。
　　②　Brautigam, D. *The Dragon's Gift: The Real Story of China in Africa*. London: Oxford University Press, 2009: 120.
　　③　相关数据根据中华人民共和国商务部、财政部当年公布的相关数字整理而成。

以来中国与亚非拉落后国家为追求各自的国家复兴与民族自强而在外交领域所做努力的一部分。① 以中非关系为例，近代中国国运沉沦衰败，任由外人欺凌鱼肉，已无自主外交空间可言，而非洲大陆之情形，亦与中国相仿而尤甚之。但新中国的建立与非洲大陆的解放，使双方改变这一状态的梦想成为可能。当时，中非双方在追求现代复兴与发展的过程中，同时发现了对方。② 所谓"嘤其鸣矣，求其友声"③，这两个自近代以来就饱受西方列强欺凌压迫的地方，在初步接触之后便发现，在遥远的异国他乡有平等待我之民族，有真诚助我之国家。④这是当代中非相互援助与合作关系得以建立的最初的基础与动力所在。

对于这一关系的性质、意义与作用，中国和亚非拉领导人都曾做过自己独特的思考。坦桑尼亚总统朱利叶斯·尼雷尔曾这样说："当代非洲小国林立，国弱民穷，无一国为西方所重，非洲唯有结为一体，用一个声音说话才有力量，但非洲仅有内部团结不够，非洲还需与中国这样平等待我之国家建立互助关系，才能提升在国际上的地位。"⑤他说："无论是中国给予我国的巨大的经济和技术援助中，还是我们在国际会议的交往中，中国从来没有一丝一毫要左右我们的政策或损害我们国家主权和尊严的企图。"⑥正如时任非洲联盟轮执主席国埃塞俄比亚总理梅莱斯·泽纳维在 2006 年 11 月中非合作论坛北京峰会开幕式上所说的，"中国奉行国家间主权平等和互不干涉内政的原则，使非洲有机会与之建立以互信为基础的伙伴关系。50 年前，我们在反抗殖民主义和种族隔离制度、争取充分行使主权的斗争中，开始建立战略伙伴关系；50 年后，我们再次重申中非战略伙伴关系，这是再合适不过的"。他还说："非洲人民对中非新型伙伴关系抱有很高期望，我们的人民一直关注和支持中国所取得的巨大成就，并从中深受启发。"⑦

中非关系建立之初，"对外援助"这一概念就已成为中国与非洲国家关系的

———————————

　① 刘鸿武. 中非关系 30 年：撬动中国与外部世界关系结构的支点. 世界经济与政治, 2008(11): 80-88.

　② Larkin, B. D. *China and Africa*, 1949—1970: *The Foreign Policy of the People's Republic of China*. Berkeley: University of California Press, 1973: 1.

　③ 高亨. 诗经今注. 上海：上海古籍出版社, 1980: 224.

　④ 刘鸿武. 跨越大洋的遥远呼应——中非两大文明之历史认知与现实合作. 国际政治研究, 2007(4): 32-41.

　⑤ Nyerere, J. K. South-South Dialogue and Development in Africa. *Uhuru*（*Dar es Salaam*）, 1979-05-23(1).

　⑥ 尼雷尔总统在李先念主席举行的宴会上的讲话. 人民日报, 1985-08-20(3).

　⑦ 梅莱斯总理在中非合作论坛北京峰会开幕式上的讲话. 人民日报, 2006-11-06(2).

核心内容。不过,对于对非援助的性质与意义,中国始终有自己独特的理解。1964 年 2 月,周恩来总理访问非洲 10 国期间,首次向世人宣示了中国对外援助的"八项原则"。① 这些原则的提出及实施,表明中国政府一开始就试图与非洲国家建立一种基于自身文明特性与现实战略需要的关系,这种关系建立在相互尊重、平等、互利的基础上,特别是互不干涉内政这一原则,在中非关系建立之初便成为双方关系的一个重要基石。

援建坦赞铁路是当代中国对外援助的一个历史性举措。为建设这条全长 1860 公里的铁路,中国政府投入了大量资金,可谓举全国之力为之。② 周恩来总理曾指出:"坦赞铁路对坦桑尼亚和赞比亚来说,不仅具有经济上的意义,更重要的是还具有军事上和政治上的意义。这两个姐妹国家还被帝国主义、殖民主义、种族主义包围着,他们共同认识到没有周围国家的独立解放,就不会有他们自己真正的独立解放。"③坦赞铁路的兴建鼓舞了非洲人民的斗志,促进了南部非洲的民族解放事业,而铁路建成后,中国没有利用坦赞铁路运回一吨非洲的铜矿,④这充分体现了中国对于非洲民族解放事业的无私援助与国际主义责任。⑤

当时,中国已经将支持非洲民族解放运动视为自己对人类应尽的国际责任。毛泽东主席曾在会见赞比亚总统卡翁达时首次明确提出关于"三个世界"的核心思想,并分析了三个世界的关系及前途。他认为亚非发展中国家的问题是联系在一起的,中国不可能独善其身,中国问题必须与发展中国家的问题联系起来解决。他曾对卡翁达总统说:"全世界如果不解放,中国就不可能最后解放自己,你们也不能最后解放自己。"⑥

从总体上说,当代西方发达国家对不发达国家的援助,是一种富国对穷国的、高高在上者对落后者的单向度的捐赠与施舍,而中国对发展中国家的援助,则是一种第三世界人民帮第三世界人民的平等的双向度的相互援助与支持,旨

---

① 周恩来发表中国政府对外经济技术援助八项原则. (2009-03-18)[2009-04-01]. http://www.china. com. cn/fangtan/zhuanti/2009-03/18/content_17464417. htm.

② 中国政府公布的数字是耗资 9.88 亿元人民币(当时人民币兑美元汇率约为 1.5∶1)。参见:吴建民. 吴建民谈外交. 北京:中信出版集团,2015:96.

③ 尹家民. 援建坦赞铁路内幕. 党史博览,1999(12):8.

④ 近年来一些西方媒体将中国与非洲国家交往时奉行的"不干涉原则"称作唯利是图的重商主义政策,显然是对中非关系的历史背景缺乏了解。

⑤ Nyerere, J. K. South-South Dialogue and Development in Africa. *Uhuru*(*Dar es Salaam*), 1979-05-23(1).

⑥ 吕正操. 我国援建坦赞铁路的背景. 纵横,1998(1):19.

在推进自身和亚非国家的民族解放事业与社会经济发展事业。西方曾将对不发达国家的不情愿的援助视为一种"白人的负担"，继而又以为通过援助可以彰显西方国家的制度优势与道德高地，同时还可以附加上种种条件，要受援国追随西方之制度与文化而改变自身。但这种外部支配性的援助，即便出自良好愿望，也可能背离不发达国家的国情民状而未必能在推进受援国的发展方面达到理想的目标。

中国也有自身与外部世界交往的传统理念与基本原则。在与他国他族交往的关系结构上，如果说"独善其身"是中国人的基本人格底线，那么"兼济天下"则是中国人的高远理想目标。中国是一个人口众多的巨大的发展中国家，从全球发展问题之解决的角度上说，当代中国要承担的最大国际责任，首先是要治理好自己的国家，解决好自己的发展问题，不要让中国成为世界的负担，成为世界动荡的源头。中国本身首先必须自强不息，自力更生，自立于世界民族之林。中国治理好了自己的社会，国泰民安，人民安居乐业，就相当于解决了全球 1/5 人口的发展问题，就是对世界做出了巨大贡献，完成了一份巨大的国际责任。① 同时，在解决自身发展问题的基础上，结合自身丰富实践及所累积的经验与教训，中国可以给发展中国家带来巨大的机会，可以为世界的和平与发展做出贡献，这也是中国过去 30 多年对世界所承担的一份特殊的责任。

今天，中国正努力与外部世界形成一种互为机遇、互为动力的新型国际关系。在这方面，"中非命运共同体"的提出将具有特殊的时代意义。2013 年 3 月，中国国家主席习近平在坦桑尼亚达累斯萨拉姆发表演讲时指出，中非"从来都是命运共同体……中国致力于把自身发展同非洲发展紧密联系起来，把中国人民利益同非洲人民利益紧密结合起来，把中国发展机遇同非洲发展机遇紧密融合起来"②。他还指出，"13 亿多中国人民正致力于实现中华民族伟大复兴的中国梦，10 亿多非洲人民正致力于实现联合自强、发展振兴的非洲梦。中非人民要加强团结合作、加强相互支持和帮助，努力实现我们各自的梦想"③。中国领导人关于"中非命运共同体"及将"中国梦"与"非洲梦"结合起来的这种观念，准确表述了中国政府对于中非关系基本态势与未来走向的看法与期待，受到了

---

① 温家宝答中外记者问. 人民日报，2006-03-15(1).

② 习近平在坦桑尼亚尼雷尔国际会议中心的演讲. (2013-06-20)[2013-06-27]. http://www.focac.org/chn/zt/1/t1025142.htm.

③ 习近平在坦桑尼亚尼雷尔国际会议中心的演讲. (2013-06-20)[2013-06-27]. http://www.focac.org/chn/zt/1/t1025142.htm.

非洲国家的高度评价与热烈响应。① 从长远来看,这样一种跨越大洋的以共同发展为核心使命的"中非命运共同体"的有机结合,这样一种把"中国机遇"与"非洲机遇"乃至"世界机遇"融通起来的开阔心胸与包容战略,必然能够发展出一种更高层次更具战略意义的推进人类共同发展的新型关系,从根本上迎接人类面临的各种复杂挑战,并在最广泛的意义上实现"全球的平衡发展"。

五、中国因素已日益成为推动非洲发展的重要外部动力

通过实现自我发展来带动全球的发展,通过对外援助来推进中国自身与亚非世界的共同发展,是中国对外援助的基本出发点与战略目标,也是当代中国"兼济天下",履行现代国际责任的基本路径与基本方式。

经过长期的探索与实践,中国逐渐形成了新型的对非援助与合作理念及体制机制,中非关系也成为当代中国外交最为成熟的领域之一。2006 年 1 月,中国政府发表了《中国对非洲政策文件》,这是新中国外交史上首次正式颁布的中国对非洲政策文件。这份文件公开表明了中国对非政策的基本目标、政策与措施,以及中国发展对非关系的利益追求与行动方式。2011 年 4 月,中国政府首次正式公布了《中国的对外援助》白皮书,随后又在 2014 年再次公布了相应文件。中国正式公布对非政策文件和对非援助白皮书这些举措本身,反映出中国对外援助日趋走向公开、透明、成熟,体现出了中国外交的自信和理性。

中非合作日益成为非洲变革的动力与活力,成为推进非洲经济社会发展的重要力量,这是对中国在非洲所起作用的一个基本评价与判断,也是谈论中国在非洲的责任问题时必须有的基本共识。过去 10 多年,通过中非之间日益拓展的实质性发展合作,来自中国的援助、贸易、投资合作,来自中国的基础设施建设与人力资源培训,对非洲国家保持 10 多年的经济持续增长起到了积极的作用。国际社会普遍承认,在过去 10 年非洲大陆年均约 5%—6% 的经济增长中,中国的贡献率约占到了 1/3,即在 21 世纪头 10 年中,非洲经济增长的 1/3

---

① 尼日利亚前总统奥巴桑乔 2013 年 7 月 23 日在中国的一场演讲中说:"如果说中国需要一个中国梦,那么整个非洲也需要一个非洲梦,每一个非洲国家都需要有自己的梦。这也是非洲应该向中国学习和吸取的另外一个经验。中国一定会希望非洲成功,非洲也一定希望中国成功。我们双方的福祉对彼此以及整个世界都是有利的。"联合国前副秘书长、坦桑尼亚前外长阿莎罗斯·米吉罗 2013 年 7 月 18 日在达累斯萨拉姆大学发表的题为"中国梦与非洲梦:实现共同发展"的演讲中也对"中国梦"给予了高度评价,称"中国梦强调追求共同发展的愿景,与非洲梦有共鸣之处,在非洲引起了巨大反响"。详见:(a)尼日利亚前总统奥巴桑乔:中国梦对非洲的启示.(2013-09-05)[2013-09-27]. http://news.china.com.cn/txt/2013-09/05/content_29940396.htm.(b)中国梦与非洲梦:实现共同发展.(2013-09-21)[2013-09-27]. http://opinion.people.com.cn/n/2013/0921/c1003-22979704.html.

是由来自中国的援助、贸易、投资、基础设施建设、人力资源培训合作等"中国因素"促成的。[①] 即使在一些西方人看来，过去 10 多年中国在非洲的影响也将是长远的，因为中国"仅用了 10 年的时间，在努力达到自己目标的同时也为非洲创造了一个不可思议的未来。事实上，它把一个偏移正轨的大陆又拉了回来，它让一个在全球化进程中被遗忘的大陆重新获得人们的关注。于是中国便完成了一项主要任务，那就是非洲无论在本地人还是在外人眼中都变得真正有价值"[②]。南非标准银行经济学家杰里米·斯蒂文斯认为："中国对非洲经济发展的影响举足轻重，尤其在基础设施建设方面。"目前非洲大陆每年仅用于基础设施建设和维护的资金短缺就达 1000 多亿美元，而从 2007 年开始，中国为非洲 2/3 的基础设施建设提供了资金，已成为非洲关键的合作伙伴。斯蒂文斯还指出，"中国在非洲的成功也在很多方面改变了非洲。然而，非洲的改变才刚刚起步，而中国和非洲的商业纽带也一样，以后还有更大的发展空间"[③]。

　　长期以来，一些非洲国家能力缺失与政府行政绩效低下，一直是一个制约非洲发展的结构性因素，也是非洲国家关注中国且期望从中有所借鉴的领域。2006 年中非合作论坛北京峰会提出中非在治国理政和发展经验方面展开交流，在国家能力建设领域开展合作，是中非合作实践务实与创新原则的具体表现。此外，在处理多民族国家之复杂民族关系、宗教关系、边疆地方发展问题方面，中国与非洲国家也可以开展交流借鉴。[④] 而中国自身也从与非洲经济贸易合作的过程中，找到了进入世界市场和提升国际适应能力的机会。通过与非洲国家的合作而带动中非双方的互利发展，正显示中非合作的特殊意义。[⑤]

　　最近 10 多年，发展中经济体逐渐成为世界经济中最有活力的部分。2008 年 4 月 11 日世界银行公布的《2008 年世界银行发展报告》显示，发展中经济体正在崛起，其在世界经济中的比重已经由 2000 年的 36% 上升至 2008 年的 41%。过去 30 年（1978—2007），中非年贸易额由 7 亿多美元增长到 730 多亿美元，增长超过 100 倍；2000 年到 2007 年，非洲对亚洲的出口占其出口比重由

　　① 张宏明，张永蓬. 中国与西方国家对非援助比较及我国援外（援非）国际合作战略//外交部非洲司. 中非联合研究交流计划 2011 年课题研究报告选编. 北京：世界知识出版社，2012：86.

　　② 米歇尔，伯雷. 中国的非洲. 伍兹，摄影. 孙中旭，王迪，译. 北京：中信出版社，2009：204.

　　③ 陈思敏. 南非媒体：中国对非洲发展的影响举足轻重. （2011-07-24）[2011-07-28]. http://intl. ce. cn/specials/zxgjzh/201107/24/t20110724_22560708. shtml.

　　④ 刘鸿武. 发展研究与文化人类学：会通与综合——关于当代非洲发展问题研究的一种新探索. 思想战线，1998（1）：49-54.

　　⑤ Liu, H. W. How to Solve African Governance and Development Issues? Perspective from China. （2013-09-09）[2013-09-14]. http://ictsd. org/i/news/bridges-africa-review/175593/#respond.

14％上升到28％,非洲与亚洲间的经济关系正迅速加强和提升。同时,来自中国、印度、巴西和其他来自亚太、南亚、拉美、中东地区的一系列新兴国家,在能源、矿产、农业、金融、电信、基础设施建设方面的对非合作日益扩大,对非洲的资源、市场、劳动力、土地的需求日渐强烈,提升了非洲资源的国际竞争平台,延长了非洲发展要素的价值链,这是非洲经济的"新曙光"。①

今天,在追求民族复兴与走向世界的征途中,中国再次来到了"自强"与"济世"互为支撑的机遇与挑战并存的另一新时代起点上。古人云:"大道之行,天下为公";"不谋万世者,亦不足以谋一时"。对亚非国家的援助与合作就是中国要谋百年之大业,担千秋之使命的重要举措。唯其如此,我们才能真正理解和把握对亚非国家的援助与合作作为当代中国对外交往的一种基本形态,作为当代中国追求国家民族复兴与世界和谐发展的特殊努力的意义。虽然数十年来我们经历了种种变化与调整,但其中那不变的核心理念与情怀,其实是深藏在中国数千年来积淀而形成的民族精神大道之中的,它决非一日之计、一时之功,而是中华民族伟大复兴过程中的必有之义、必经之途。

China's Development Aid to Africa and Its Contemporary Practices of International Responsibility

LIU Hongwu

Abstract: China, a country with an ancient civilization, has a long historical tradition and solid cultural foundations. Now it is rapidly developing into a modernized country. Contemporary China's aid to Africa and its international responsibility are characterized by the strong agency and behavioral feature of a powerful Eastern country. In fact, China's aid is deeply rooted in its ancient cultural traditions and national spirit, and serves for Chinese national rejuvenation which is the requirement of the times and the

---

① Akomolafe, F. No One Is Laughing at the Asians Anymore. *New African*, 2006(452): 48-50.

country's strategic objectives in the age of globalization. Besides, this kind of aid also comes from the Chinese nation's historical sense of mission to promote world peace and development. Based on traditional Chinese culture and national spirit, this article analyzes China's development aid to Africa and the national practices of international responsibility of contemporary China, the historical and cultural basis of these national practices, and the interaction between China's aid to Africa and China's international responsibility.

Key words：aid to Africa；international responsibility；Chinese culture；national practice

（编校：吴月芽）

关于深化中非发展经验交流的若干思考[*]

钟伟云

摘要:自 20 世纪 50 年代中国与非洲建立直接联系交往以来,经验交流一直是中非合作的重要组成部分。不同时代的中非经验交流被打上了不同的时代烙印。1980 年以前,中非经验交流以交流革命经验为主;21 世纪以来,中非经验交流则进入了以交流发展经验为主的新阶段。中国发展经验已成为中国在非洲的最大软实力,中国应按照平等双向的原则,进一步加大经验交流力度,既向非洲国家介绍中国的发展与治理经验,也研究借鉴非洲国家先进的理念与做法,构筑中非理念共同体。

关键词:非洲;发展;经验交流

作者简介:钟伟云(1965—   ),男,广东紫金人,中共中央对外联络部四局局长,硕士。

一、中非经验交流的历史回顾

自 20 世纪 50 年代中国与非洲国家建立直接联系交往以来,中非合作已走过半个多世纪的历程。在这半个多世纪中,中国、非洲和世界的形势都发生了巨大变化,中非合作也经历了不同的发展阶段。每一个阶段的中非合作都有着鲜明的特色,被打上了各个时代的深刻烙印。[①]20 世纪 50 年代至 70 年代,中非合作主要集中在政治领域,中国支持非洲国家的民族解放运动,支持非洲国家维护民族独立、捍卫国家主权的斗争。这种支持不仅体现在政治、道义和外交上,还体现在人员培训和物质支持上。同时,中国还帮助非洲独立国家建设了包括坦赞铁路在内的一大批基础设施和生产项目。非洲国家也从政治和外交上支持中国,为当时中国打破西方外交封锁、重返联合国和维护国家统一提供

---

* 本文发表于 2015 年第 2 期。本文为作者 2014 年 12 月 23 日在《非洲地区发展报告(2013—2014)》新书发布会暨中非合作论坛第六届部长级会议与 2015 年后非洲发展研讨会上的发言。

① 参见:张忠祥. 中非合作论坛研究. 北京:世界知识出版社,2012.

了重要的支持。20 世纪 80 年代初以来，随着非洲政治解放使命的接近完成和中国改革开放进程的开启，中非合作的政治色彩和意识形态色彩开始淡化，经济合作增多，且开始强调互惠互利。除传统对非经济援助外，中国开始在非洲进行工程承包合作，派出劳务人员。进入 21 世纪以来，随着中非合作论坛机制的建立发展和中国"走出去"战略的实施，中非合作驶入了全方位、宽领域发展的快车道。

经验交流是半个多世纪中非合作中的一条主线。无论是搞革命还是搞建设，中非双方都十分注重交流情况与看法，彼此分享经验。应该说，从毛泽东、邓小平、江泽民、胡锦涛到习近平，中国历届领导人都很重视中非经验交流。他们不但是中非经验交流的倡导者，而且还是中非经验交流的参与者与实践者。同样，非洲国家许多领导人也十分重视与中国的经验交流，注意学习借鉴中国的经验。

当然，与不同时代中非合作具有不同特征一样，不同时代的中非经验交流也被打上了鲜明的时代烙印。大体来说，半个多世纪的中非经验交流可划分为以下几个阶段。

1. 20 世纪 50—70 年代

这一时期的中非经验交流以中方向非方传授革命经验为主。中国革命的道路、毛泽东思想特别是毛泽东的游击战思想在非洲殖民地争取民族独立的运动中具有巨大的吸引力。对许多非洲国家来说，革命经验和作为革命经验总结的毛泽东思想是中国当时最大的软实力。中国出于支持第三世界国家民族解放的道义责任，也积极、主动地向非洲国家传授革命和斗争经验。特别值得一提的是，中国在这一时期为津巴布韦、莫桑比克、安哥拉、纳米比亚和南非的民族解放运动组织培训了大量军政干部，为南部非洲地区民族解放斗争的胜利做出了历史性贡献。[①]

2. 20 世纪 80—90 年代

这一时期的中非经验交流以交流改革开放和经济发展经验为主。中国启动改革开放进程后，在对外交流合作方面主要是引进外资和学习西方发达国家的先进技术和管理经验，与非洲的合作一度受到忽视。在中非合作中，中国逐

---

① 关于中国对南部非洲地区民族解放运动的支持，参见：Zhong，W. Y. & Xu，S. J. China's Support for and Solidarity with South Africa's Liberation Struggle. In South African Democracy Education Trust (ed.). *The Road to Democracy in South Africa (Volume 3)*. Pretoria：Unisa Press，2008.

渐淡化了意识形态色彩,不再强调革命和斗争。同时,鉴于许多非洲国家20世纪七八十年代在建设不同形态的社会主义过程中均碰到了不同程度的困难,中国领导人在与非洲国家领导人的交流中,更多的是介绍中国改革开放的做法与经验,以本国发展不成功的教训为非洲国家提供借鉴,提醒非洲国家领导人把发展生产力放到第一位。邓小平等中国党和国家领导人在会见来访的非洲国家领导人时,经常谈论的一个主题就是改革开放的经验与非洲发展。如邓小平1985年在会见坦桑尼亚总统尼雷尔时说:"我们的改革不仅在中国,而且在国际范围内也是一种试验,我们相信会成功。如果成功了,可以对世界上的社会主义事业和不发达国家的发展提供某些经验。"①《邓小平文选》第三卷共收录了119篇讲话和谈话,其中12篇是会见非洲国家领导人的谈话。在会见中,邓小平反复告诫非洲国家领导人,要特别注意中国发展不成功的教训,不要在非洲急于搞社会主义,要把发展生产力作为工作重心。如1989年在会见乌干达总统穆塞韦尼时,邓小平说:"我很赞成你们在革命胜利后,不是一下子就搞社会主义。我和许多非洲朋友谈到不急于搞社会主义,也不要搞封闭政策,那样搞不会获得发展。"②应该说,中国领导人传授给非洲领导人的经验对非洲领导人正确认识国家所处发展阶段、调整发展政策发挥了一定的影响作用。

3.21世纪以来

新时期中非合作的最大特点就是中非合作论坛的建立和发展。随着中非合作进入全新的发展阶段,中非经验交流也进入以交流发展经验为主的新阶段。一方面,中国通过多年的改革开放,经济社会得到快速发展,工业生产能力大大提高,进出口额和外汇储备大幅增加,科技实力显著增强。可以说,到20、21世纪之交,中国已积累了一定的发展经验,可以向别人介绍自身经验了。国际上对中国发展道路、发展模式的研究也开始多了起来。另一方面,非洲国家在20世纪八九十年代经历了将近20年的发展挫折期。在此期间,非洲国家普遍按照世界银行和国际货币基金组织的要求实施"结构调整计划",但普遍未获成功。20世纪80年代被称为非洲"失去的十年",整个非洲大陆年均经济增速仅为1.5%左右,人均收入呈下降趋势。20世纪90年代前半期情况虽然略有好转,但人均收入继续下降。直至90年代中期,非洲经济才开始恢复缓慢增长。原来经济发展水平领先于中国的一些非洲国家,也在短短20年间被中国甩在了后头。非洲国家在反思的同时,产生了向中国学习的愿望。他们希望了

①　冷溶,汪作玲. 邓小平年谱1975—1997(下册). 北京:中央文献出版社,2007.
②　邓小平. 邓小平文选(第三卷). 北京:人民出版社,1993:290.

解中国是如何保持多年经济社会持续快速发展的。埃塞俄比亚总理梅莱斯等非洲国家领导人开始研究中国经验。非洲学术界对中国发展道路的关注和研究也开始活跃起来。在此情况下，中国共产党和中国政府把中非发展经验交流提到了新的高度，把经验交流作为中非合作的重要内容。

中国对交流发展经验的重视，体现在中国政府先后出台的一系列对非政策文件和领导人的重要政策宣示中。2003 年中非合作论坛第二届部长级会议通过的《亚的斯亚贝巴行动计划》提出，中非双方同意实现经验共享，谋求共同发展。① 这是新时期中非合作官方文件中首次提到中非经验交流。2006 年 1 月，中国政府发表了《中国对非洲政策文件》，它是中国政府首个对外政策白皮书。文件阐述了中国对非政策坚持的四条原则，其中一条即为"相互学习、共同发展"。该条文还讲到，中非双方要"相互学习借鉴治国理政和发展的经验……共同探索可持续发展之路"②。2009 年 11 月，中国国务院总理温家宝在埃及沙姆沙伊赫举行的中非合作论坛第四届部长级会议上发表讲话时指出，中非应增进经验交流。他代表中国政府提出帮助非洲发展的八项举措，其中一项就是要促进学者、智库的交往合作，交流发展经验，为双方出台更好的合作政策提供智力支持。会议通过的《沙姆沙伊赫行动计划》中也写到了"进一步加强（中非）党际交往，扩大治国理政经验交流"的内容。2012 年 7 月举行的中非合作论坛第五届部长级会议上，胡锦涛主席在主旨发言中又提出，希望中非扩大治国理政经验交流。③ 会议通过的《北京宣言》和《北京行动计划》重申了胡锦涛主席的讲话精神。《北京行动计划》表示，中非双方要"不断拓展和丰富党际交往的范围和形式，深化政治对话，巩固政治互信，扩大治国理政和发展经验交流，推动务实合作"。2013 年 3 月，习近平主席访问坦桑尼亚期间，在尼雷尔国际会议中心发表演讲，他强调中国将继续坚定支持非洲国家探索适合本国国情的发展道路，加强同非洲国家在治国理政方面的经验交流，从各自古老文明和发展实践中汲取智慧，促进中非共同发展繁荣。④ 2014 年 5 月，中国国务院总理李克强访问非洲，他在亚的斯亚贝巴非洲联盟总部发表演讲时指出，中国"愿毫无保留地与

① 参见：张忠祥. 中非合作论坛研究. 北京：世界知识出版社，2012.

② 中国对非洲政策文件（2006 年）. （2006-01-12）［2006-01-19］. http://news. xinhuanet. com/world/2006-01/12/content-4042333. htm.

③ 中非合作论坛——沙姆沙伊赫行动计划（2010 至 2012 年）. （2009-11-12）［2009-12-01］. http://www. focac. org/chn/ltda/dsjbzjhy/.

④ 习近平. 永做可靠朋友和真诚伙伴——在坦桑尼亚尼雷尔国际会议中心的演讲. （2013-03-25）［2013-03-30］. http://www. focac. org/chn/zt/1/t1025142. htm.

非洲国家交流发展经验,分享发展机遇,共促包容发展"①。这些政策宣示,表明中国领导层已认识到中国发展经验已成为中国可资利用的软实力。

二、新形势下中非合作应更加突出经验交流

由于中国党政高层的重视,近年来中国共产党和政府各有关部门以及中国智库、民间机构在促进中非发展经验交流方面做了大量工作。但由于各种原因,这方面的信息还相对散乱,难以收集。总的来看,中非发展经验交流的形式主要体现在以下几方面。

1. 高层经验交流

据了解,中国党政高层在与非洲国家党政领导人举行会见时,除就双边关系、共同关心的国际问题交换意见外,经常就发展经验进行交流。非洲国家领导人也反复强调,愿意学习借鉴中国的发展经验。习近平主席 2013 年 3 月在南非会见埃塞俄比亚政府总理海尔马利亚姆时,结合自己在地方工作的经验,用"筑巢引凤"的典故介绍中国招商引资的经验,给海尔马利亚姆留下了深刻印象。海尔马利亚姆在会见时也表示,埃塞俄比亚视中国为学习榜样,希望加强两国党际交流,借鉴中国成功经验。②

2. 对非洲党政官员的培训

从 2000 年中非合作论坛第一次部长级会议起,中国政府就设立了"非洲人力资源开发基金",培训非洲各类人才。在此类培训中,对非洲国家党政领导干部的政治培训是重要组成部分。在这方面,中国党政有关部门、机构各自承担了数量不小的培训任务。如商务部每年举办多期面向非洲国家政府经济管理官员的研修班,包括非洲国家政府部长的培训;外交部举办了面向非洲各国高级外交官的专题培训;中共中央对外联络部也举办了系列面向非洲国家执政党、参政党中高层官员的政治培训,人数每年达数百人。一些政党如南非非洲人国民大会、莫桑比克解放阵线党、纳米比亚人组党等还分期分批派其中央委员到中国来接受培训。③ 中国的高等教育机构如北京大学、浙江师范大学等也承担了相应的培训任务。中国对非洲国家党政官员的政治培训,是中非发展经

---

① 李克强. 开创中非合作更加美好的未来——在非盟会议中心的演讲. (2014-05-05)[2014-05-10]. http://www.focac.org/chn/zt/1_1/t1152997.htm.

② 习近平会见乌干达、莫桑比克、埃塞俄比亚领导人. (2013-03-29)[2013-04-15]. http://www.focac.org/chn/zt/1/t1026701.htm.

③ 钟伟云. 深化中非政党交往,提升中非党际关系对中非关系的引领作用. 当代世界,2015(1):25-26.

验交流的主要渠道。

3. 智库、学者的研究与传播

10 多年前,学术界关于中国经验对非洲的适用性研究文献还很少。近年来随着中国经济社会的持续快速发展,研究中国发展经验的学者日益增多。他们的研究成果得到了有关国家和部门的重视,成为中非交流发展经验的重要渠道。中国社会科学院西亚非洲研究所、北京大学非洲研究中心、浙江师范大学非洲研究院以及南非、肯尼亚、埃塞俄比亚等国的研究机构都对中国发展经验开展了一些研究。中共中央党校国际战略研究所于 2013 年 9 月举办了"中非治国理政与发展经验国际研讨会",邀请国内外知名专家、学者、官员参加,这是一次很好的尝试。

然而,与迅猛发展的中非政治合作、经贸合作和蓬勃开展的中非人文交往相比,中非发展经验交流仍然相对薄弱。无论是从交流的广度还是深度来看,都有着巨大的潜力可挖。在未来的中非合作中,应大力加强发展经验的交流,使经验交流成为中非合作的另一道亮丽风景线。

实际上,扩大和深化中非发展经验交流既符合中国的对外战略,又契合非洲国家的需要。这可从以下两个方面来理解。

第一,扩大和深化中非发展经验交流是中国构建国际软实力的重要一环。一方面,经过 30 多年的改革开放,中国的国力已得到大幅度提高,财政收入、外汇储备、国防力量、科技水平等硬实力大大增强。但另一方面,中国在国际上的软实力构建还不尽如人意,中国发展道路、中国对外合作的方式还受到了一些人的诟病。软实力建设是新时期中国对外战略需要考虑的一项紧迫任务。而在中国的国际软实力建设中,对发展经验的宣传和介绍是其中一个重要内容。对广大非洲国家来说,中国发展经验具有巨大的吸引力。30 多年前,中国与许多非洲国家几乎处于同一发展水平,中国的某些经济社会发展指标甚至还不如一些非洲国家。而 30 多年后,中国与非洲所处的地位发生了翻天覆地的变化。在此情况下,非洲国家的执政集团、研究机构甚至普通百姓均希望了解中国是如何实现多年持续快速发展的。许多非洲国家认为,西方发达国家固然在其发展过程中积累了丰富的发展经验,但对于像非洲这样的欠发达地区来说,发达国家的经验离他们太远,难以借鉴,而中国在发展阶段、主要任务、国情特征等方面都与非洲国家具有很多相似性,因此中国的经验更加具有借鉴性。一些国家还提出,它们既需要中国的硬援助,也需要中国的软援助。从这个角度看,中国已经有条件把发展经验交流打造成对外展示软实力的重要平台。中国应该也可以通过扩大和深化中非发展经验交流来扩大中国发展道路的世界影响,在非洲发掘更多志同道合的朋友。

第二,中非发展经验交流的领域十分宽广。中国有许多可以与非洲国家分享的经验和做法。从宏观层面看,中非可就发展理念、发展道路进行交流,包括如何进行改革开放,如何制定和落实国家发展规划,如何建设经济特区和各类开发区等。从微观层面看,中非可以进行交流的内容更加丰富。从政党层面看,中非政党可以开展党的建设方面的交流,包括如何加强党的思想、政治、组织建设,如何加强反腐倡廉工作,如何处理党政关系,如何发扬党内民主,等等。从这些角度看,中非发展经验交流可以大有作为。中非不仅要构建发展共同体、命运共同体,还要构建理念共同体。

三、如何做好中非发展经验交流

在新形势下如何扩大和深化中非发展经验交流?笔者认为,做好这方面的工作应注意以下两个问题。

1.要加强中国经验对非洲的适用性方面的研究

中国的发展经验十分丰富,但是哪些经验适合非洲学习借鉴,哪些方面不适合?这就需要研究者进行严谨、细致、科学的研究。在这一方面,中国和非洲学者已做了许多工作。如中国社会科学院西亚非洲研究所研究员李智彪在《非洲国家如何借鉴中国的发展经验》一文中,提出非洲可从 5 大方面学习借鉴中国经验。[①] 一位非洲学者则总结出了非洲可以从中国学习的 10 条经验。[②] 但也应该指出,关于中国经验的适用性研究还很不充分。要做好这方面的研究,研究者要做到知己知彼。也就是说,研究者不仅要研究中国,也要研究非洲,只有在对中国和非洲的情况都比较熟悉的情况下,才可能判断中国经验对非洲适用与否。同时,还要用非洲人听得懂的语言介绍中国经验。毕竟中国和非洲的语言系统存在着巨大的差别,中国式的政治话语体系在译成英语、法语或其他非洲语言后,很可能导致非洲人听不懂的现象,这就要求研究者要熟悉非洲人的语言环境、表达习惯。此外,还要因人施教,根据对象国发展阶段、政治制度、发展理念等方面的不同情况,选择介绍中国经验的角度,而不能采取"均码对待"的方式。

---

① 李智彪. 非洲国家如何借鉴中国的发展经验. 西亚非洲,2007(4):49-54,80.

② Kangai, M. Ten Lessons from China that Can Transform Africa. (2014-11-11)[2014-11-30]. https://newafricanmagazine.com/8352/.

2.要坚持平等双向的原则

经验交流是心与心之间的交流。在中非发展经验交流中，中国方面应特别注意坚持平等双向原则。所谓平等，就是要平等待人，不居高临下，不以"教师爷"自居。正如习近平主席所说，世界上不存在放之四海而皆准的经验或模式，中国应尊重各国人民自主探索发展道路的权利。中国发展虽然取得了巨大成就，积累了丰富经验，但中国人不能把中国经验绝对化、范式化、教条化，更不能认为中国经验对各国普遍适用。在研究和介绍中国经验时，应该强调中国的做法和经验是在中国独特的国情和政治制度下独立自主探索的结果，不存在普遍适用的所谓"北京共识"。还应该承认中国发展道路仍处在探索的阶段，这一探索远远没有结束。还要强调，中国经验对非洲是否适用，要由非洲人自己来判断，中国不能强迫非洲人接受。

所谓双向，就是要相互学习。当前非洲总体发展阶段虽然比中国落后，但非洲还是有许多方面的做法和经验值得中国学习和借鉴。中国应承认并虚心研究学习非洲国家的好做法、好经验，如非洲国家处理人与自然的关系的理念与做法，非洲国家处理效率与公平关系的理念与做法，非洲国家发展传承民族文化的理念与做法，等等。从执政党的角度看，中国共产党也要注意研究借鉴非洲一些长期执政的大党、老党如何加强党同人民群众的联系，如何做到在多党竞争、西方势力介入的情况下长期保持执政地位，等等。

Some Thoughts on Strengthening Development Experience Exchanges Between China and Africa

ZHONG Weiyun

Abstract：Experience exchanges have always been an important part of China-Africa cooperation ever since China established direct contact with Africa in the 1950s. Borne with characteristics of times, experience exchanges between China and Africa before 1980 mainly focused on revolutionary experience, but a new stage has come around since the turn of the century with development experience dominating the content of China-Africa experience exchanges. Development experience has become China's biggest soft power in Africa. China should further strengthen experience exchanges following the principle of equality and two-way communication，introducing Chinese development and governance experience to African countries while studying and learning their advanced concepts and practice to build a community of common concepts.

Keywords：Africa；development；experience exchanges

（编校：吴月芽）

非洲智库发展与新时代中非智库合作*

王　珩　于桂章

摘要：在中非关系不断向好的时代背景下,中非智库之间的合作与交流也在不断加强。对非洲智库的研究有助于了解非洲社会和政治等方面的热点问题,把握非洲社会的思想脉络与动态,促进中非之间的沟通与交流。非洲智库的发展可分为起始期、发展期和繁荣期三个阶段。目前非洲智库呈现出影响力提升、发展不均衡、自主性不强等特点。在新时代中非全面战略合作关系和构建更加紧密的中非命运共同体背景下,中非双方智库应增进互相了解、深化合作内容、完善合作机制、扩大合作领域,为中非关系的可持续发展提供有力支持。

关键词：非洲智库;中非智库合作;中非关系

作者简介：王珩(1978—　　),女,浙江浦江人,浙江师范大学非洲研究院教授。

于桂章(1995—　　),男,江苏徐州人,浙江师范大学非洲研究院硕士研究生。

智库,又称思想库、智囊团,是国家软实力的重要组成部分。由于许多非洲国家独立至今只有半个世纪左右,因此非洲智库的建设起步较晚,但这丝毫没有影响非洲国家对智库建设的重视程度,也没有影响非洲智库的地位和影响力的提升。非洲智库不仅为非洲的社会、政治、经济等方面的改革和发展起到了重要思想借鉴与智力支持作用,影响着非洲大陆上的各项重大政策转变和动向,而且还关乎非洲各界的舆情动态以及非洲和其他国家、地区的外部关系。[①]因此对非洲智库的研究意义重大,能使我们不仅可以了解非洲政治、经济、文化

---

　*　本文发表于2019年第3期。基金项目：教育部中外人文交流专项研究课题、浙江省新型重点专业智库浙江师范大学非洲研究院资助课题"中非人文交流理论体系构建研究"(19ZKFZ01)。

　①　王珩.非洲智库建设发展年度报告(2015—2016)//刘鸿武.非洲地区发展报告(2015—2016).北京：中国社会科学出版社,2017：268-278.

等方面的发展现状,还可以深层次梳理出非洲社会动态变化背后的思维与逻辑。在中国与非洲交往日益加深的今天,对非洲智库的研究具有重要的现实意义。

一、非洲智库发展的简要历程

非洲智库发展可分为三个阶段。第一阶段始于 20 世纪 60 年代非洲国家独立解放时期,此时非洲国家成立了各类智库帮助新兴政府建立新的社会秩序,提供执政政策咨询。第二阶段是从 20 世纪 80 年代开始,由美国主导的西方国家提出要在非洲实行结构调整计划(SAPs),许多官方和非政府组织在非洲设立或合办研究机构来观察这一政策,并依据观察结果提出对策建议。第三阶段是 21 世纪以来,伴随着非洲经济的强劲增长,非洲智库的发展也有了同步提升。[1]

1. 初创阶段

20 世纪 60 年代,非洲地区兴起了轰轰烈烈的民族解放运动,大量主权国家建立。国家建立之初,新兴政府急需各类专业人员参与到政府工作当中,为新国家的建设出谋划策,建立和维护新的社会秩序。一些非洲智库应运而生,为非洲的新兴国家提供智力支持与决策建议,例如 1961 年成立的尼日利亚国际问题研究所(NIIA)、1962 年成立的塞内加尔非洲经济发展和计划所(AIEDP)等。[2] 这一阶段的智库数量较少且大多由政府主导,研究领域较为单一,民族国家自主意识较强。

2. 兴起阶段

20 世纪 80 年代开始,美苏进入冷战后期,尤其是在苏联解体以后,以美国为主导的西方国家提出在非洲实行结构调整计划,世界银行与国际货币基金组织以提供经济援助为由,迫使非洲国家进行西方模式改革:政治上进行多党制改革,经济上实施自由贸易,开放国内市场。在这一结构调整过程中,西方国家的许多研究机构采用直接在非洲设立分支机构,或与非洲本地大学和研究机构合建的方式,在非洲建立研究机构,来观察结构调整计划的实施对非洲社会和经济的影响。这一阶段非洲的智库不仅有政府创办和主导的官方研究机构,也包括许多来自西方国家非政府组织创办的民间机构。由于西方智库的参与,非洲智库在运营管理方面倾向于向西方学习,同时在资金、人员等方面也受到了

---

[1]　Claudious, C. Z. & Davison, S. Universities and Think-tanks as Partners in the African Knowledge Economy: Insights from South Africa. *African Journal of Science*, *Technology*, *Innovation and Development*, 2015, 7(4): 286-300.

[2]　王珩. 非洲智库发展与中非智库合作. 光明日报,2016-08-24(16).

西方的支配或影响。

3. 繁荣阶段

21 世纪以来，国际形势逐渐趋稳，非洲国家的发展环境越来越好，非洲智库也得到了较好发展。大量政府和非政府主导的智库建立，其研究领域也逐渐扩展，经济和社会政策领域尤为受到关注。与此同时，随着西方经济危机的爆发以及印度、南非、中国、巴西等新兴市场国家的兴起，非洲的对外经贸合作更加多元化，非洲智库的工作和研究领域也越来越广，国际化水平不断提升。非洲智库在积极探索自主发展之路，积极为非洲整体发展献策的同时，也在国际上寻求合作，与中国、美国等智库建立了良好的合作与沟通机制。

二、非洲智库发展的现状及特点

考察非洲智库发展的现实背景可以发现，非洲智库的发展与非洲国家和社会的发展密切相关，且有其特有的非洲本土发展特点以及时代性。近年来非洲发展形势整体向好，政治和平过渡成为主流，经济得到良性发展。智库作为重要的智力支持机构，在非洲发展中的作用和重要性日益体现。现阶段，随着非洲经济增长和非洲社会要求政府治理能力的提升，日益增长的智库市场需求与智库发展不充分不均衡之间的矛盾构成了当前阶段非洲智库发展的主要特点。

1. 智库数量波动较大

据 2008 年宾夕法尼亚大学智库项目（TTCSP）发布的《全球智库发展报告》，全球智库共有 5465 个，其中非洲智库有 469 个，占全球智库总数的 8.6％。随后几年非洲智库数量稳步提升，至 2013 年时达到顶峰的 758 家，占全球智库总数的 11.0％。2013 年后，非洲智库数量锐减。2014 年非洲智库数量为 616 家，占全球智库总数的 9.0％，比 2013 年减少了 142 家，降幅为 18.7％。2015 年非洲智库总数有所回升，达到 652 家，约占全球智库总数的 9.5％。2016 年非洲智库的数量又有明显上升，达到 699 家，比 2014 年上升 13.5％。2017 年非洲智库数量继续上升，达到 744 家，比 2014 年大幅下降时增加了 128 家，智库总数基本与 2013 年持平，比重占全球智库总数的 9.5％。[①]

2. 发展质量不够均衡

非洲智库主要集中在经济基础和政治环境比较好的国家。2017 年南非以 92 家智库位居全球国家智库数量排行榜第 12 名，稳居非洲首位，约占非洲智库

---

① 相关数据根据 2007—2018 年 "Global Go To Think Tank Index Report" 整理得到。

总数的 12.4%。南非、肯尼亚、尼日利亚 3 个国家智库总数为 201 家,约占非洲智库总数的 27.0%。在撒哈拉以南非洲的 90 家顶尖智库中,有超过 15 家智库入选的仅有南非。在入选数量上排名前五的国家分别为南非(16 家)、肯尼亚(9家)、加纳(8 家)、埃塞俄比亚(8 家)、尼日利亚(8 家),5 国总计入选 49 家,占撒哈拉以南非洲 90 家顶尖智库的 54.4%。①

　　在智库影响力方面,全球 173 家顶尖智库排名中非洲智库入选 16 家,占比 9.2%。其中南非智库入选 6 家,占非洲入选智库总数的 37.5%。其次是肯尼亚,入选 3 家;埃塞俄比亚、加纳各入选 2 家;埃及、塞内加尔、乌干达各入选 1 家;其余非洲国家智库无一入选。而在 14 个研究领域的全球最佳智库排行榜中,非洲智库总计入榜 63 次。其中肯尼亚智库共入榜 16 次,占比 25.4%。其次是南非智库,共入榜 12 次;加纳智库共入榜 8 次;埃塞俄比亚智库入榜 6 次;乌干达和坦桑尼亚智库各入榜 4 次。这 6 个国家共计入榜 50 次,占非洲智库入选按研究领域划分的全球最佳智库排行榜的 79.4%。②

　　在研究领域方面,非洲智库对经济和社会政策的研究表现较突出。在《全球智库报告》区分的 14 个智库研究领域排行榜中都有非洲智库的身影。其中非洲国家国民经济政策领域的排行榜入榜次数最多,共入榜 13 次,占非洲智库总入榜数的 20.6%。非洲国家国民经济政策与社会政策两个领域的排行榜共入榜 22 次(详见表 1),占非洲智库总入榜数的 34.9%。这一方面显示出非洲智库在这些研究领域的影响力,另一方面也显示了非洲国家致力于提升国内经济和社会发展的实力和决心。

表 1　非洲国民经济政策与社会政策领域入选《全球智库报告》的顶级智库

研究领域	智库名称(国家)	全球排名
国民经济政策	埃及经济研究中心(ECES)(埃及)	49/140
	肯尼亚公共政策研究所(KIPPRA)(肯尼亚)	50/140
	伊曼尼政策和教育中心(IMANI)(加纳)	59/140
	经济政策研究中心(EPRC)(乌干达)	66/140
	非洲技术政策研究网络(ATPS)(肯尼亚)	82/140
	非洲经济研究联合会(AERC)(肯尼亚)	84/140
	博茨瓦纳发展政策分析研究所(BIDPA)(博茨瓦纳)	86/140

① 相关数据参见"2017 Global Go To Think Tank Index Report".

续表

研究领域	智库名称（国家）	全球排名
国民经济政策	政治和经济分析研究中心（CERAPE）（刚果）	93/140
	马达加斯加经济分析和支持研究中心（CREAM）（马达加斯加）	94/140
	经济和社会研究基金会（ESRF）（坦桑尼亚）	100/140
	经济事务研究所（IEA）（加纳）	126/140
	经济事务研究所（IEA）（肯尼亚）	135/140
	马凯雷雷社会研究学院（MISR）（乌干达）	137/140
社会政策	食品、农业和自然资源政策分析网（FANRPAN）（南非）	34/100
	东部和南部非洲社会科学研究组织（OSSREA）（埃塞俄比亚）	36/100
	教育政策发展中心（CEPD）（南非）	40/100
	非洲建设性解决争端中心（ACCORD）（南非）	56/100
	加纳民主发展中心（CDD）（加纳）	60/100
	非洲社会科学研究理事会（CODESRIA）（塞内加尔）	71/100
	经济和社会研究基金会（ESRF）（坦桑尼亚）	75/100
	人类和社会科学研究理事会（HSRC）（南非）	82/100
	马凯雷雷社会研究所（MISR）（乌干达）	91/100

3. 自主意识有所增强

进入 21 世纪以来，非洲智库在独立自主性上有显著提升，开始追求独立自主的发展道路。2014 年非洲各国智库在南非成功举办了主题为"智库和非洲的转型"的首届非洲智库峰会，该峰会由非洲能力建设基金会（ACBF）联合安全研究所（ISS）、宾夕法尼亚大学智库项目（TTCSP）和非洲领导力中心（ALC）共同举办，旨在探索新时期非洲智库的发展方向，并发出统一的非洲声音。在此之后，非洲智库峰会每年召开一次，针对非洲智库发展中的任务和困难进行探讨，至 2018 年已举行五届非洲智库峰会。这表明，非洲智库在自主探索发展道路、实现非洲社会转型与经济发展方面有着重要的理论研究与政策筹划作用。怎样结合非洲实际情况进行各项改革，因地制宜地探索非洲自身发展道路，同时在改革中如何保持经济发展与社会稳定，越来越成为非洲领导人的共识与学界关注的主要方向。

非洲智库探索自主发展之路是由内外两方面原因导致的。外部方面，2008年经济危机爆发，以美国为起点爆发的经济危机横扫了整个全球经济体系，国际经济秩序受到严重冲击。西方国家自顾不暇,对非洲国家政治和经济的干涉和牵制相对减少。同时经济危机打破了西方经济持续发展的美好幻想,使非洲国家认识到西方政治制度与经济发展方式并不是完美模式,开始反思政治与经济上的"西方模式",逐渐认识到西式民主并不适应非洲的传统政治文化及现实国情。① 内部方面,从 20 世纪 90 年代开始,许多非洲国家逐渐摆脱战争和政治动乱,非洲经济逐渐有了起色,有些国家还出现了快速增长,被称为"非洲增长奇迹"。② 经济快速增长的情况下,非洲智库面临更多的理论创新与政策建议需求,并获得了足够的研究资金支持。同时,非洲内部的政治局势也趋于稳定,非洲学者开始结合非洲的实际情况探索适合非洲本身的社会政治制度与经济发展方式,依托智库力量积极推行以促进经济转型和改善治理为核心内容的改革,对于教育和法治也更加注重。这些都为智库的发展提供了良好的政治、经济和社会文化环境。

在西方多年的经济扶持与思想渗透下,非洲智库一直对西方国家较为依赖,尤其在意识形态、议程设置等方面受西方影响较大,这是多方面原因导致的。其一,国际政治中非洲国家与西方国家的实际不对等地位让非洲智库的政策研究处于被动地位。非洲独立运动至今,非洲的国家建构与国内社会经济的发展方式往往是主动或者被动地学习和模仿西方模式,冷战结束以来以美国为首的西方国家在对非援助与贸易中,也往往附加政治经济等方面的条件,尤其在对外贸易、军事等方面,西方对非洲的干涉很多,因此非洲智库在政策研究中往往受到西方国家的政策牵制。其二,非洲许多知识分子具有西方教育背景,在语言和思维模式上受西方影响较深,与西方人员的交流也比较频繁。③ 其三,非洲现代国家的形成较晚,同时非洲智库的发展历史也较为短暂,在非洲本土尚未自主形成非洲发展经验与自信的情况下,非洲智库在政治思想和经济发展理念上仍然受到西方话语体系制约。

三、中非智库合作的思考与建议

近年来非洲智库在国际活动上日趋活跃,参与非洲本土治理与全球议程的影响力快速提升,同时在促进非洲经济改革以及非洲地区一体化、泛非问题和

---

① 殷悦. 当前非洲政治经济形势. 国际研究参考,2018(5):7-12.
② 刘晨. 非洲经济奇迹:驱动因素与长期增长. 世界经济与政治,2018(1):117-155,160.
③ 张忠祥. 非洲智库方兴未艾. 中国社会科学报,2012-09-19(B6).

智库"二轨外交"方面发挥着重要作用。① 非洲智库是非洲学者、官员等知识分子与社会精英集中的平台,也是社会各界的交流渠道,能较好地反映非洲在政治、经济、外交、思想、社会、文化等方面的发展与趋势。中非智库合作促进了中非两大古老而又革新的文明的交流以及思想对话,有利于中国官方的对非政策调整以及在非企业的经营计划变更,有利于维护中国的在非利益。同时,非洲智库是非洲各领域知识精英的集中平台,中非智库合作为双方的学者、专家、政府人员、媒体等官方与民间机构提供了沟通与交流的渠道,有利于加强中非双方的政治互信与深入了解,扩大中国在非朋友圈,促进中国对非政策与中非合作项目的顺利实施。在中非全面战略合作伙伴关系的新时代,智库合作为中非新时代"八大行动"中人文交流行动的重要组成部分,对于加强与促进中非合作有重要的战略与现实意义。

(一)中非智库合作的重要意义

1. 中非智库合作促进了中非之间的合作与交流

中非智库合作有利于促进中非关系积极发展。近几年随着"一带一路"倡议的推进与中非合作的不断深化,中非之间的智库合作逐渐成为非洲智库发展中的重要一环。"中国与非洲通过智库进行交流能够产生许多的益处……发现双方智库间的比较优势……提升专家学者们的职业道德素质;以及为研究人员提供展示其研究成果的机会。"②中非智库合作越来越得到中非双方的重视:2009 年中国政府"对非务实合作八项举措"出台,促进双方智库学者的交流与合作是其中之一。2011 年首届中非智库论坛由浙江师范大学非洲研究院在浙江杭州和金华主办。2012 年中非智库论坛作为中非民间对话的固定机制正式被纳入中非合作论坛框架之中,中非智库论坛成为中非智库合作的重要平台和机制。2013 年,在中非智库论坛第三届会议中,"中非智库 10+10 合作伙伴计划"正式启动,10 家中方智库与 10 家非方智库建立了合作关系。2015 年"一带一路"智库合作联盟正式成立,非洲智库为其重要组成部分。2017 年,在"一带一路"国际合作高峰论坛开幕式上,中国国家主席习近平将非洲定位为"一带一路"倡议的建设重点地区,并强调"发挥智库作用,建好智库联盟和合作网络"。伴随着中非关系的不断发展,中非智库合作的深度和广度也在不断提升。中非智库合作为中非关系提供了理论和决策支持,同时为中非学者、官员等提供了

---

① 王珩,于桂章. 谱写中非智库合作新篇章. 中国社会科学报,2018-09-13(5).
② 穆鲁阿勒姆. 中非合作的智库角色. 王晓波,译. 中国投资,2018(8):84.

交流平台和渠道,为中非人员和机构的往来、思想和学术交流等发挥了智力先行的作用。

2.中非智库合作为非洲发展提供了新思路

中国显著的发展经验,吸引了非洲关注的目光,而智库在为非洲发展提供新思路的过程中起到了重要的智力支持与推动作用。当今世界以美国为主导的西方国家仍在金融危机的破坏中缓慢恢复,欧债危机也让西方经济体系充满着威胁与不安。在西方发展遇阻的情况下,许多非洲政治领袖和专业学者认识到,西方长期以来所推崇的发展理念和方式并不是万能的,盲目搬用它们有可能带来负面影响,非洲应该独立自主确定自身的发展方向和道路。非洲新一代领导人对发展理念有较强的辨析能力,非洲自主发展成为非洲政治界和学界的一种主流意识。中国的发展经验,尤其是改革开放以来的经济发展与脱贫经验让非洲开始逐渐“向东看”。尼日利亚学者费米·阿科莫拉夫(Femi Akomolafe)认为,中国崛起不同于西方,为非洲提供了发展经验。[①] 中国经济是在和平时期发展起来的,而且中国和非洲都拥有人口红利和脱贫问题等共同的发展重点,同时中非拥有共同反帝反殖的历史革命友谊,因此中国的发展经验对非洲有许多借鉴作用。中非智库的合作和交流能促进双方学者从不同角度总结中国发展经验,有利于结合非洲国情,探索适合非洲经济发展的理论与道路,构建中非命运共同体,助力非洲实现长足和稳定的发展。

(二)加强新时代中非智库合作的建议

自 2000 年中非合作论坛创办以来,中非智库合作与交流得到了中非双方政府和民间的支持与关注,中国和非洲的智库通过各类平台与渠道,用自身的优势和特色服务中非合作,取得了一定的工作成果。2018 年 9 月 3 日,在中非合作论坛北京峰会上,中国国家主席习近平提出要携手打造“中非命运共同体”,为推动和构建人类命运共同体树立典范,这标志着中非关系走向新的历史高度。同时,习近平主席提出了在未来三年和今后一段时间内重点实施的对非“八项行动”,为中非合作的未来走向做了宏伟而具体的规划蓝图。在引领未来中非合作关系“八项行动”的第七条“实施人文交流行动”中,提出要设立“中国非洲研究院”,继续深入强化中非智库合作的民间固定机制——“中非智库论坛”,同时建立中国和非洲智库间的合作网络,在中非学者联合调研以及学术交

---

① 李安山. 非洲经济:世界经济危机中的亮点. 亚非纵横,2013(1):18-23,59.

流上加强机制建设。"八项行动"的提出标志着中国和非洲两大文明的合作关系迈入了新的时代。会上提出了对中非关系新的规划与指导，也对中非智库合作提出了新的要求。这意味着中非智库合作迎来了新的时代机遇，有了新的目标和挑战。双方在相互了解、合作内容、合作机制、合作领域等方面还有广阔的提升空间。

1. 加强研究，增进了解

非洲智库是非洲知识精英聚集的平台，非洲智库的发展有其自身独有的时代特点。加强对非洲智库的研究，可以增进对非洲知识分子与政治社会思想的认识和理解，把握其发展趋势与变化动态，从而更好地促进中非智库合作，促进中非学者的更好沟通。要更有针对性地对中非智库合作的具体方向和措施进行细致规划，完善中非智库合作的战略规划部署。要根据中非合作论坛北京峰会"八项行动"中的人文交流行动政策理念，积极促进中非智库之间的了解和交流，共同举办学术交流活动，互邀学者访问交流，做好"中非智库论坛"这一中非智库合作重要平台，做强中非智库合作影响力。同时建立起覆盖全面的中非智库之间的合作网络，打通中非智库交流之间的信息传递渠道，建立常设化的中非智库和专业学者研究合作机制。通过加深中非智库合作来增进对非洲智库的研究和了解，把握其前沿思想和发展趋势，发挥智库资政献言作用，促进中非合作政策的实施和优化。

2. 深化合作，形成合力

中非智库要深化合作内容，互相取长补短，共同攻坚克难。一方面要在学术与基础理论问题上共同发力，在中非关系和中非合作上提高理论创新能力，独立自主建构服务中非关系发展的知识体系与思想理念，从而提高智库的研究水平以及与世界相关研究机构和学者的理论辨析与思想对话能力。另一方面要关注中非发展的现实问题，互通有无，相互借鉴，充分发挥智库研究的智力支持作用。中非在脱贫问题、教育合作、医疗合作、人力资源合作、媒体合作、安全事务合作等现实问题方面有着广阔的研究空间和应用前景。同时，还可以进一步增加中非智库联合研究平台，通过建设中非智库共享数据库、共同举办国际论坛和探讨会、联合成立研究中心、互设联络处和工作站、建立"中非智库联盟"和中非智库合作网络、互聘研究人员等方式，促进中非合作。

3. 完善机制，加大合作

中非智库之间的学术和思想交流有利于拓展中非合作的领域与范围，促使其由以往的政治性交往为主扩展到政治交往与民间交往并重的中非合作关系，建立起综合全面、注重人文交流与民间交往的中非合作关系。中国和非洲的智库合作需要在已有合作机制上继续加大合作力度和深度。中国是非洲的第一大贸易国,现代中非关系也经过了大半个世纪的发展历程,但是中非智库机制仍然不够完善,合作机制涵盖的层次与范围也需要提升。构建中非智库合作网络,加强中非联合调研和学术交流机制等,需要对现有的合作机制进行升级,如以目前运作良好的中国-南非高级别人文交流机制为样本和范例,与非洲更多的国家建立起高层次人文交流机制,同时可以进一步拓展"中非联合研究交流计划""中非智库 10+10 合作计划"等成员单位数量以及合作项目数量,健全中非智库合作机制,打造更多中非智库合作"品牌"。此外,应该出台促进对非研究的相关鼓励政策,优化简化外事程序,完善智库与相关政府部门的沟通机制,提升赴非调研学者待遇,增加赴非留学的名额与奖助金额,改善对非研究的环境,吸引更多人才从事非洲研究与对非智库工作。

4. 扩大领域,提升效果

中非智库合作不仅要服务中非双方的外交,发挥好资政献言的作用,更要进一步扩大合作领域,以智库为支点撬动双方更全面和深入的合作,充分参与到中非合作的具体项目中,扩大中非智库合作的社会影响力。要积极立足非洲,扎根非洲,深入非洲社会,切实了解非洲社会的动态变化、民众的现实需求、政治思想的发展趋势等,做好扎实的基础研究。同时应细化方向,注重区域与国别之间的差异,对非洲国家的具体问题、现状、现象要有深入而全面的理解。在做好基础研究的同时,更要发挥平台优势进行资源整合,在中非合作的项目实施上搭建人脉与信息渠道,促进项目落实。同时应加强中非媒体智库的合作与沟通,积极运用社交网络等社会传播工具,增强社会传播力和国际话语权,建立中非智库与媒体的资讯共享、成果发布、新闻报道机制,积极传播中非合作成果,在国内与国际社会上发挥好舆论引导作用,进一步提升中非合作的国际话语权与影响力。

Development of African Think Tanks and China-Africa Cooperation in Think Tanks in the New Era

WANG Heng   YU Guizhang

Abstract：In the context of increasingly better China-Africa relations，cooperation and exchanges between Chinese and African think tanks are also being strengthened. Studying African think tanks is helpful to understand the hot issues in African society and politics，grasp the ideological context and dynamics of African society，and promote the communication and exchanges between China and Africa. The development of African think tanks can be divided into three stages：the initial stage，the development stage and the boom stage. At present，African think tanks are characterized by increasing influence，unbalanced development and weak autonomy. In the context of China-Africa comprehensive strategic and cooperative relations in the new era and building a closer community of shared future between China and Africa，think tanks of China and Africa should enhance mutual understanding，deepen cooperation contents，improve cooperation mechanisms and expand cooperation areas，so as to provide strong support for the sustainable development of China-Africa relations.

Keywords：African think tanks；China-Africa cooperation in think tanks；China-Africa relations

（编校：吴月芽）

论中国对非洲的软实力外交 *

钟婷婷　　王学军

摘要:新中国成立以来,中国对非洲的软实力外交在继承中不断发展。当前,中国对非洲的软实力外交既坚持对非政策的传统原则,又在新形势下保持适度的灵活性。通过尊重非洲国家和人民,完善政治文化价值观,增强经济吸引力,提升中国模式的示范作用,积极从事多边外交,展示中国的大国形象,增加对非援助,扩大文化交流与民间往来等多领域多层次的外交工作,中国对非软实力外交建设取得了一定的成效。在未来的中国对非外交实践中,如何进一步加强软实力建设,增强中国在非洲的影响力,塑造中国作为崛起中的负责任大国形象,仍是中国对非外交面临的一项重要课题。

关键词:中非关系;软实力;对非政策;文化外交

作者简介:钟婷婷(1985—　　),女,浙江富阳人,浙江师范大学非洲研究院世界史专业硕士研究生。

王学军(1971—　　),男,河南太康人,浙江师范大学非洲研究院副研究员,法学博士。

随着中国崛起语境下中国在非洲利益的不断拓展和对非事务参与度的不断提高,来自西方的各种批评、指责、质疑不断出现,对中国对非外交构成了一定的压力。为缓解这些压力与挑战,加强对非软实力外交是最为重要的途径之一。中国政府也已经深刻意识到软实力是全球化时代国家间博弈的重要变量,是深化中非关系以更好地实现中国在非利益的重要保障。为此,中国越来越积极主动地提升中国在非洲的软实力,通过政策完善、发展优先、多边外交、对非援助、参与维和、文化外交、民间外交等各个方面不断提升自身的影响力。

---

* 本文发表于 2010 年第 4 期。

一、坚持对非政策传统，并保持适度的灵活性

中国对非软实力外交的第一个重要来源是中国对非政策中区别于西方大国的独特的外交传统原则。即在政治上，尊重非洲国家的主权，不干涉其内政；在经济上，平等互利，对非援助不附带任何附加条件，不要求任何特权。

多年来，西方国家漠视非洲国家主权，干涉非洲国家内政之举屡见不鲜。美国、苏联和古巴等国卷入长达 27 年的安格拉内战；美国以反恐为由介入索马里内战，欲设立美军非洲司令部；英美与欧盟插手津巴布韦内政；美国干涉肯尼亚改革、埃及大选……而且，许多西方国家向非洲国家提供巨额贷款和援助时都附带其他条件，要求接受国遵循特殊的政策。非洲国家对这些行为表示了强烈反感与不满。肯尼亚外长痛斥："美国完全是多管闲事……肯尼亚有自己的民主原则，用不着美国来指手画脚。"①

相反，中国在非洲始终坚持不干涉内政、不附带条件的外交原则，受到了非洲国家的普遍欢迎。非洲能力培养基金会执行秘书弗利姆说："中国对非洲国家所选择的发展道路不予干涉的立场深得人心，中国主张让别国自己解决内部事务的立场同样受到非洲国家的支持。"②卢旺达驻欧盟大使约瑟夫·博恩沙说："中国的援助没有附加条件，中国提供的贷款往往是无息或低息的。"③

中国不是为了明哲保身而固守原则。为了真诚地促进非洲的稳定和发展，中国在新形势下保持了适度的灵活性。2008 年，索马里海盗猖獗一时，中国没有高举"不干涉原则"的旗帜而对此置之不理，而是在经过联合国授权并征得索马里过渡政府同意的前提下向非洲海域派遣了护航编队。在苏丹达尔富尔问题上，中国更是展示了一个大国的责任感。在尊重苏丹主权的前提下，中国设立了达尔富尔问题特别代表，多次与各方进行磋商和交流，为推动该问题的解决发挥了积极的建设性作用。这种灵活务实的做法不但赢得了非洲的人心，而且获得了包括西方在内的国际社会的好评。

中国政府对非政策将坚定的原则性与适度的灵活性相结合，不但促进了非洲的和平与发展，而且为中国赢得了软实力。

① 廉海东. 肯外交部说将对美干涉肯内政举动给予回击. (2009-10-29)[2010-04-15]. http://www.afdata.cn/html/qydtxx/20091029/12562.html.

② 李努尔. 中国外交政策在非洲国家赢得广泛支持并享有美誉. (2008-07-21)[2010-04-05]. http://www.gov.cn/jrzg/2008-07/21/content_1051114.htm.

③ 张忠祥. 试析中国对非洲外交中的不干涉原则. 西亚非洲，2010(3)：13.

二、尊重非洲人民，完善价值理念

中国的软实力还来源于中国对非洲人民的尊重。一方面，中国让非洲感受到自己是被重视的对象。自 1991 年起，中国外交部部长每年均首访非洲，这已经成为一种外交传统。2001 年至 2004 年间，中国主要领导人 22 次出访非洲。自 2003 年以来，胡锦涛主席曾 4 次对非洲进行国事访问，走遍 18 个非洲国家；温家宝总理曾 3 次访非，到访 9 个非洲国家。其中 2006 年国家主席胡锦涛、总理温家宝、外交部部长李肇星先后到访非洲。这些足以显示中国对非洲的重视。值得注意的是，中国对非洲的访问不仅局限于能源国家，而且还包括塞舌尔、中非共和国和马达加斯加等美国高级领导人不太到访的国家。这是中国与西方的不同之处。因此，中国的"一视同仁"尤其受到非洲小国的赞誉。不仅如此，中国领导人还十分尊重非洲的普通群众。周恩来访问加纳时专门为接待中国代表团的服务人员举办了一个答谢宴会，被加纳人民传为美谈。

另一方面，中国还给非洲一种自信。中国尊重非洲自己的判断，相信非洲能自主解决自己的问题。温家宝总理在出席中非合作论坛第四届部长级会议时表示：中国坚信非洲完全有能力以"非洲方式"处理好自己的问题。中国给予了非洲以西方提供不了的尊重和自信。这对长期遭受忽视和歧视的非洲人民而言，尤为可贵，因而中国受到了非洲人民的普遍欢迎。

价值观的吸引力是一国软实力的重要来源。因为一国所提出的先进价值观一旦得到他国的认同，该国在国际体系中就会树立身份和利益的认同。中国在与非洲的交往中不断完善自身的价值观念，增强对非洲的吸引力。在非洲争取民族独立的时代，中国坚持反殖反帝，维护民族独立，获得了众多非洲民族运动领袖的信任。在与非洲国家建交后，中国又反复提倡"相互尊重""和平共处""平等相待""友好合作"等，这些词语蕴含了中国对非外交的"和合"理念。非洲领导人高度赞扬中国这种与人为善的外交观念，正如利比亚领导人卡扎菲所言："中国言词和善，说话也很悦耳。"[①]为了顺应非洲的发展诉求，中国还强调对非政策中的"双赢"理念。非洲人民欣赏这种实用主义的观点，因为它不需要非洲人民改变宗教信仰，也没有以恩人态度自居。"双赢"意味着非洲可以就中非合作条款提出自己的意见，中方将尊重非洲的需求。进入 21 世纪，中国在中非关系中又融入了"和谐世界"的价值观。胡锦涛主席在 2006 年中非合作论坛北

---

① 黄佳. 利比亚领导人赞中国和善，给非洲带来好处. (2007-05-21)[2010-04-16]. http://www.stnn.cc/euro_asia/200705/t20070521_541108.html.

京峰会开幕式上呼吁："为实现中非发展，为造福中非人民，为推动建设持久和平、共同繁荣的和谐世界而共同努力。"[1]构建和谐世界，就是要建立一个公平、公正、大国小国一律平等的国际新秩序。"和谐世界"的理念表明了中国对国际秩序与世界发展的责任感，引起了众多非洲国家领导人的共鸣。

三、增强经济吸引力，提升发展模式的示范效应

中国在非洲的软实力的另一来源是经济实力和经济合作战略。近年来，不断增长的对非贸易与投资，吸引着整个非洲的目光。温家宝总理在中非合作论坛第四届部长级会议开幕式上总结道："2008 年中非贸易突破千亿美元，同中国有贸易往来的非洲国家增加到 53 个；中国在非洲开工建设 6 个经贸合作区，中国企业到非洲国家落户增加到近 1600 家，直接投资存量达 78 亿美元。"[2]长期以来，西方与非洲的接触尚停留在人道主义援助和安全事务方面，而中国大规模的对非投资和贸易使非洲人民相信中国对非投资的未来前景比来自西方国家的更加乐观。卢旺达总统卡加梅认为："中国带给非洲其所需要的东西，而欧洲和美国却没有帮助非洲取得发展和进步。"[3]

中国也向非洲贸易伙伴积极推广中国特色的经济发展观，鼓励他们通过投资基础设施建设来发展经济，而不是机械式地改革体制。因此，许多非洲人民认为中国与非洲的经济合作非常务实，符合非洲各国的需求。他们认为中非经济合作为非洲的经济腾飞带来了希望。塞内加尔共和国总统阿卜杜拉耶·瓦德认为："与那些后殖民时期以恩人态度自居的欧洲投资者、捐赠组织及非政府组织相比，中国的投资更符合非洲的需求。事实上中国的快速经济发展模式对非洲很有借鉴意义。"[4]喀麦隆媒体也认为，"中国与西方各国相比更注重实效而非家长式的管理"[5]。此外，作为全球有影响力的大国，中国的崛起对非洲各国

---

① 常烨. 胡锦涛主席在中非合作论坛北京峰会开幕式上的讲话. （2006-11-04）［2009-12-10］. http://news. xinhuanet. com/world/2006-11/04/content_5289040. htm.

② 赵世俊. 温家宝总理在中非合作论坛第四届部长级会议开幕式上的讲话. （2009-11-09）［2010-04-11］. http://news. xinhuanet. com/world/2009-11/09/content_12413101. htm.

③ 黄佳. 卢旺达总统赞扬中国与非洲关系. （2009-10-12）［2010-04-05］. http://news. stnn. cc/guoji/200910/t20091012_1140993. html.

④ McGiffert, C. Chinese Soft Power and Its Implications for the United States: Competition and Cooperation in the Developing World, A Report of the CSIS Smart Power Initiative. Washington D. C. : CSIS, 2009: 31.

⑤ 喀麦隆媒体专刊报道称中国与非洲合作前景广阔. （2009-02-25）［2010-04-03］. http://finance. sina. com. cn/roll/20090225/02312693083. shtml.

来说都很有吸引力,非洲各国非常愿意抓住中国发展所提供给非洲的机遇来实现自身的发展与复兴。

非洲领导人不仅仅受到投资贸易的吸引,还受到中国发展模式的吸引。非洲人民对改革开放 30 年的中国巨变感到震惊。他们积极主动地要求学习中国成功的发展经验,包括经济发展、政治改革、社会和谐、文化发展等众多领域。为此,中国积极寻找有效途径来提升中国模式的示范作用,帮助非洲国家探寻适合自身发展的道路。中国自 1998 年起在华举办了多期培训非洲国家管理或技术人员的研讨班或培训班,主题涵盖经贸、外交、公共行政管理、医疗卫生、农牧渔业、教育、广电、科技、文化、环保、电信、交通、金融、能源等 20 多个领域。例如,2009 年 11 月,商务部举办了"新一代无线通信与数字电视技术官员研修班",来自 14 个非洲国家的 29 位官员参加了此次研修。中国还积极召开中非研讨会,与非洲国家交流发展经验。2007 年 5 月,"开发性金融与中非合作"研讨会在上海举行,中国同非洲专家分享了利用开发性金融支持欠发达地区发展的经验。另外,根据温家宝总理 2009 年提出的新八项举措,中国倡议实施"中非联合研究交流计划",促进学者智库的交往合作,交流发展经验。这个更利于发挥示范作用的新舞台是中国提升在非软实力的新举措之一。

四、参与多边机制,展示大国形象

近年来,中国广泛参与全球性和区域性的多边组织和会议。其中很多是中国和非洲国家共同参与的,如联合国、世界贸易组织、中非合作论坛等。中国在其中展示了对国际问题的原则和立场,树立了一个良好的负责任大国的形象。中国利用多边外交提升在非洲的软实力,主要从以下三个方面入手。

第一,壮大非洲的声音。在重大国际议题的多边讨论中,中国始终与发展中国家团结一致,帮助发展中国家增强在国际舞台上的话语权。这赢得了发展中国家尤其是非洲国家的广泛赞誉。联合国是现今最大的国际多边机制。非洲国家占联合国会员国总数的三分之一,但在安理会内的代表性却严重不足。为此,中国在第 60 届联合国大会上强调"安理会扩大应该优先增加发展中国家,特别是非洲国家的代表性"。2008 年 7 月,在新一轮世界贸易组织多哈回合谈判中,发达国家与发展中国家在农产品贸易问题上产生了分歧。中国一改低调的谈判姿态,明确表示支持发展中国家的立场,巩固了与非洲国家等发展中国家的良好政治关系。77 国集团是非洲参与的重要多边机制之一。中国虽未参加,但是一直与其保持紧密联系,形成了"77 国集团+中国"的新合作模式。

2009 年哥本哈根气候大会上，中国再度展现了发展中大国的形象，与 77 国集团联手反对发达国家强制发展中国家减排的协议。

第二，在联合国和非洲联盟框架下积极参与非洲维和行动，促进非洲国家的和平与安全。为了维护非洲的和平，中国积极参加联合国在非洲的维和行动。1990—2006 年，中国参加了联合国在非洲的 9 项维和行动，占中国全部维和行动的 56％，先后派出了 3000 多名维和人员，占中国维和人员总数的 50％。① 近 3 年来，由于非洲局势再度动荡，中国加大了维和力度。中国 3 年来累计向非洲派遣维和人员 6281 人，现有 1629 名中国官兵和警察在非洲 6 个联合国任务区执行维和任务。2009 年，中国先后派遣 4 批海军舰艇编队赴亚丁湾和索马里海域执行护航任务。② 目前，中国成建制的维和部队主要集中在非洲，已成为非洲维和机制中的主要力量之一，也是联合国安理会五个常任理事国中的最大出兵国。

第三，开创中非多边合作机制——中非合作论坛。2000 年 10 月，中非合作论坛——北京 2000 年部长级会议在北京举行，标志着中非合作论坛这个中非间集体对话与磋商的全新合作机制的成立。自成立以来，它已成功召开 3 次部长级会议。2006 年中非合作论坛北京峰会吸引了来自 48 个非洲国家的高级代表团，其中包括 42 位非洲国家领导人。中国一个国家与几乎所有的非洲国家进行集体磋商，这足以显示中国特有的大国身份和责任。在这一机制下，中国与非洲国家就如何推动建立公正合理的国际经济新秩序以维护发展中国家的共同利益，以及如何进一步开展中非合作等问题进行集体磋商。这种交流与合作增进了中非友谊，巩固了中国在非洲的软实力。

五、通过多种途径，增加对非援助

就中国而言，对非援助政策的基点和首要目标是帮助非洲受援国实现社会经济发展，改善当地人民的生活水平。援助直接体现中国的诚意，因而不可否认它会产生重大的软实力效应。对非援助主要分为经济援助、教育援助、医疗援助和其他人道主义援助。自 2000 年以来，中国对非援助规模不断扩大。

经济援助的方式包括援建工程项目、优惠贷款、减免债务、产品免税、建立发展基金等。2006—2009 年，中国向非洲国家提供了 30 亿美元的优惠贷款和

① 罗建波. 优化在非洲的软实力. 亚非纵横，2007(3)：22.
② 卢鉴. 中国外长全面回顾中非合作论坛近 3 年成果. (2009-11-09)[2010-03-15]. http://news. xinhuanet.com/world/2009-11/09/content_12415483.htm.

20亿美元的优惠出口买方信贷;设立了50亿美元的中非发展基金;免除同中国有外交关系的非洲重债穷国和最不发达国家截至2005年年底到期的对华政府无息贷款债务;将同中国有外交关系的非洲最不发达国家输华商品零关税待遇受惠商品由190个税目扩大到440多个。经济援助带给非洲人民实实在在的好处,尤其是基础设施工程的援建给他们提供了极大的便利,因此广受好评。非洲朋友们把中国援建的坦赞铁路称为"自由之路",以此感激中国为坦桑尼亚、赞比亚两国的经济发展所做的贡献。

中国在进入21世纪后加大了对非洲教育援助的投入。自2000年中非合作论坛建立"非洲人力资源开发基金"至今,中国已为非洲培养各类人才3万多人。至2009年,中国向非洲留学生提供奖学金的名额增加到了4000人。"据不完全统计,近年来从中国学成回国的非洲留学生中,有8人在本国担任了部长级以上的领导职务,8人先后担任过驻华大使或参赞,6人担任总统或总理秘书,3人担任协会秘书;非洲国家驻华使馆的中、青年外交官大部分在华学习过。"①这些新生代的非洲精英们对中国文化有亲切感,对中国援助亦有切身的感激之情。这是中国对非关系中的一股重要的潜在软实力。另外,根据国家汉办网站公布的数字,中国已经在17个非洲国家的24所大学建立了孔子学院或孔子课堂。孔子学院的汉语教学及一系列配套文化活动的开展推动了以汉语为中心的中华文化在非洲的传播。

医疗援助是中国软实力建设的传统手段。1964年,中国向阿尔及利亚派出第一个医疗队伍。此后来自中国的"白衣天使"便遍布许多非洲国家的穷乡僻壤,其服务态度和精湛技术,享誉非洲大地。至2005年,"中国已派出15000名医生到47个非洲国家,治疗了1800多万非洲病人"②。2006—2009年,中国还援助非洲30所医院,并提供了3亿元人民币无偿援助用于向非洲国家提供防疟药品和设立30个抗疟中心。通过医疗援助,中国医生和数以万计非洲人民之间建立了感情。赞比亚某媒体曾如此评论:"中国医生以出色的工作赢得了赞比亚人民的心。"③

此外,当非洲国家遭遇饥荒、自然灾害及类似事件时,中国会提供其他人道主义援助。中国的人力资源和社会保障部负责管理这些事务。中国政府通过

---

① 陆苗耕.同心若金——中非友好关系的辉煌历程.北京:世界知识出版社,2006:320.

② Thompson, D. China's Soft Power in Africa: From the "Beijing Consensus" to Health Diplomacy. (2005-10-13) [2010-04-15]. https://csis-website-prod.s3.amazonaws.com/s3fs-public/legacy_files/files/media/csis/pubs/051013_china_soft_pwr.pdf.

③ 陆苗耕.同心若金——中非友好关系的辉煌历程.北京:世界知识出版社,2006:14.

各部委向诸如中国红十字会之类的相关非政府组织捐款，再由这些组织实施人道主义援助。

六、扩大人文交流，巩固中非友谊

文化交流对加强中国人民与非洲各国人民之间的心灵沟通、巩固和发展中非友谊起到了重要的促进作用，因此它也是中国增强在非洲的软实力建设的外交手段之一。文化代表团互访、艺术团演出、举办展览是中非文化交流的"老三样"。进入 21 世纪，它们的规模和形式都有了很大的发展。2003 年以来，中国连续举办了"非洲主题年""中华文化非洲行""2008 非洲文化聚焦"等大型中非文化交流活动。2004 年 7 月至 8 月，"中华文化非洲行"活动走遍了南非、赞比亚、刚果（布）等 11 个非洲国家，足迹覆盖了非洲南部、中部和西部地区，是有史以来规模最大的一次中非文化交流活动。其间，湖南歌舞团、云南杂技团、山东武术团在上述国家演出数十场，在南非、喀麦隆、加纳三国举办综合性的中国文化节，并在南非和喀麦隆分别举办"锦绣中华"图片展、中国乐器展和中国刺绣展。新时期的文化交流，不仅规模空前、形式多样，而且突出了文化交流的双向性，即"引进来"与"走出去"的有效结合。

2006 年，中国创造了一个新型的文化交流项目——"非洲文化人士访华计划"。这个计划由文化部主办，每年邀请非洲各国政府文化人士来华访问，其间召开文化圆桌会议，讨论与文化发展和交流有关的议题并安排参观考察。"非洲文化人士访华计划"是向非洲展示中国文化政策和文化建设成就的大舞台，便于非洲各国借鉴中国国内文化发展的优秀成果。2007 年度该计划的非洲代表团参观甘肃省农村文化建设时，对快捷便利的流动舞台车表现出了浓厚的兴趣。尼日利亚代表阿巴·萨德克说："这个想法太妙了，如同变魔术一般，对于边远地区的人们来说，能够在家门前欣赏到文艺演出将是件非常棒的事情。"坦桑尼亚代表万索科认为："这种流动舞台车可以直接引进到非洲。"[1]

另外，中国政府还积极开拓中非民间交流渠道。2003 年，在温家宝总理的倡议下，"中非青年联欢节"正式起步。这是定期邀请众多非洲优秀青年访华的一项大型中非青年交流活动。该项目对于增进中非理解和友谊，培养非洲国家对华友好新一代具有积极意义。2005 年，伴随着第一批赴埃塞俄比亚的中国青年志愿者踏上非洲，"中国青年志愿者非洲服务计划"开始实施了。这些志愿者

---

[1] 白洁. 非洲人士访甘肃，对农村文化设施建设印象深. (2007-10-31)[2010-04-07]. http://news.qq.com/a/20071031/002934.htm.

生活在非洲最普通的民众之间,无疑是传播中国文化的最佳使者,又是打造中国形象的最佳工程师。此外,中国还通过增加中非友好城市和非洲自费旅游目的地的数量等方式拓展中非民间往来。2009 年 4 月在埃塞俄比亚召开的"中非友好城市暨地方政府合作研讨会"上,中国人民对外友好协会副会长宣布中非友好城市已经达到 94 对[①];而中国公民自费非洲旅游目的地从 2004 年以前的 3 国陡然增至 26 国。

七、结　语

国家形象和软实力是一种重要的外交资源,其打造也是一项系统工程,中国对非软实力的建设表现在多领域、多层次。尽管通过各种途径和方式,中国对非洲的软实力外交已经取得了很大成效,并引起了西方国家的高度关注,但目前中国对非的软实力建设总体上还有很大的优化空间。如何在未来的中国对非外交实践中进一步加强软实力建设,增强中国对非洲的吸引力,提升中国在非洲影响力的合法性,塑造中国作为崛起中的负责任大国形象,是中国外交面临的一项重要课题。

On China's Soft Power Diplomacy toward Africa

ZHONG Tingting　WANG Xuejun

Abstract:Since the founding of the People's Republic of China, China's soft power diplomacy toward Africa continues to carry on and develop. At present, China's soft power diplomacy toward Africa not only upholds the traditional principles, but also maintains an appropriate degree of flexibility in the new situation. China's soft power diplomacy has achieved some effects through the following means: respecting African countries and peoples, improving political and cultural values, enhancing the economic attractiveness and the exemplary role of China's development model, actively engaging in

---

①　卢鉴. 中非友好城市暨地方政府合作研讨会在埃塞举行.（2009-04-30）[2010-04-08]. http://news. xinhuanet. com/world/2009-04/30/content_11287216. htm.

multilateral diplomacy and showing China's image of great power, increasing aid to African countries so as to expand cultural and people-to-people exchanges, as well as multi-field, multi-level diplomatic work. In the future, how to further strengthen the soft power building, enhance China's influence in Africa, and shape the rise of China as a responsible power is still an important topic faced by China's diplomatic practice in Africa.

Keywords：China-Africa relations；soft power；policy toward Africa；cultural diplomacy

（编校：钟晨音）

从援助效应看中非经贸合作区建设[*]

舒剑超　黄大熹

摘要：中国政府在 2006 年中非合作论坛北京峰会宣布了对非援助的八项政策措施，中非经贸合作区由此在非洲迅速布局，部分中非经贸合作区目前已初具规模，开始产生经济效益。作为一种独特的援助活动，中非经贸合作区的建设和发展可以带给非洲多重援助效应，能有效解决非洲的资金、设备、技术等问题，帮助非洲国家培养管理能力及自主发展能力。但这一新型援助合作模式还处于发展阶段，政府与企业要积极做好政策衔接、产业定位、竞争力打造及本地化等工作，以有效发挥其援助效应。

关键词：中非经贸合作区；援助效应；中非关系

作者简介：舒剑超（1980—　），男，四川富顺人，湖南大学政治与公共管理学院政治学硕士研究生。

黄大熹（1963—　），女，湖南常德人，湖南大学政治与公共管理学院教授，法学博士。

中非关系在 21 世纪进入了全新阶段，中国政府在 2006 年中非合作论坛北京峰会上宣布了援助非洲的八项政策措施，包括"今后 3 年内在非洲国家建立 3 到 5 个经贸合作区"。这项工作已初见成效，中国企业在非洲设立的赞比亚中国有色工业园、毛里求斯天利经贸合作区、尼日利亚广东经贸合作区、埃及苏伊士经贸合作区、尼日利亚莱基自由贸易区、埃塞俄比亚东方工业园相继开工建设。

一、中非经贸合作区的建设及其特点

在海外建设经贸合作区是新形势下中国政府鼓励企业对外直接投资的一种新模式，这一模式可以看作"我国与其他国家之间关于限定区域内更加紧密

＊　本文发表于 2011 年第 4 期。

的双边经济贸易联系安排"①。21 世纪以来,我国对外援助方式有所调整和发展,在加强受援国基础设施建设并给予经济发展帮助的同时,也开始鼓励企业对外投资。在笔者看来,对外投资与对外援助之间联系紧密,可以把对外投资看作对外援助中经济技术合作的一个重要组成部分。从现实情况看,中国的对非援助侧重与经贸结合,建设中非经贸合作区是当前中国在非洲展开的一项独特的援助活动。中非经贸合作区"有大量的基础设施建设,并对该地区的经济发展提供援助,可被视为'发展援助'"②。其实,境外经贸合作区的概念与经济特区密切相关,而经济特区在中国改革开放 30 年的市场经济改革进程中意义非凡。中非经贸合作区是在非洲国家的要求下设立的,非洲国家希望通过合作区学习中国发展经济的成功经验。

目前,除阿尔及利亚江铃经贸合作区外,商务部批准的其他 6 个经贸合作区已经开始建设,与南非和乌干达的经贸合作区也正在筹划中。部分合作区目前已初步运营,援建项目具备进区条件。据权威报道,早在 2008 年 10 月,"已有 10 家企业在赞比亚经贸合作区投资建厂,9 家企业在埃及苏伊士经贸合作区投资,4 家企业入驻尼日利亚莱基自由贸易区,毛里求斯天利经贸合作区、尼日利亚广东经贸合作区、埃塞俄比亚东方工业园、阿尔及利亚-中国江铃经贸合作区已不同程度取得阶段性进展,招商工作也在进行中"③。

就目前中非经贸合作区的商业模式和具体产业定位等来看,我们可以总结出以下特征。一是有多种类型,以发展劳动密集型产业和资源型产业为主,承载着转移国内剩余产能和促进非洲国家经济发展等功能。比如,有基于区域市场贸易的毛里求斯天利经贸合作区,基于木材、矿产资源的尼日利亚广东经贸合作区和赞比亚中国有色工业园,以边境综合贸易加工为主的埃及苏伊士经贸合作区和埃塞俄比亚东方工业园。④ 二是以所在国的具体情况和相关优势进行定位和规划。比如,赞比亚中国有色工业园以当地的铜矿资源为依托,以发展有色金属工业为主导,积极拓展相关延伸产业;尼日利亚莱基自由贸易区根据所在地的区位优势和市场辐射能力,要建设成辐射带动力强的现代产业聚集区。其首期规划为"一轴六园区"结构,有交通运输装备园、轻工纺织园、家电通信园、出口加工区、物流仓储园及生活服务配套园。其产业定位涉及大多数制

---

① 周颖,陈林莉,潘松挺. 我国境外经济贸易合作区发展研究. 西安电子科技大学学报,2008(5):78.

② 戴维斯. 中国对非洲的援助政策及评价. 世界经济与政治,2008(9):42.

③ 崔鹏. 中非合作论坛北京峰会八项举措取得新成果. 人民日报,2008-10-10(3).

④ 我国境外经贸合作区建设初见成效. (2009-12-22)[2009-12-25]. http://www.hyfet.gov.cn/zhuanti/zt_2/zt_23.html.

造业,更有其他商业、房地产开发及旅游休闲等产业。①

中非经贸合作区是双边经贸关系发展到新的历史阶段的产物,集贸易、投资、生产于一体。与以往的对非援助活动和一般的对非投资办厂相比,这一投资与援助相结合的新型合作模式有其独特之处。

一方面,中非经贸合作区基本按市场化要求进行运作。我国的"境外经贸合作区采取的是'政府为主导,企业为主体,市场化经营为原则'的运作模式,是一种政府扶持下的企业境外投资行为"②。在具体运作过程中,中国政府主要执行的是宏观调控和规划职能,对主导企业的选择、项目的实施进行审核和监督。同时,主管部门还提供服务功能和权益保障功能,给予多方的政策支持和扶持措施。对每一个经审核授牌的境外经贸合作区,国家都将给予 2 亿—3 亿元人民币的财政支持和不超过 20 亿元人民币的中长期贷款。③ 主导企业是经贸合作区的建设主体,我们可以把它看成是一种"企业对政府"的模式。通过投标获得经营权的主导企业需要直接面对非洲政府,通过与所在国政府签订具体的合作协议,负责在当地建设和经营经贸合作区。"相比传统模式而言,境外经济贸易合作区要求企业与政府的网络关系更加紧密。"④

另一方面,中非经贸合作区是一种大企业带动中小企业的对非投资模式。大企业是中非经贸合作区的开发主体,经济实力较强,跨国经营经验丰富,可以有效地为后续企业落脚非洲做好前期铺垫及后续服务。尼日利亚广东经贸合作区、尼日利亚莱基自由贸易区和埃塞俄比亚东方工业园的建设主体分别来自经济强省广东和江苏,有丰富的境外投资、建设和运营经验。中国有色矿业集团有限公司和山西天利实业集团则分别是赞比亚中国有色工业园和毛里求斯天利经贸合作区的建设主体,它们是在非洲成功经营多年、熟悉当地法规和文化等要素的大型国有企业和实力民营企业。大企业可以向中小企业提供完善的管理和服务,集中向非洲国家争取在土地、税收等方面的优惠政策,缓解中小企业的投资压力。中小企业利用合作区的平台优势集体对非投资可以形成产业聚集效应。所以,这一模式被认为是大企业带动中小企业对外投资、二者在业务功能上合理分工的模式。

---

① 境外经贸合作区情况介绍.（2008-09-09）[2010-09-12]. http://www.fdi.gov.cn/pub/FDI/98qth/ltyyth/20080909/2008090911/01/t20080909_97076.htm.

② 李春顶. 境外经贸合作区建设与我国企业"走出去". 中国外资,2008(8):64.

③ 张广荣. 鼓励民营企业"走出去"政策探析. 国际经济合作,2008(5):14-18.

④ 周颖,陈林莉,潘松挺. 我国境外经济贸易合作区发展研究. 西安电子科技大学学报,2008(5):80.

二、中非经贸合作区建设对非洲的援助效应

经贸合作区发展潜力很大,非洲国家非常看重,并给出了多种相关优惠政策。有非洲学者指出:"如果这些经济特区(中非经贸合作区)如愿完成,它们就会像基础走廊一样,把支离破碎的非洲市场连接起来,而且会对区域性经济一体化产生积极影响。非洲大陆每个区域设立一个经济特区后,将成为非洲的新经济增长点。"①经贸合作区可以充分结合中方的资金、技术和产业优势与非方的资源和市场优势,将在以下方面有效带动非洲发展,具有多重援助效应。

(一)帮助非洲脱贫致富

非洲国家,特别是多数撒哈拉以南非洲国家贫困率超过 50%,失业人口众多,这是滋生其他社会问题的根源。因为非洲外国投资严重不足,制造业几乎没有发展起来,难以有效带动就业,"《非洲发展新伙伴计划》在涉及使生产多样化时,特别提出应考虑从'创造就业'出发,开拓新的生产领域"②。建设经贸合作区一方面会带动大量的交通、水电、通信等基础设施建设,直接改善当地投资环境,促进民生条件改善;另一方面,可以有效吸引外资企业入驻,增加就业岗位。由于经贸合作区强化了中非投资合作的目的性和计划性,可成规模带动中国制造型企业对非投资,这将吸收大量劳动力就业。比如,毛里求斯天利经贸合作区摆脱传统经贸区"以我为主"的发展模式,把经贸合作区的项目和毛里求斯的国家战略有效对接,这个耗资 5 亿美元的经贸合作区将为毛里求斯创造大约 7500 个工作机会,年出口额将达 2 亿多美元。③ 总之,非洲国家将在此机会下获得大量经济利益。从长远来看,经贸合作区必将带动所在区域的经济发展,因为经贸合作区的投资不仅是在区内,还延伸到相接的港口及区域性市场。

(二)加速非洲工业化进度

多数非洲国家工业落后,制造业水平低下,虽然独立后大力推行工业化,但效果不佳。建设经贸合作区是非洲推进工业化新的历史机遇,通过经贸合作区的招商引资,非洲工业化普遍遇到的资金不足和技术短缺问题可以得到缓解。

---

① 戴维斯. 中国对非洲的援助政策及评价. 世界经济与政治,2008(9):42.
② 陈宗德. 非洲投资市场及我国对非洲投资概析. 西亚非洲,2004(1):52.
③ 陈芳. 中国企业"走出去"探索建立中非经贸合作区"新坐标". (2008-06-06)[2009-06-10]. http://news.china.com/zh_cn/news100/11038989/20080606/14894452.html.

经贸合作区有大量的基础设施建设投入，可以有效改善所在地的投资环境，吸引大量的中国企业及国际企业前来投资。这样，非洲国家可以有效获得这些企业的成熟技术，缩短技术转移周期，也有机会学习国际知名企业的管理经验，提高企业管理水平。如尼日利亚莱基自由贸易区已与 120 多家企业签订了投资意向协议，其中既有中国的知名企业，也有法国道达尔、荷兰米塔尔钢铁、尼日利亚 OBAT 石油公司等世界五百强及国际知名企业参与。[①] 尼日利亚可从中获得大量的资金和技术，也可以获得改善人力资源结构和向国际知名企业学习先进管理经验的机会。从中非合作的角度，目前我国需要转出的过剩生产能力正是非洲所需要且有能力接纳的，非洲国家可以抓住此机遇打造产业集群，推动产业升级和完善产业链条。

(三)发挥非洲国家的资源优势

许多非洲国家资源丰富，但其开发能力和加工能力均不足，难以有效合理地利用自身的资源优势。所以非洲国家迫切需要引进外资和技术，并期望在开发过程中增强自主开发能力。设立中非经贸合作区，特别是资源开发合作区是中非在资源领域投资合作的新方式。这种合作区是集开发和加工为一体的特殊区域，有利于将资源开发与所在地发展结合起来，形成以资源业为主、多种经营相结合的综合开发局面。这种方式更利于非洲国家解决开发资金，获得技术转让，从而将资源优势转化为竞争优势。同时，这种开发模式可以推动相关产业的发展，有效解决就业问题，带给当地群众实际利益。例如，中国在非洲建立的第一个经济贸易合作区——赞比亚中国有色工业园就已经引进了多家有色金属冶炼和加工企业，开始帮助赞比亚人民将赞比亚丰富的铜、钴等资源转化为实实在在的财富。这一合作区将带动赞比亚机械、建材、轻工、服装、制药等行业发展，每年将为赞比亚增加出口 5 亿美元，每年将向赞比亚政府纳税 1000 多万美元，为当地提供的就业岗位将增加到 6000 个，同时还将培养出一大批高素质的当地产业工人。[②]

(四)推动非洲国家自主发展

非洲自我发展及发展能力建设十分重要，是解决诸多难题的关键。中国援外工作与时俱进，在新时期更加注重受援国发展能力的建设。1995 年 10 月，中

---

① 王彤. 中国在尼日利亚建经贸合作区吸引大批投资意向. 中国贸易报, 2008-03-27(10).
② 王能标. 我在非洲首个经贸合作区显现硕果. 经济参考报, 2007-11-07(3).

共中央召开的改革援外工作会议就鼓励企业"将中国市场化改革的成功经验运用于对受援国的援助，如在受援国建立经济开发区"①。同时，非洲国家也希望借鉴中国的发展经验，"中国经济的快速发展和政治的持续稳定，特别是中国在减贫方面取得的巨大成就，给非洲国家树立了发展的成功典范，激发了它们学习和效仿的热情"②。尼日利亚前总统奥卢塞贡·奥巴桑乔多次表示希望借鉴中国经济发展模式，积极推动建立莱基自由贸易区；毛里求斯总理拉姆古兰也对合作区寄予厚望，希望将合作区的经验传递给整个非洲。正是在中非高层领导的支持下，这种特别合作的方式逐步在非洲展开，这将是非洲国家分享中国发展经验的一种有效途径。中非经贸合作区可以起到"授人以渔"的作用，一方面推动非洲国家提升工业发展能力，促成有关技术加快向非洲转移，"如赞比亚中国经贸合作区、尼日利亚拉各斯自由贸易区，它们将会成为提升中非经济技术合作的新动力"③。另一方面，通过近距离地分享中国经济发展的成功经验，非洲国家可以更新发展理念，调整发展政策与策略，从而找到自己的有效发展途径。

三、加强中非经贸合作区建设的建议

虽然中非经贸合作区的建立已产生了一定的效应，但这一新型投资合作模式还处于发展阶段，金融危机等不确定因素对经贸合作区建设的推进已带来一定冲击。同时，由于自身的实力和运营经验的不足，主导企业在建设过程中也必定会面临诸多困难。切实办好中非经贸合作区是有效发挥其援助效应的前提，笔者认为政府与企业应该在尊重经济规律的前提下加强协调与合作，积极做好政策衔接、产业定位、竞争力打造及本地化等工作。

(一)加强政府与企业的协调与合作

境外经贸合作区是一种政府指导下的，大企业与中小企业在业务功能上存在分工合作的模式，需要处理好政府与企业的关系。对于经贸合作区的定位，企业和政府相关部门必然存在或多或少的认识偏差，会造成企业对支持政策的诉求与政府相应政策的支持程度产生不一致的情况，这就需要双方在开发过程中加强协调。投资境外开发区属于长线项目，所在国的投资环境和投资政策等

① 周弘. 中国对外援助与改革开放 30 年. 世界经济与政治，2008(11)：40.
② 罗建波，刘鸿武. 论中国对非洲援助的阶段性演变及意义. 西亚非洲，2007(11)：27.
③ 刘鸿武. 中非关系 30 年：撬动中国与外部世界关系结构的支点. 世界经济与政治，2008(11)：88.

和国内大不相同,这也需要中国政府给予企业必要的扶持。双方政府在政策衔接、战略规划等方面搞好对话与合作也十分重要,因为非洲国家的优惠政策也有留在纸面而没有及时落实的情况,这就要求企业加强与所在地政府的沟通,必要时需借助本国政府与当地政府协调以有效落实相关政策。

(二)产业定位上突出特色

经贸合作区的产业定位至关重要,合乎经济规律、清晰准确的定位才能突出合作区的优势,才能使经贸合作区聚集起核心资源和优势产业。中非经贸合作区在推进过程中,一定要结合企业的既定优势、合作区所在地资源及所能辐射的国际市场特征等,就园区产业方向和商务功能做出具体定位。首先,产业选择不能过杂。应从产业经济学的角度仔细评估合作区的主导产业,走专注型产业发展道路,这样才可有效发挥所在地的资源或者市场需求优势。其次,合作区的未来产业方向和商务功能定位要具体。具体而有特色的定位才有助于投资企业有效结合其出口范围、产品特性等选择对口的合作区,从而有效带动所在地的经济发展。此外,主导企业在运营过程中也要注重与招商对象沟通,及时了解招商对象的经营状况和实际要求,以便对合作区的定位做必要调整。

(三)切实面向中小企业

经贸合作区的主要招商对象应定位为希望"走出去"的中国企业,特别是中小企业。当前大量中小企业所在的成熟劳动密集型产业需要加快转移,而非洲有很大的投资发展空间。中小企业所在的行业、所拥有的技术水平更适合非洲的经济现状,开拓非洲也是我国中小企业多元化发展的现实需要。[①] 中非经贸合作区应努力为中小企业投资非洲搭建平台,帮助中小企业改变对非投资效果不理想的状况。为此,合作区的建设标准、规划标准要量力而行,切实从中小企业的投资能力与发展潜力出发,使中小企业有能力入驻,有发展机会。这样,中小企业才可以有效利用当地的劳动力、自然资源及优惠政策,从而促进非洲国家引进适合其发展阶段的劳动密集型企业,有效解决就业等问题。

(四)着力打造产业链优势

发展中非经贸合作区的要点之一应是实现对某些产业的整体打造。这一

[①] 李献兵,郭玉华. 我国中小企业在非洲的投资策略研究. 中国流通经济,2009(3):71-73.

方面可以有效提升中国企业的海外市场竞争力，"在境外设立经贸开发区最大好处就是可以让中资形成海外产业链优势，通过抱团出击海外市场，以增加竞争优势"①；另一方面，非洲国家可以借此产业集群效应大量承接相关产业，从而有效推动非洲国家完善产业链条和升级产业。所以中非经贸合作区应实现对某些产业的整体打造，提升合作区的竞争力。为此，中非经贸合作区要在规划、定位、经营各环节着力为企业集群发展提供条件，为上下游产业链上的企业找到发展机会以有效提升综合竞争力，保证相近产品的企业可以相互合作，以集群效应来延伸产业链。

（五）积极推动企业本地化，促进非洲自主发展

走好本地化路线至关重要，"在非洲投资，本地化更有利于控制成本、提高竞争力、加强目标市场控制"②。本地化工作也是带动所在地经济发展和提高非洲国家自主发展能力的要点之一。经贸合作区首先要在规划和定位上充分结合所在国的经济和社会发展需求，充分发挥当地资源优势，这是本地化工作必须考虑的。在经营上，经贸合作区的开发、运营、招商等各环节要积极与当地企业保持合作，任用本地化人才。只有当地企业参与建设后，合作区的发展才能与非洲国家的自身发展密切结合起来。本地化人才更加熟悉当地政策与运作规则，与当地各类部门和机构打交道时可以有效推进工作的开展。此外，经贸合作区要履行必要的社会责任，积极投身当地的公益事业。企业责任无国界，经贸合作区在开发建设上也要保护好当地环境，这是保持非洲国家可持续发展所不可忽略的。

---

① 张世国. 关于境外经贸合作区建设的一点看法. （2009-12-05）［2009-12-20］. http://mnc. people. com. cn/GB/54824/5127355. html.

② 张锐. 投资非洲：中国企业海外市场再安排. 国际经济合作，2007(6)：36.

Construction of China-Africa Economic Trade and Cooperation Zones: The Perspective of Aiding Effect

SHU Jianchao   HUANG Daxi

Abstract: Chinese government announced the eight-policy measures of aiding Africa in the Beijing Summit of the Forum on China-Africa Cooperation in 2006. Then, China-Africa Economic Trade and Cooperation Zones have grown so quickly throughout Africa that some have begun to take shape and have brought economic benefits. As a special mode for aiding Africa, the development of China-Africa Economic Trade and Cooperation Zones will bring multiple aiding effects to African countries, i. e. it will effectively solve the problems of funding, equipment, and technology, and help African countries to build capacity for management and self-development. But this new mode is still under development; government and enterprises should facilitate coherent policy-making, develop industrial orientation, build competitiveness and localize themselves, etc. so as to bring aiding effect into full play.

Key words: China-Africa Economic Trade and Cooperation Zones; aiding effect; China-Africa relations

（编校：钟晨音）

第二篇

中非经贸往来

中国民营企业集群式投资非洲的
进展、挑战与应对 *

李文博

摘要:在中国"一带一路"倡议的推动和中非构建全面战略合作伙伴关系的大背景下,中国民营企业集群式投资非洲前景广阔,潜力巨大,有助于中非双方互惠共赢。本文阐述了中国民营企业集群式投资非洲的进展,分析了集群式投资非洲面临的企业自我挑战、国际竞争挑战和非洲本地挑战,最后从企业层面和政府层面提出了具体的应对策略,包括:在企业层面,树立协同、根植、进化、适应、创新等五种思维;在政府层面,继续完善促进与保障中非投资的法规,为民营企业集群式投资非洲营造更为安全的法律环境等。

关键词:集群式投资;民营企业;非洲

作者简介:李文博(1978—   ),男,山东菏泽人,浙江师范大学经济与管理学院、中非国际商学院教授,管理学博士。

2015 年,非洲联盟发布《2063 年议程》及第一个十年规划,明确提出加速推进工业化的战略愿景,并以实现基础设施互联互通和非洲工业化作为该地区未来几十年发展的战略目标。[①] 在此背景下,中国民营企业集群式投资非洲渐成助推非洲工业化的新模式。如何牢牢把握机遇,凝结中国智慧与非洲智慧,从容应对各种挑战,将中国民营企业集群式投资非洲的步伐迈得更加扎实,成为学术界关注的重点。中国民营企业集群式投资非洲符合国际产业转移规律,有助于中非产业链的深度融合。从战略价值上看,集群式投资不但能够加强中非企业间的有效合作,发挥资源共享效应,提升产业竞争力,更是对新形势下我国

* 本文发表于 2017 年第 6 期。基金项目:浙江省非洲研究与中非合作协同创新中心课题"浙江中小企业富裕产能转移非洲的路径与政策"(15FZZX01Z);教育部人文社科研究一般项目"集群情景下小微企业协同创业行为的发生机理及优化路径:源自长三角区域的经验证据"(15YJA630029)。

① 朱华友,赵雅琼. 非洲国家新型工业化道路选择及实现路径. 浙江师范大学学报(社会科学版),2016,41(6):73-80.

企业"走出去"战略的顺利实施和促进我国经济提质升级具有重要而深远的意义。①

一、中国民营企业集群式投资非洲的进展

自 2000 年以来，中国民营企业集群式投资非洲步入快速发展期，尤其是中非合作论坛成立以来，中非经贸发展进入了以投资为主，同时通过投资来拉动贸易发展、推动贸易结构升级的新阶段。在民营企业集群式投资非洲领域，涌现出了绍兴越美尼日利亚纺织工业园等一大批成功案例，目前的一些重要进展包括以下五个方面。

1. 民营企业自发性的集群式投资演变为更多主体参与的协同共生投资模式

民营企业早期投资非洲的实践，带有浓郁的草根色彩和自发属性。企业家们敢为天下先，勇于开拓非洲国际市场。一大批成功企业家的涌现，集体反映了中国民营企业的商战智慧。这种自下而上、企业自发的投资行为具有更强的生命力和适应性，能够在复杂多变的非洲市场环境下坚强地生存下去，并依靠企业家的智慧应对各种困难，不断成长，形成核心竞争优势。这种自发性很大程度上是由民营企业的投资动机决定的。以浙江为例，一大批具有卓越智慧的企业家诞生于长期的企业运营实践之中，他们是浙商开拓非洲市场的不竭动力。他们不怕失败，不怕冒险，敢于担当，不但在国内市场取得了好的成绩，而且在非洲市场也取得了不错的成绩。有些企业经过多年的发展，已经成长为行业的标杆。

显然，投资非洲对于民营企业家的战略眼光和发现市场机遇的能力要求较高，但是，囿于非洲投资市场的复杂性，民营企业的自发性投资行为经常伴以效率不高、风险较大等缺陷。在此背景下，近年来，民营企业集群式投资非洲演变为更多主体参与的协同共生投资模式。民营企业和中国政府、非洲企业、非洲政府、非洲商会等多个主体通力协同，发挥各自优势，使集群式投资非洲变得更加有序和高效。以非洲商会为例，在民营企业集群式投资非洲的过程中，其在政策支持、法律援助、信息发布、高层交流等方面做出了重大贡献。

2. 民营企业单边性的集群式投资演变为相互交融的双边联盟模式

民营企业在早期投资非洲的实践中，忽略了非洲东道国本土企业的参与，即中国民营企业与非洲本土企业的双边联盟不足。仅仅依靠单边性的集群式

① 李志鹏，徐强，闫实强. 民营企业集群式"走出去"模式与经验. 国际贸易，2015(10)：45-48.

投资模式,很难融入非洲本地的区域经济网络。在此背景下,中国民营企业与非洲本地企业结成战略联盟的双边联盟模式日渐兴起,非洲人称之为"合作联姻"模式。这种做法可以有效提升非洲本地企业的技术进步和整体成长,促进非洲本地区域经济的自主性增长,这也是中国模式区别于西方掠夺式模式的最大不同点。这种对非洲援助模式是亚非国家之间对未来充满希望和理想的遥远呼应,是一种目标单纯而心灵相通的相互援助。[①] 如果非洲本地的产业链存在缺失或已有的企业达不到行业标准,则可以通过技术培训和技术溢出的途径,逐渐提升非洲本地企业的技术能力,使之达到供应标准。

通过技术转移这种形式,可以与非洲本地企业结成战略联盟,使得民营企业单边性的集群式投资非洲演变为相互交融的双边联盟模式。这种模式反映了中国民营企业一种较为稳妥的经营理念,即不追求短期利益,善于从长远目标进行战略布局。采取双边联盟模式的一部分原因是,对于中国民营企业来说,非洲的很多情况较为陌生,如陌生的竞争规则、陌生的竞争环境、陌生的供应链等,这些都要求非洲本地企业给予积极协助。另一部分原因是民营企业在非洲的生产需要大量产业链的配套,依靠非洲本土企业,可以事半功倍。

3. 由低端价值链投资领域延伸到更具拓展空间的高端价值链投资领域

民营企业早期投资非洲的实践,主要集中于非洲本地生产线开设、原材料采购、产品制造等低端价值链领域,受制于非洲市场经济的不完善和产业配套设施的缺失,产品利润率较低。以温州鞋业集群式投资非洲为例,制鞋是温州的传统产业,至今已有 800 多年的历史。目前,温州鞋业面临一系列的问题,比如原材料成本上升、劳动力成本上升、国外竞争对手的冲击、消费者偏好向高端产品的迁移等。在此背景下,一些制鞋企业开始实施"走出去"战略,其中集群式投资非洲较为典型。

以温州哈杉鞋业有限公司为例,该公司于 2004 年出资 200 万美元,在西非尼日利亚成立了一家制鞋厂。该公司早期投资非洲,主要集中于原材料采购、整鞋制造等低端价值链领域。[②] 在随后的发展中,该公司逐渐融入非洲本地经济,向技术转移、鞋业研发等价值链高端环节拓展,并与当地制鞋企业形成协同共生、合作共赢的联盟关系。哈杉公司依托技术优势,为当地制鞋企业的技术提升、人员培训做出了重要贡献。比如冷粘技术是制鞋企业的核心技术之一,

---

① 刘鸿武. 跨越大洋的遥远呼应——中非两大文明之历史认知与现实合作. 国际政治研究,2006 (4):32-41.

② 李文博. 浙商对非洲创业行为研究. 北京:经济科学出版社,2017:75-78.

尼日利亚本地制鞋企业的冷粘技术不过关，影响了鞋子的质量，消费者体验较差。为促进本地制鞋企业的发展，共同把制鞋行业做大做强，哈杉公司分享了冷粘技术。在产业协作上，哈杉公司的本地采购比例也从 3% 提高到了 20%。"开始我们连胶水、鞋钉都要从国内进口，现在很多配件都可以在当地进行采购，和当地产业链的结合紧密多了。这也是我们发展要达到的一个目的：成为一家融入本地产业链的本地企业。"①

4. 投资产业领域由传统产业为主拓展为多元化的新兴产业领域

民营企业早期投资非洲的实践，主要集中于鞋业、纺织业、饰品业等传统产业领域。以浙江绍兴纺织集群式投资非洲为例，2003 年以来，国内市场纺织行业产能过剩，越美集团等绍兴纺织企业勇于开拓非洲市场，把纺织富裕产能成功转移至尼日利亚等国家，取得了巨大成功。通过设立纺织工业园区的形式，一方面避开了尼日利亚禁止直接进口纺织成品的贸易限制；另一方面，利用尼日利亚与欧美国家签订的国际贸易条约，企业产品也能顺利进入欧美市场。传统产业投资非洲的模式也以园区或集群的形式展开，如浙江省商务厅阮刚辉所言，"国外建厂生产，最怕的是上游原材料供应环节出差错，中国企业的产品和当地其他企业的产品规格标准不一定相同，就地取材有时并不能解决供应链风险。政府鼓励企业以集群模式对外投资，借助境外合作园区的平台，在园区内完成产品的供应生产一条龙，企业抱团取暖，告别单打独斗的发展模式"②。

随着非洲经济的不断提升，中国民营企业的投资领域逐渐拓展到现代服务业、新能源开发、绿色制造业等新兴领域。③ 以四达时代集团为例，它是广播电视行业优秀的系统集成商、技术提供商、网络运营商以及内容提供商。目前，四达时代集团协同其他机构已在尼日利亚、坦桑尼亚等 30 多个非洲国家注册成立公司，成为中国海外广播电视领域覆盖国家最广、用户增长最快、内容传输最多的民营企业。四达时代集团作为经验丰富的系统集成商、技术提供商和网络运营商，带动了更多的中国民营企业投资非洲，保证了集群型非洲影视基地的有序运作。

5. 投资形式由实体投资过渡为更加丰富的实体与虚拟产业联动形式

实体与虚拟产业联动的一种典型形式是实体业与金融业的联动。伴随中

---

① 傅宏波. 浙商在非洲. 观察与思考，2006(12)：32-35.

② 浙商如何闯荡非洲？浙江省商务厅：需本土化经营.（2014-05-22）[2017-03-02]. http://biz. zjol.com.cn/system/2014/05/22/020039893.shtml.

③ 高连和. 中小企业"集群式"对非洲投融资战略的提升. 国际贸易，2016(4)：21-24.

非产业合作的升级,中非金融合作方兴未艾。[①] 基于项目的融资租赁模式、股权性联合投资基金、"集群抱团型"贷款债权融资、BOT 模式、PPP 模式等融资手段已被民营企业所采用,并成为集群式投资非洲的一道亮丽风景。在投融资政策方面,中非合作论坛第五届部长级会议通过的《北京行动计划》指出,中国将扩大同非洲在投资和融资领域的合作,为非洲可持续发展提供助力,将向非洲国家提供 200 亿美元的贷款额度,重点支持非洲基础设施建设和农业、制造业及中小企业的发展。可以说,中国民营企业集群式投资非洲是与中非金融合作相互伴生、相互依存,并相互促进的。未来,实体产业与金融产业的联动有助于双方的互利共赢和中非产能合作的战略升级。

实体与虚拟产业联动的另一种典型形式是实体业与跨境电子商务产业的联动。跨境电子商务是指分属不同关境的交易主体,通过电子商务平台达成交易,进行支付结算,并通过跨境物流送达商品,完成交易的一种国际商业活动。近年来,中非跨境电子商务发展迅猛,以南非为例,根据贝多罗跨境电商平台的统计,2016 年,南非移动电商市场猛增 123%,消费者最喜欢中国卖家。南非有140 万海淘消费者,海淘支出每年 88 亿兰特左右,预计 2017 年南非海淘销售额将增长 38%。[②] 跨境电子商务和实体产业的联动,将会进一步驱动中国民营企业集群式投资非洲的提质增效。

二、中国民营企业集群式投资非洲面临的挑战

1. 中国民营企业集群式投资非洲面临的自我挑战

中国民营企业集群式投资非洲表现为企业的区位再选择和再地方化过程,而企业的自我挑战是中国民营企业集群式投资非洲面临的挑战之一。通过实践层面的调研,研究团队发现民营企业集群式投资非洲表现出了命运迥异的图景。一部分企业能快速适应非洲环境,表现卓越,成长为在非洲本地有影响力的标杆企业;另一部分企业则陷入同质化无序竞争的伪国际化困境,甚至投资失败,不得不撤出非洲市场。造成这种迥异命运的原因在于中国与非洲国家经营环境的差异。在差异化的投资环境中,中国民营企业需要对自身的管理流程、营销策略、战略执行、物流管理等做出调适。在集群式投资非洲的过程中,中国民营企业面临着多重的自我挑战。

---

① 张小峰. 中非金融合作:进展、挑战与应对. 国际问题研究,2013(6):100-112.
② 南非移动电商市场猛增 123%,最喜欢中国卖家. (2017-02-22)[2017-03-02]. http://www. sohu.com/a/127653965-19661.

一是面临民营企业与供应链企业、竞争性企业、政府部门等主体间的协同挑战。集群式投资涉及的参与主体多,彼此间的协调难度大。如果处理不好主体之间的协同,则集群式投资在信息共享、技术交流、成本分摊等方面的优势效应就不能得到最大化发挥。二是面临国内企业的同质化竞争挑战。集群式投资导致提供同质化产品的企业数量增多,势必会使企业陷入价格战等无序竞争的困境。在应对同质化竞争的挑战时,民营企业又面临着向价值链高端转型升级的自我挑战。三是融入非洲本地区域经济的自我挑战。从企业的长期经营来看,中国民营企业需要融入非洲本地区域经济,和非洲本地的政府部门、竞争企业、当地民众等形成协同共生关系。由于文化的差异,中国民营企业融入当地区域经济的难度较大。

2. 欧美企业投资非洲带来的国际竞争挑战

欧美企业投资非洲的国际竞争挑战是中国民营企业集群式投资非洲面临的挑战之二。非洲广阔的市场前景、不断优化的营商环境、日趋完善的基础设施等,同样吸引了欧美企业的投资目光。在政府的支持下,欧美企业也普遍加大了对非洲诸国的投资力度,在电力、基建等多个领域对中国民营企业形成了强力挑战。以美国为例,美国私人股份公司黑石集团(Blackstone)承诺与非洲阿里科·丹格特(Aliko Dangote)旗下的工业集团签订 50 亿美元的投资合同,这些资金将投入撒哈拉以南非洲地区的能源基建项目。美国通用电气公司(GE)也将在非洲投资 20 亿美元,这也是与美国政府推行的"电力非洲"计划相关联的几份有望签署的合约之一。[①]

相较于中国民营企业的集群式投资非洲,欧美企业在以下三个方面形成了强力挑战。其一,欧美企业投资非洲的时间更为悠久,积累了丰富的信息收集、政府合作、营销策划、客户关系、危机公关等方面的宝贵经验,这些环节都需要中国民营企业在长期的实践中进行摸索和总结。因此在投资非洲方面,欧美企业具备多重先发优势。其二,欧美企业在长期国际化的市场竞争中,已形成了完善的国际化拓展战略和执行流程,依靠技术、品牌、营销、供应等环节的优势,对中国民营企业的市场空间造成了严重挤压。因此在投资非洲方面,欧美企业具备多元竞争优势。其三,欧美企业通过全球价值链优势,和本国大量中小企业、本国政府等形成了集群投资优势,企业的国际化战略和本国文化输出、政治利益等日渐交融在一起。因此在投资非洲方面,欧美企业具备多维支持优势。

---

① 美国企业将向非洲投资 140 亿美元 涵盖多个领域. (2014-08-06)[2017-03-02]. http://www.ftchinese.com/story/001057606.

3. 投资环境复杂、多重风险并存的非洲本地挑战

投资环境复杂、多重风险并存是中国民营企业集群式投资非洲面临的挑战之三。非洲的投资环境复杂表现为金融体系脆弱、公共卫生危机、基础设施薄弱、区域局势动荡、产业配套缺乏等多个方面。以金融体系脆弱为例,安哥拉、津巴布韦、尼日利亚等国家的货币都曾出现过大幅贬值的现象,严重的时候,甚至贬值到一半或三分之一,给长期在以上国家投资的中国企业带来了很大的经济损失。再以公共卫生危机为例,西非几国曾爆发埃博拉病毒、禽流感蔓延等公共卫生危机,由于非洲国家的卫生基础设施和社会保障体系不健全,上述危机出现后,较难实现有效管控。[①]公共卫生危机一旦出现,不可避免地会给中国民营企业的正常运营带来很大干扰。

中国民营企业集群式投资非洲,面临的非洲本地风险主要有以下四种。一是法律风险。非洲国家的法律与中国法律存在很大差异,中国民营企业对非投资面临法律不完善、有法难以执行等法律风险,尤其是在比较动荡的区域。比如,签订的经济合同由于非洲单方面的不履行给中国民营企业带来的经济损失,难以通过法律层面讨回。二是政策风险。非洲很多国家和区域的政策经常会前后不一致,比如,区域矿产资源的保护性开采政策、招聘非洲本地员工的政策等的不一致和前后矛盾,经常让中国民营企业在企业运营中无所适从。三是金融风险。相对于中国稳健的金融体系,非洲的金融体系还处于初级阶段,汇率波动有时候较大,给中国民营企业的跨国贸易和投资带来很大挑战。四是文化风险。中国与非洲在企业管理方面存在诸多文化差异,一些在中国行之有效的管理制度和流程,在非洲经常会水土不服。另外,商业伦理、社会责任、宗教信仰方面也需要中国企业考虑得更为周全。

三、中国民营企业集群式投资非洲的应对策略

中国民营企业集群式投资非洲正处于"一带一路"全面推进、"中非经济命运共同体"构建等重要战略机遇期,凸显出模式选择多元化、挑战与机遇并存的发展态势。针对中国民营企业集群式投资非洲,企业和政府层面可以采取的应对策略主要如下。

---

① 张东芳. 我国医药企业应该如何投资非洲. 对外经贸实务,2010(8):72-74.

1. 企业层面的应对策略

第一，树立集群式投资非洲的协同思维。协同思维要求民营企业与非洲本地企业、供应商、消费者、政府部门等联合起来，形成多主体协同参与的投资生态系统。一要与非洲本地企业协同起来。非洲本地企业熟悉当地的消费习惯和政策环境，可以提供中国民营企业集群式投资非洲的便利渠道，节省中国民营企业国际化的成本。同时，非洲本地企业可以提供中国民营企业产业链的上下游配套环节。二要与非洲本地供应商协同起来。民营企业的非洲本地化生产需要集成非洲供应商的力量，并对供应商提供的产品进行质量监控。与非洲本地供应商的协同，可以加速中国民营企业集群式投资非洲的进程。三要与非洲消费者协同起来。非洲本地消费者的需求偏好与国内消费者不同，中国民营企业要做好调查研究，识别非洲消费者的消费偏好，做到准确挖掘，及时响应。四要与非洲政府部门协同起来。中国民营企业集群式投资非洲不仅要与中国政府部门协同，还要与非洲的政府部门协同，及时获得政策信息，减少投资不确定性，进而降低中国民营企业走入非洲的投资风险。

第二，树立集群式投资非洲的根植思维。根植思维要求中国民营企业真正嵌入非洲本地生产网络、销售网络与供应网络，获得源源不断的成长动力。企业树立根植思维，即要摒弃单纯的利益索取思维，树立长期战略思维，以促进非洲本地经济的自主性增长为目标，而不是单纯的经济掠夺。一是要嵌入非洲本地生产网络。与非洲本地的制造企业形成战略联盟，共同把某个产业做大做强。二是要嵌入非洲本地销售网络。运用非洲本地的销售网络可以使企业事半功倍地打开非洲本地市场，打开欧美等国际市场，降低中国民营企业重新构建销售网络的成本。三是要嵌入非洲本地供应网络。企业生产需要大量的原材料供应，从国内运输，成本较高，也不现实。中国民营企业需要根植性嵌入非洲本地的供应网络，运用非洲本地企业的资源，快速扩大企业生产规模。

第三，树立集群式投资非洲的进化思维。进化思维要求中国民营企业快速成长，投资领域从价值链低端环节积极向价值链高端环节迁移。[①] 集群式投资非洲的很多民营企业是劳动密集型产业，技术含量不高，产品的同质化现象严重。当产业发展到一定规模时，容易发生价格战等恶性竞争现象。长此以往，企业的利润会越来越薄，最终导致企业的发展后劲不足，很难获得竞争优势。民营企业树立进化思维，要做到以下几点。一是要增加创新投入，提高创新能

---

① 李文博. 集群情景下小微企业的创业行为研究. 北京:科学出版社,2016:76-92.

力,加快转型升级的步伐。二是要有超过标杆企业的气魄,向标杆企业学习,尽快达到或接近标杆企业的水平。标杆企业的管理流程、产品标准、创新文化等都值得后发企业借鉴和学习。三是要加快由价值链低端投资向价值链高端投资的进化。企业长期锁定在价值链低端环节,容易形成企业惰性,不能提升企业创新能力,再向价值链高端跃迁时就会非常困难。

第四,树立集群式投资非洲的适应思维。适应思维要求中国民营企业适应非洲本土竞争环境、消费偏好、政策要求等,积极调适组织结构、决策规则和战略流程,变被动为主动。中国民营企业集群式投资非洲,面临的各项不确定性因素较多,对企业的适应性要求较高。如果企业适应性不强,比如组织结构僵化、收集和响应信息的流程较多、处理时间较长,企业就容易丧失竞争优势。为此要注意以下几点。一要适应非洲本土竞争环境。根据非洲市场的竞争规则、竞争状况和产业态势,考虑投资决策。二要适应非洲市场的消费偏好。非洲市场的消费偏好与中国市场具有差异,因此企业的产品和服务都要相应做出改变,适应非洲本土消费需求。三要适应非洲市场的政策要求。非洲地域辽阔,国家较多,每个国家的政策要求差异较大,中国民营企业要把自身优势和非洲市场的政策要求结合起来,进行投资决策。

第五,树立集群式投资非洲的创新思维。中国民营企业需要提高持续创新的能力,以提供适应非洲市场的产品为基本依托。有了具备较强竞争力的产品,消费者的使用体验就会增强,企业才能真正生存、发展和壮大下去。提高持续创新能力需要企业进行价值链升级,即由价值链低端向价值链高端迁移,剥离制造等低附加值环节,聚焦设计、研发、渠道等高附加值环节。可以民营企业集群式投资非洲为契机,打造中国民营企业转型升级版。提高持续创新能力,要求企业做好创新规划,及时收集行业的最新动态。一是从组织结构、战略流程、创新文化、管理制度等软的因素匹配企业持续创新,比如,提高企业的持续创新能力可能会失败,这就要求企业营造允许失败、鼓励探索的创新氛围。二是从信息技术、互联网技术、数据挖掘技术等硬的因素匹配企业持续创新。

2.政府层面的应对策略

第一,中国政府应从战略上进一步积极引导民营企业集群式投资非洲。中国政府积极谋划,创造便利条件,鼓励民营企业集群式"走出去",是集群式投资非洲的重要前提。以浙江为例,浙江民营企业和产业集群比较繁荣,温州、宁波、义乌等城市都有发达的产业集群,这些产业集群发展历程较长,一般都有成熟的领军企业引领。单个企业走到非洲,面临的风险和不确定性大,而集群式走出去，拓展非洲市场，则可以较好地克服上述缺陷。以浙江义乌为例，那里有举世闻名的国际小商品城，有饰品、玩具、纽扣、文具等大量小商品，这些小商品价格便宜、质量上乘，非常适合非洲的消费市场。义乌市政府积极引导，为义乌民营企业拓展非洲市场做了大量的工作。比如，多渠道组织非洲智库研判非洲的市场趋势和消费习惯，引导义乌民营企业积极开发适合非洲市场的消费品，使中非经贸往来不断取得进展。通过产业集群的形式投资非洲，可以加强民营企业间的有效合作，发挥集群协同效应。

第二，进一步有序推进中非产能合作，为民营企业集群式投资非洲提供重要保障。李克强总理多次强调要打造"中非全面合作升级版"，并提出进一步推进中非贸易合作等 6 项计划。民营企业集群式投资非洲是一项复杂的系统工程，各级政府应积极引导，有序规划，形成合力。业已形成的一些基本经验包括：政府组织高校等机构，帮助非洲培育技术人员与管理人员；把经济援助与技术援助结合起来，鼓励非洲由输血式发展向自主式发展过渡；积极引导民营企业高效运用中非基金。中非基金从 2007 年 6 月开始正式运营，目前已经对 30 多个非洲国家的 70 多个项目投资超过 29 亿美元，取得了良好的投资效果。中非基金的设立初衷就是鼓励中国企业拓展非洲市场，这在一定程度上缓解了民营企业集群式投资非洲的融资难问题。

第三，进一步树立典型企业案例，积极引导民营企业运用非洲本土的丰富资源。非洲的矿产资源非常丰富，为集群式投资非洲提供了广阔舞台，但受非洲本国技术条件的限制，大多矿产还没有开采。比如，非洲的磷酸盐、黄金、钻石、钴的储量都占世界储量的一半以上，石油、铁、铜的储量也非常丰富，中国政府可以积极引导民营企业在矿产资源的开采和加工方面做些文章。中国民营企业可以运用技术和人才优势，开发运用非洲的丰富资源。政府善加引导，树立典型企业，可以鼓励更多的民营企业走入非洲。比如，桐乡的浙江华友钴业股份有限公司是一家钴化学品的专业制造商，自 2006 年开始在刚果投资后，目前已累计投资 3 亿多美元。企业积极吸纳刚果本地人员，提供就业机会，繁荣本地经济，客观上也促进了中非产能合作。在华友公司的榜样效应下，目前已有更多的中国民营企业投资刚果，融合非洲本地产业链上的企业，逐渐形成小规模的产业集群。在开采和加工非洲本土丰富资源的过程中，政府大有可为，如从战略上积极引导中国民营企业和非洲本地企业、非洲国家政府、非洲民众等结成利益共同体，共赢发展，共享矿产资源开采的果实。

第四，引导民营企业合理运用发达国家针对非洲原产地的优惠政策，为集群式投资非洲提供驱动力量。近年来,中国民营企业受制于劳动力价格攀升、土地成本提高等因素,出口产品的价格优势变得不再明显。而非洲大部分国家很不发达,欧美等国际市场对非洲原产地有优惠政策。中国民营企业在非洲投资设厂,直接出口欧美国家,可以运用这些原产地优惠政策,提升在国际市场上的产品竞争力。政府积极引导这些普惠制待遇,可以形成示范效应。所谓普惠制待遇,是发达国家对发展中国家出口的制成品或半制成品,单方面在最惠国税率的基础上给予关税减免的一种优惠制度。比如,浙江巨石集团在政府的积极引导和政策支持下,联合其他企业,在非洲集群式投资设厂,充分利用当地的劳动力和原材料资源,节省了运输成本,提升了出口欧美市场的产品竞争力。在运用非洲的原产地优惠政策时,政府要联合领军企业做好产业价值治理,避免价格战、侵权模仿等恶性竞争现象发生,营造中国制造的良好品牌形象,引导民营企业提升国际市场竞争力。

第五,进一步完善促进与保障中非投资的法规,为民营企业集群式投资非洲营造更为安全的法律环境。非洲国家众多,法律环境与中国差异性较大,中国民营企业在集群式投资非洲时,面临合同风险、违法风险、执法风险等多种类型的法律风险。近年来,中国政府在法律法规制定方面积极有序推进[1],出台了一些针对性的保障措施。一是完善支持民营企业"走出去"的法律法规。比如,2009 年商务部颁布了《境内机构境外直接投资外汇管理规定》,2012 年外交部等部门颁布了《关于鼓励和引导民营企业积极开展境外投资的实施意见》,2014 年发展和改革委员会颁布了《境外投资项目核准和备案管理办法》等。二是与非洲多个国家签订中非双边投资条约。目前,中国已与 47 个非洲国家建立了经贸联委会机制,与 33 个非洲国家签署了《双边鼓励和保障投资协定》,与 13 个非洲国家签订了《避免双重征税协定》,并联合非洲国家,在非洲设立了 10 个投资服务中心,为民营企业集群式投资非洲提供法律援助。

四、结　语

新时期,中非产能合作是中非构建全面战略合作伙伴关系的重要时代命题。[2] 作为中非产能合作的重要环节,中国民营企业集群式投资非洲已取得了初步成效,并有加速扩大和发展的趋势。展望未来,只有清晰认识民营企业集

---

①　张小峰,何胜林. 中国民营企业走入非洲:发展历程、影响因素及未来走向. 国际经济评论,2015(3):120-130.

②　张梅. 对外产能合作:进展与挑战. 国际问题研究,2016(1):107-119.

群式投资非洲的新进展和新挑战，从容应对，才能实现中非双方的优势互补，合作共赢，进而促进世界经济更加均衡、稳定与繁荣，最终达致"中国梦"与"非洲梦"的交相辉映。

Cluster Investment of China's Private Enterprises in Africa: Progress, Challenges and Countermeasures

LI Wenbo

Abstract: The cluster investment of China's private enterprises in Africa has a bright future and great potential, contributing to a mutual beneficial and win-win situation in the context of China's promotion of the Belt and Road Initiative and the Comprehensive Strategic and Cooperative Partnership between China and Africa. This article firstly discusses the progress of cluster investment of Chinese private enterprises in Africa. Then, it analyzes the self-challenges, international competition challenges and local challenges of the cluster investment of private enterprises in Africa. Finally, it puts forward the strategies at the enterprise level and the government level respectively. At the enterprise level, it is advised that five types of thinking should be established, including collaboration, rooting, evolution, adaptation and creation. At the government level, it is proposed to improve laws and regulations for the promotion and protection of investment in China and Africa so as to further create a more secure legal environment for cluster investment of private enterprises in Africa.

Keywords: cluster investment; private enterprises; Africa

（编校：吴月芽）

中国对非直接投资及对非洲经济的影响*

林 云

摘要：中国对非直接投资在总体上呈上升趋势，呈现出投资覆盖面广，但国家层面集中度高，而且个体波动性大的特点。非洲国家间经济发展差异性非常显著。由于基础设施严重不足、产业结构单一、工业化阻滞、投资环境差等原因，非洲国家经济发展的阻力较大。中国对非直接投资可以有效克服这些阻碍，推动非洲经济增长及工业化进程。

关键词：直接投资；工业化；基础设施；中非产能合作

作者简介：林云(1974—)，女，浙江台州人，浙江师范大学经济与管理学院、中非国际商学院副教授，经济学博士。

一、中国对非直接投资的现状及特征

中国对非洲直接投资在 2000 年后得到了迅猛发展，但在中国对外直接投资中所占比例仍然较低。中国商务部数据显示，2003 年中国累计对外直接投资332 亿美元，其中对非直接投资的投资存量为 4.9 亿美元，占中国对外直接投资的 1.5％。[①]截至 2014 年年末，中国对外直接投资存量为 8826.4 亿美元，其中对非洲直接投资存量为 323.5 亿美元，占比为 3.7％。[②]中国对非投资已覆盖 52个国家，几乎覆盖了所有的非洲国家，主要分布在南非、赞比亚、阿尔及利亚、尼日利亚、刚果(金)、苏丹、安哥拉、津巴布韦、加纳、刚果(布)、纳米比亚、埃塞俄

---

    * 本文发表于 2017 年第 6 期。基金项目：浙江省 2011 年非洲研究与中非合作协同创新中心资助项目"浙江制造业企业投资非洲的动力和激励机制研究"(15FZZX11YB)；浙江师范大学经济与管理学院、中非国际商学院 2016 年度"中非经贸发展研究"课题"中国对非投资效率提升的动力机制研究"(JG2016ZD002)。

    ① 中华人民共和国商务部，中华人民共和国国家统计局，国家外汇管理局. 2003 年度中国对外直接投资统计公报. 北京：中国统计出版社，2004：5-10.

    ② 中华人民共和国商务部，中华人民共和国国家统计局，国家外汇管理局. 2014 年度中国对外直接投资统计公报. 北京：中国统计出版社，2015：17-19.

比亚、坦桑尼亚、肯尼亚等。[①]

中国对非直接投资呈现以下显著的特征。

(一)投资覆盖面广,但国家集中度高

尽管中国对非洲投资覆盖了 52 个国家,但国家集中度非常高。CR 指数常常用来衡量市场集中度,本文用 CR_i 表示投资最多的 i 个国家占全部对非投资的比例之和,计算了 CR_1、CR_5、CR_{10},结果如表 1 所示。例如 2003 年中国对非投资流量,仅尼日利亚一个国家就占全部中国对非投资的 33%。更有甚者,2008 年南非独得 48 亿美元的中国直接投资,占当年中国对非投资流量的 88%。在存量方面,2008 年也是集中程度最高的一年。南非、尼日利亚、赞比亚、苏丹和阿尔及利亚 5 个国家的比例之和为 71%,再加上毛里求斯、坦桑尼亚、马达加斯加、尼日尔和刚果(金),10 个国家的比例之和为 82%。[②] 2014 年,以存量计,南非、阿尔及利亚、尼日利亚、赞比亚及刚果(金)为中国对非投资存量最高的 5 个国家,合计占比达 47%;以流量计,阿尔及利亚、赞比亚、肯尼亚、刚果(布)及尼日利亚为中国对非投资流量最高的 5 个国家,5 国比例之和为 56%。[③]

表 1 中国对非投资的国家集中度

项目	市场集中度	2003 年	2006 年	2008 年	2009 年	2010 年	2011 年	2012 年	2013 年	2014 年
投资流量	CR_1	0.33	0.19	0.88	0.16	0.19	0.29	0.16	0.15	0.21
	CR_5	0.73	0.67	0.97	0.61	0.58	0.71	0.65	0.44	0.56
	CR_{10}	0.88	0.89	0.99	0.79	0.76	0.84	1.03	0.66	0.83
投资存量	CR_1	0.29	0.19	0.39	0.25	0.32	0.25	0.22	0.17	0.18
	CR_5	0.58	0.55	0.71	0.59	0.6	0.57	0.51	0.45	0.47
	CR_{10}	0.77	0.71	0.82	0.75	0.76	0.74	0.72	0.67	0.68

数据来源:根据 2003—2014 年各年度中国对外直接投资统计公报相关数据计算得到

注:表中有两组值得关注的数字(见有底色处),一是 2008 年对非投资流量。由于 2008 年中国对南非投资数额巨大,当年国家集中度 CR_1 即达到 0.88,CR_5 和 CR_{10} 都相应提高很多。二是 2012 年,中国对非投资流量 CR_{10} 超过了 1,原因是有些国家流量急剧下降,表现为负数,投资流量前 10 位国家的总额相加竟然超过了流量总和,可见变化之剧烈。

[①] 中华人民共和国商务部,中华人民共和国国家统计局,国家外汇管理局. 2008 年度中国对外直接投资统计公报. 北京:中国统计出版社,2009:28-29.

[②] 中华人民共和国商务部,中华人民共和国国家统计局,国家外汇管理局. 2008 年度中国对外直接投资统计公报. 北京:中国统计出版社,2009:28-29.

[③] 中华人民共和国商务部,中华人民共和国国家统计局,国家外汇管理局. 2014 年度中国对外直接投资统计公报. 北京:中国统计出版社,2015:17-19.

（二）中国对非洲各国直接投资流量波动幅度大

与直接投资非洲的存量逐年上升的趋势不同,中国对非洲直接投资的流量数据呈现出较明显的波动。2008 年堪称是一个明显的分界线。2008 年前,中国对非洲投资增长迅速,到 2008 年达 54 亿美元[①],是 2003 年的 73 倍。然而,受金融危机影响,2009 年中国对非投资只有 14 亿美元,仅相当于 2008 年的四分之一。之后虽然投资有所增加,但至今为止都尚未超过 2008 年的投资额。如图 1 所示。

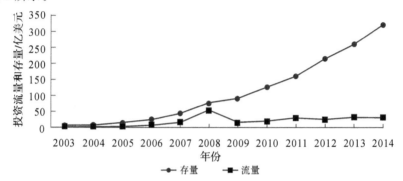

图 1　2003—2014 年中国对非直接投资流量及存量变化情况

数据来源:根据 2003—2014 年各年度中国对外直接投资统计公报相关数据计算得到

以国家为对象观察投资流量数据,波动性更加明显。以投资存量最大的 6 个国家——南非、阿尔及利亚、赞比亚、肯尼亚、刚果（金）及尼日利亚为例,这 6 个国家的投资流量均呈现不规则分布。南非是中国投资非洲最大的受益国,2008 年的中国投资达到峰值 48 亿美元[②],2009 年仅 0.42 亿美元,还不到 2008 年的百分之一,之后 2010 年又达到 411 亿美元,然后连续三年投资额减少。巨幅振荡,可见一斑。其他几个国家也一样。尼日利亚的投资流量在 2007 年、2011 年达到两个小峰值,分别为 3.9 亿美元和 3.3 亿美元。阿尔及利亚的投资流量在 2008 年明显减少,2014 年增幅较大。[③] 对刚果（金）的投资额在 2009 年及 2010 年明显增加。

①　中华人民共和国商务部,中华人民共和国国家统计局,国家外汇管理局. 2008 年度中国对外直接投资统计公报. 北京:中国统计出版社,2009:28-29.

②　中华人民共和国商务部,中华人民共和国国家统计局,国家外汇管理局. 2008 年度中国对外直接投资统计公报. 北京:中国统计出版社,2009:28-29.

③　中华人民共和国商务部,中华人民共和国国家统计局,国家外汇管理局. 2014 年度中国对外直接投资统计公报. 北京:中国统计出版社,2015:44-45.

（三）投资涉及行业多，但行业集中度高

从投资流量的行业分布看，2014 年中国对非洲投资涉及 16 个大类行业，这种投资结构与非洲国家相对单一的产业结构相适应，较为合理。但投资额还是主要集中在建筑业，交通运输、仓储和邮政业，制造业，采矿业，以及金融业，投资流量分别为 7.6 亿、5.6 亿、5.0 亿、4.2 亿和 2.7 亿美元。五个行业投资总额达 25.1 亿美元，占比达到 78.7%。

从投资存量的行业分布看，截至 2014 年年底，中国对非洲投资主要集中在建筑业（24.7%）、采矿业（24.5%）、金融业（16.4%）、制造业（13.6%）、科学研究和技术服务业（4.2%）等，五个行业投资存量达 269.8 亿美元，总比例达到 83.4%。[①]

二、非洲经济发展状况对中国对非直接投资的影响

（一）非洲区域经济振荡格局导致中国对非投资波动大

自 20 世纪 90 年代以来，许多非洲国家在初级产品价格高涨、国内外消费需求和投资增长、宏观经济和政治制度改革的背景下，获得了高速的经济增长。但同时，非洲经济也面临着多重不利因素的困扰，初级产品价格下跌、世界经济复苏乏力、非洲内部局势不稳、埃博拉危机等都影响着非洲经济发展。尽管如此，2014 年非洲大陆层面的经济增长率仍达 3.9%。在撒哈拉以南非洲，经济增长率为 4.5%，在全球仅次于亚洲居第二位，属于经济增长最快的地区之一。[②]

在次区域层面，东非和西非是近期发展较快的非洲地区。2005—2009 年，东非年均经济增长率为 7.1%，西非为 5.7%。而 2012 年，东非经济增长率为 3.9%，西非为 6.9%。2014 年，东非地区经济增长率达 6.8%，是经济增长最为迅猛的地区；其次是西非，为 5.9%；第三是中非，为 4.8%。南部非洲和北部非洲的经济增长率则较低，只有 2.9% 和 2.7%。北非经济增长呈现极大振荡，与当地局势不稳有很大关系，如"阿拉伯之春"爆发的 2011 年，北非的经济增长率

---

① 中华人民共和国商务部，中华人民共和国国家统计局，国家外汇管理局. 2014 年度中国对外直接投资统计公报. 北京：中国统计出版社，2015：15-24.
② 刘鸿武. 非洲地区发展报告 2014—2015. 北京：中国社会科学出版社，2016：29-30.

由上一年度的 4.3% 直落到 0.3%。[①]

受非洲区域经济发展振荡格局的影响,中国对非投资也呈现较明显的波动格局。以北非为例,2009—2013 年,中国对北非的投资存量分别为 169396 万美元、197791 万美元、315181 万美元、316722 万美元和 374102 万美元。[②] 这就意味着,受"阿拉伯之春"的影响,中国 2012 年对北非的投资存量只增加了 1541 万美元,为近年来少有的巨幅减增。

(二)非洲经济发展差距大,导致中国对非投资国别呈现明显倾向

非洲的 50 多个国家,由于地理、人口、气候和资源条件不同,政治、经济、文化等条件相异,近年来各国采取的发展战略也不相同,非洲内部各国之间的经济发展速度差异显著。2009—2013 年,埃塞俄比亚年均经济增长率为 9.4%,利比亚为 8.7%,津巴布韦为 8.4%,加纳为 8.3%,利比里亚为 7.8%,它们是经济增长最快的 5 个国家。[③] 目前来说,非洲五大经济体分别是尼日利亚、南非、埃及、阿尔及利亚和安哥拉。这 5 个国家 2012—2014 年的 GDP 总量及人均 GDP 如表 2 所示。[④]

表 2　2012—2014 年非洲五大经济体 GDP 总量及人均 GDP

国　　家	GDP 总量/亿美元			人均 GDP/美元		
	2012 年	2013 年	2014 年	2012 年	2013 年	2014 年
尼日利亚	4609.5	5149.6	5685.0	2730.2	2966.1	3184.6
南非	3973.8	3660.5	3498.1	7592.2	6886.3	6477.9
埃及	2628.2	2719.7	2865.3	3255.9	3314.5	3436.3
阿尔及利亚	2043.3	2101.8	2140.6	5309.8	5360.7	5361.1
安哥拉	1153.4	1241.6	1310.4	5539.8	5782.7	5935.7

尼日利亚属于西部非洲,已经超越南非成为非洲最大的经济体,2014 年 GDP 总量为 5685 亿美元,近几年一直维持较高的经济增长,2010—2014 年 GDP 增长率分别为 7.8%、4.9%、4.3%、5.4% 和 6.3%。尽管经济总量居首,但尼日利亚的人均 GDP 并不是非洲第一,2014 年,尼日利亚的人均 GDP 为

①　舒运国,张忠祥. 非洲经济发展报告 2014—2015. 上海:上海社会科学院出版社,2015:20-21.
②　智宇琛. 中国中央企业走进非洲. 北京:社会科学文献出版社,2016.
③　舒运国,张忠祥. 非洲经济发展报告 2014—2015. 上海:上海社会科学院出版社,2015:20-21.
④　刘鸿武. 非洲地区发展报告 2014—2015. 北京:中国社会科学出版社,2016:499-504.

3184.6 美元,仅排到非洲第 13 位。①

多年来南非 GDP 总量一直高居非洲之首,只是近期被尼日利亚超越了。2010—2014 年南非的经济增长率分别为 3.0%、3.2%、2.2%、2.2% 和 1.5%。虽然增长率不高,但南非经济总量仍居非洲前列,2014 年 GDP 总量为 3498.1亿美元,人均 GDP 为 6477.9 美元,居非洲人均 GDP 第七位。

埃及和阿尔及利亚都位于北部非洲。埃及 2014 年 GDP 总量为 2865.3 亿美元,其经济增长率与南非相近;2014 年人均 GDP 为 3436.3 美元,位居非洲第12 位。阿尔及利亚 2014 年 GDP 总量为 2140.6 亿美元,人均 GDP 为 5361.1美元,位居非洲人均 GDP 第 10 位;2014 年经济增长率为 4.1%,略高于非洲总体平均增长率。安哥拉属于南部非洲,2014 年 GDP 总量为 1310.4 亿美元,人均 GDP 为 5935.7 美元,在五大经济体中仅次于南非,在非洲排名第 8 位。②

由于非洲国别差异明显,中国对非投资倾向于经济发展速度快,且与中国政治外交更为亲近的非洲国家,这就很容易解释为什么南非、尼日利亚、阿尔及利亚、肯尼亚等国家能够成为中国对非投资最多的非洲国家了。

(三)非洲总体投资环境不佳,导致中国投资者的投资热情不高

非洲近期经济增长率远高于世界平均水平,也高于欧美、日本,有望成为世界经济增长的重要一极,但基础设施落后仍然是制约非洲经济发展的最大瓶颈。在非洲,停电缺水是常态,甚至没有干净的饮用水。虽然国际社会提供了许多专项援助款和大量低息贷款用于解决非洲人的饮水问题,但由于多种因素,非洲许多地方的居民,饮水仍然很困难。即使有了供水设施,很多非洲居民也交不起水费或不愿支付水费。在非洲许多城市,甚至包括超过百万人的国家首都都没有排水设施,没有垃圾处理场。在发达国家早已绝迹的疟疾,仍然是非洲人的第一杀手。据世界卫生组织统计,全球 3320 万艾滋病病毒感染者,三分之二都生活在撒哈拉沙漠以南的非洲地区。尽管近些年来,非洲国家取得了很大的进步,但由于原先的基础太差,在许多领域还需要努力改善。至今,撒哈拉以南非洲只有 32% 的人口能够用上电。电力供应不足、成本过高和无法稳定供应,成为十分普遍的问题。③ 在联合国确认的 48 个最不发达国家中,有 33 个

① 刘鸿武. 非洲地区发展报告 2014—2015. 北京:中国社会科学出版社,2016:499-504.
② 刘鸿武. 非洲地区发展报告 2014—2015. 北京:中国社会科学出版社,2016:499-504.
③ 舒运国,张忠祥. 非洲经济发展报告 2014—2015. 上海:上海社会科学院出版社,2015:8.

在非洲。近半数的非洲人生活在贫困线以下,每天平均生活费用不足 1.25 美元。[①] 可以说,基础设施的落后是大多数非洲国家经济发展面临的最大障碍。中国企业在非洲,也常常面临断水、断电、疾病等问题,因此,这对于投资者来说是一大挑战。

非洲投资环境不佳,不仅仅指非洲的基础设施条件差,还包括政治、法律及思想观念等众多因素。首先,从政治上看,近年来,大部分非洲国家政局趋于稳定,但是局部地区和国家的动乱还是存在的。2012 年《全球国家风险指南》指出,全球有 40 个存在风险的国家,其中 21 个在非洲,而最具风险的 5 个国家,则全部在非洲。尽管"阿拉伯之春"已过去几年,但北非地区的社会秩序仍然没有完全恢复。其次,非洲促进和保护外国投资的法律法规不完善,优惠政策不配套,政府服务跟不上。有些国家虽有很多此方面的政策文件,但政府执行不到位。政策的不连续也是导致投资者丧失信心的一个原因。最后,非洲人的思想观念和发展愿望不相匹配。尽管很多非洲国家想快速发展经济,但民众的思想观念跟不上。有的非洲国家因长期遭受殖民掠夺,对外来投资既爱又怕,对开放市场心存戒备,既希望外国人来投资、援助,但又担心他们赚很多钱。在这样的投资环境中,投资者普遍感觉风险大,投资热情下降。

(四)多数非洲国家产业结构单一,导致中国对非投资受限于产业链的不完整

众所周知,非洲自然资源丰富,尤其是矿产资源是很多非洲国家的支柱产业,然而过度依赖资源所导致的产业结构单一化已成为阻碍非洲经济进一步发展的桎梏。由于处于全球价值链的最底端,非洲虽有大量产品进入全球市场,但带来的附加价值有限。尤其是国际大宗商品价格下跌时,会直接影响非洲能源矿产品出口和国际社会对非投资的积极性,单一产品经济的弊端更加明显。据统计,在撒哈拉以南非洲的 48 个国家中,有 5 种商品的出口总和占该国出口量 50% 以上的国家有 28 个。2014 年 6 月至 2015 年 1 月,能源产品价格平均下跌 50%,金属矿产下跌 16%,农产品下跌近 10%。其中,石油价格下跌了 57%,从每桶 108 美元降至 47 美元,铁矿石下跌了 47%,铜下跌了 20%,橡胶下跌了 24%,棉花、大豆下跌了 25%。[②] 商品价格的下跌,对于主要依靠初级产品出口、产品结构单一的非洲国家而言,会带来货币波动、债务负担和公共开支缺乏

---

① 任金洲. 兴业非洲正当时. 郑州:中原农民出版社,2015:1-2.
② 刘鸿武. 非洲地区发展报告 2014—2015. 北京:中国社会科学出版社,2016:36.

等一系列问题。

一些非洲国家曾经尝试多元化发展，但结果并不乐观，总体上还是难以摆脱"资源诅咒"。由于国际分工的产业链条由西方发达国家主导，非洲国家的初级产品作为国家的支柱产业已经被深深地打上烙印，很难在短期内转变。因此，尽管近期非洲经济增长速度很快，但多数非洲国家失业率与贫困率双高，并没有出现明显的产业结构性改革，这使得非洲经济陷入了一种新的发展困局。

对于中国投资者来说，非洲资源丰富、价格低，对非投资具有吸引力，但这种投资更倾向于是投机。另外，非洲的单一产业结构对投资者很不利的一面是，对非投资的交易成本非常高。比如一些产业平台建设严重不足，产业链不完整，熟练工人缺乏，劳动效率相对较低。因此，资源与劳动力成本的优势与劳动效率及产业链的劣势相混杂，很难肯定地说，投资者选择对非投资是一种理想的选择。

三、中国对非直接投资对非洲经济的影响

近年来，中非关系持续快速稳定发展，合作领域不断拓展，合作机制不断完善，从政府、企业到民间，合作方式也在不断改进发展中。尽管中国对非洲的投资占中国对外直接投资总额的比重很小，中国对非投资占世界对非投资的比重也不高，但中国对非投资对于非洲经济的影响还是不容忽视的。韦斯布罗德和瓦利（Weisbrod & Whalley）的分析表明，中国对非直接投资至少帮助非洲国家的 GDP 提高了 0.5 个百分点。[1] 除了直接拉动经济发展的效应外，中国对非投资还激发了其他国家，特别是新兴市场国家投资非洲的热情，提升了非洲市场在全球资本市场上的吸引力。[2] 中国对非直接投资对非洲经济的影响主要体现在以下几个方面。

（一）中国对非基础设施的投资改善了非洲的投资环境

从 1976 年建设坦赞铁路开始，过去几十年间，中国承建的非洲公路总里程超过 6000 公里，承建的非洲铁路总里程近 7500 公里，还包括 16 个大型港口码头以及数十个机场、会议中心、政府办公楼和工业园区等。[3] 这些"铺在大地上

---

[1] Weisbrod, A. & Whalley, J. The Contribution of Chinese FDI to Africa's Precrisis Growth Surge. *Global Economy Journal*, 2012, 12(4): 1-28.

[2] 苏杭. 角色论争中的中国对非洲直接投资. 北京：科学出版社，2015：12.

[3] 智宇琛. 试析我国央企参与非洲"三大网络"建设. 亚非纵横，2014(5)：1-15.

的纪念碑"记录着中国几代人为改善非洲基础设施滞后状况所做出的实实在在的贡献。以肯尼亚蒙内铁路为例,工程造价 38 亿美元,工程建设给当地带来了2.7 万人的就业,工程未完工就已经带动了肯尼亚 GDP 2％的增长。在促进就业及社会服务方面,中国企业投资的许多项目都在当地培训员工、修建医院,履行社会责任,帮助当地合作伙伴运营企业,为非洲当地经济带来了实实在在的好处。

在非洲基础设施的投资与建设中,中国的央企贡献巨大,实施大型基础设施项目 300 项,其中交通类项目 126 项,水利水电类项目 72 项,房建市政类项目 102 项;在水利电力建设领域,央企承建了非洲超过 90％的水电站和近 30 个城市的供水和农业灌溉工程。[①] 中国电力建设集团有限公司、中国能源建设集团有限公司、中国交通建设股份有限公司、中国机械工业集团有限公司、中国中铁股份有限公司、中国建筑工程总公司、中国铁建股份有限公司等是参与非洲基础设施建设项目较多的央企。

2015 年 1 月,中国与非洲联盟签署谅解备忘录,共同推动非洲交通和基础设施"三网一化"(建设非洲高速铁路、高速公路和区域航空"三大网络"及基础设施工业化)合作。2015 年 12 月约翰内斯堡峰会期间,首批资金为 100 亿美元的"中非产能合作基金"的设立也为非洲基础设施建设提供了更好的资金保障。

中国在非洲投资建设的基础设施,在工程质量上可以算是一种示范工程。如蒙内铁路代表着世界工程质量的最高水平,可以向世界人民证明它经得起时间的考验。不仅如此,这种重大基础设施建设对环境及动植物的保护工作也经得起任何严苛标准的检验。这种示范工程既显示了中国在基础设施建设上的"中国形象",也必将成为中国在非工程质量的标杆,影响后来者的品质形象。

(二)产能投资合作,促进非洲工业化进程

从全球中长期发展的总体格局来看,非洲大陆有巨大的发展潜力与特殊优势,这种优势正随着近年来南方国家发展进程的推进,特别是全球新兴国家的拉动而日益显现。中国通过近 40 年的经济发展,不仅有意愿,更有能力帮助非洲走出产业结构单一化的困局。例如,依托非洲资源禀赋,提升非洲深加工能力;延伸资源加工产业链,增加产品附加值。通过深化中非产能合作,实现非洲工业化。中国的制造业大国地位和非洲经济目前的"起步阶段"形成了发展阶

---

① 智宇琛. 中国中央企业走进非洲. 北京:社会科学文献出版社,2016:45-46.

段上很强的互补性。未来 20 年,全球化这双无形之手会将工作机会转移到具有成本优势的国家,非洲将在低端产业方面替代中国成为下一个世界工厂。[①]在国家层面,中国政府已将南非作为引领非洲工业化的火车头,把埃塞俄比亚、肯尼亚、坦桑尼亚、刚果(布)等国家列为先行先试示范国家,把埃及、安哥拉、莫桑比克等国家列为中非加强产能合作的重点对象。麦肯锡 2017 年 7 月发布的非洲中国企业调查报告显示,在非洲投资兴业的中国企业超过一万家,在非中国企业雇佣的当地员工已达数百万人之多,而且近三分之二的中国企业向员工提供技能培训。[②] 由此可见,在非中国企业不仅自身得到了发展,而且也带动了当地的就业,以实实在在的合作行动促进了非洲各个国家的发展,真正形成了互利共赢、合作发展的产能合作新局面。

(三)引导中非民间交流,促进中非经贸合作转型

目前,中非合作正从以政府援助为主向企业投资和融资合作为主转型,从 2015 年 12 月约翰内斯堡峰会至今,中非间签署的协议约 243 项,金额超过了 507.25 亿美元,其中,中国企业对非直接投资和商业贷款占比 91%。[③] 中非合作出现了"政府搭台、企业主体、人民受益"的新景象。特别值得关注的是,中非双方的民间交流也日益增多,目前中国国内正在掀起一股民营企业投资非洲的热潮。与中国国有企业大多从事大型基础建设项目不同,中国民营企业特别是中小投资企业,投资的大多是小型项目,比如在尼日利亚、安哥拉、纳米比亚、莫桑比克等国的农业、渔业、矿业、制造业、加工业和服务业等产业上的投资,其数量及规模可能远远超过统计数字。2016 年 10 月 24 日,民意调查组织"非洲晴雨表"发布调查报告《中国在非洲影响力持续加强,赢得广泛积极评价》,来自 36 个非洲国家的 5.4 万名受访者中,近三分之二的受访者认为中国在非洲的影响"非常积极"或"较积极"。在津巴布韦、莫桑比克、苏丹、赞比亚、南非、坦桑尼亚等国家,受访者表示中国对本国的影响力位居第一。[④]"中国形象"在非洲越来越好,该调查报告将之归功于中非紧密的合作与往来。近年来在中非合作论坛框架下,中非关系快速发展,双边贸易额由 2000 年的 100 亿美元上升至 2015

① 刘鸿武,卢凌宇."中国梦"与"非洲梦":中非命运共同体的建构. 西亚非洲,2013(6):19-34.

② 李志伟. 中国投资,非洲发展助推器. 人民日报,2017-10-06(3).

③ 专题报道:2016 年中莫经贸关系十大新闻. (2017-01-18)[2017-02-19]. http://www.mofcom. gov. cn/article/i/jyjl/k/201701/20170102503498. shtml.

④ 民意调查显示中国在非洲影响力赢得广泛积极评价. (2016-10-26)[2016-10-30]. http:// www. gov. cn/xinwen/2016-10-26/content_5124475. htm.

年的 2200 亿美元。该报告还显示,中国是受访者心中第二受欢迎的国家发展样板。在中部非洲,中国超越美国,是当地人心中最受欢迎的国家发展样板;在南部和北部非洲,中国和美国的受欢迎程度相当。

　　事实证明,尽管中国对非投资有较大的波动,国际经济形势对非洲经济的影响依然非常明显,但随着中非政府、民间交流与投资的深入发展,中国对非直接投资一定会更加显著地促进非洲国家的经济增长和工业化进程。

China's Direct Investment in Africa and Its Impact on Africa's Economy

LIN Yun

Abstract：China's direct investment in Africa is increasing in general with a wide range of investment, but is highly concentrated at the national level with big individual fluctuations. There are huge differences in economic development among African countries. Due to a lack of infrastructure, single-product structure, impediment to industrialization, and poor investment environment, the impediment to the economic development of African countries is serious. China's direct investment in Africa can effectively overcome these obstacles and promote economic growth and industrialization in Africa.

Keywords：direct investment；industrialization；infrastructure；production capacity cooperation between China and Africa

（编校:吴月芽）

中非技术合作的回顾与反思 *

刘青海　刘鸿武

摘要：从 20 世纪 50 年代初至今，几十年来，中非技术合作有序开展，不断深入。本文从国际技术扩散的视角，分四个阶段对中非技术合作的历程做了回顾与总结，并指出其中存在的问题，提出了相应的对策思路。

关键词：中国；非洲；技术合作；技术扩散

作者简介：刘青海（1974—　），女，湖南邵东人，浙江师范大学非洲研究院讲师，经济学博士。

刘鸿武（1958—　），男，云南西双版纳人，浙江师范大学非洲研究院教授，教育部长江学者特聘教授。

近年来，随着中非建构起以发展为主旨的战略合作关系并向全方位领域拓展，可以发现，一个突出的趋势是技术合作日益提升到中非合作的战略层面并成为合作的优先领域。过去几十年中，技术合作是中非合作的一个重要方面。为使合作更有成效，有必要对中非技术合作的历史做出系统回顾，总结其中的经验教训，并在国际技术合作一般理论的基础上，探索中非技术合作理论创新的空间，这种研究具有较强的理论和实践意义。

一、国际技术合作的一般原理

国际技术合作可以理解为参与国在技术转移、技术扩散上的相互协作与配合，其中资本品（如机器设备）的进口和国际技术贸易最为重要：资本品的进口物化了外国的技术，既可以作为投入直接提高本国的产出，也可以通过逆向工程间接提高本国的产出，是一国的技术转移到另一国的一个重要媒介；国际技术贸易是国际技术合作的主要形式之一，其主要方式包括许可证贸易、咨询服

---

*　本文发表于 2011 年第 1 期。基金项目：教育部 2009 年哲学社会科学研究项目"新时期中非合作关系研究"（09JZD0039）。

务和技术服务、合作生产，是技术知识在国际上转移和扩散最为直接的方式。另外，出口可能存在"学习效应"，即企业通过出口的经历而学习外国技术，从与国外顾客打交道的过程中获益。例如，后者对产品质量的要求常高于国内顾客，而且常常会提供怎样达到这些要求的信息，因而有助于提高国内企业的技术水平，因此出口可以被认为是国际技术合作的一个渠道。外商直接投资（FDI）长期被认为是国际技术扩散的一个重要渠道，因为 FDI 可能通过劳动力的雇佣与培训或通过提供高质量的产品而对国内的企业产生正向溢出效应，某些技术还可能通过在母子公司之间共享而转移到东道国。一般来说，由于商品中包含了相关的技术信息，因此通过商品的进出口，参与国可以分享科技开发的成果；投资则带动了相关的知识、技术密集型设备的流通。因此，通过相互投资和贸易来推动技术合作正成为越来越重要的一种方式。

国际技术扩散的一个重要特征是具有地域效果，即技术扩散不是全球化的，而是地方化的，会随着扩散距离的增加而衰减，因此距离对技术扩散起着至关重要的作用。正如信息的传播，传送路径越长，扭曲和失真现象越多；又如电磁波的发射，离发射源越远，半径越大，磁场越弱。影响国际技术扩散效果的一个重要因素是吸收能力，如果技术扩散国与接受国的技术差距过大，接受国就难以有效地吸收利用该技术，技术扩散的效果反而不好。相对于欧美的技术，我国与非洲的技术差距比较适度，经济互补性强，特别是农业技术。因此，中国与非洲虽然同属发展中国家，但技术合作的效果可能更好，互利合作的潜力更大，合作前景更为广阔。

二、中非技术合作回顾

自 20 世纪 50 年代初到现在，中非的技术合作持续不断，大致可以分为四个阶段。

（一）改革开放以前的中非技术合作

新中国成立初期，国家安全面临着严峻的威胁。为摆脱西方国家的封锁，扩大新中国的外交空间，中国一方面努力配合非洲各国的反帝反殖民运动，另一方面，也同非洲开展了一些技术合作。

20 世纪 60 年代，中国先后同几内亚、加纳、马里、索马里、阿尔及利亚、刚果（布）、埃及、肯尼亚、乌干达、坦桑尼亚、赞比亚、毛里塔尼亚等 12 个国家签订了经济技术合作协定，贸易额也有了大幅度的增加：1956 年为 1214 万美元，1965

年增至 24673 万美元，其中不少贸易产品是技术含量较高的化学工业产品以及各种仪器、仪表、车辆等机械设备。当时中国还帮助非洲国家发展了一些小型纺织工业，派出技术人员帮助他们修建公路、铁路等基础设施，例如先后派出专家和技术人员 5.6 万人次修建坦赞铁路，派出技术人员帮助修建、维修了赤道几内亚恩昆—蒙戈莫公路等一批公路。此外，中国还派遣农业技术人员到当地指导开荒造田，兴修农田水利，传授农业技术，先后帮助几内亚、马里、坦桑尼亚、刚果、索马里、毛里塔尼亚等国家建设了农业技术试验站、推广站和农场，发展水稻、甘蔗、烟草、茶叶、蔬菜等作物的生产，如坦桑尼亚的姆巴拉利农场和鲁伏农场、索马里的费诺利农场、乌干达的奇奔巴农场等。在医疗技术合作方面，我国从 1963 年开始向阿尔及利亚、几内亚、马里等国派出医疗队，帮助非洲国家兴建了一批医院、制药厂，如坦桑尼亚制药厂、索马里纳迪尔妇产儿科医院等，为提高非洲人民的健康水平做出了贡献。

总体而言，中非在此期间的合作在形式上还比较单一，主要表现为中方向非洲提供贷款援助，合作效果还不是特别明显。

(二)20 世纪 80 年代的中非技术合作

20 世纪 70 年代末，国际环境开始逐渐向着和平稳定的方向发展，中国也开始了改革开放。到 80 年代，非洲大多数国家开始进入发展民族经济的新阶段。出于非洲形势的变化和中国内外政策的调整，80 年代初，中国政府宣布了同非洲国家开展经济技术合作的四项原则——"平等互利，形式多样，讲求实效，共同发展"，中非关系从以中国提供经济援助为主逐渐转变为以互利合作为主。

这一转变使中非技术合作的方式开始趋于多元化，除了继续提供成套项目、技术援助外，还出现了包括工程承包、咨询设计、合资、合营等多种形式的技术合作；合作领域也更加丰富，涉及农业、建筑、水利、捕鱼、纺织、电子、钢铁及管理等行业，派出的人员则包括工程建设人员、医务人员、飞机维修、企业管理、软件开发和教育培训等在内的各种高级专门人才。[1]

1982 年，一种新的技术合作形式——合资企业开始出现，这对非洲国家培养和锻炼本国的技术人员和经营管理人员十分有利。到 1989 年，中国已在非洲兴办了 33 个生产性合资企业，为非洲国家的经济发展提供了新的推动力，深受非洲国家欢迎。在这一时期的中非技术合作中，管理技术合作占有很重要的

---

① 李安山. 非洲民族主义研究. 北京：中国国际广播出版社，2004：293.

地位。例如,1983年中国派出专家组参与坦赞铁路的经营管理,使其由连年亏损转为有盈利;1984年1月,中国派遣27名专家赴马里制药厂,在管理技术上进行合作,使其在一年内由亏损较大转为拥有人民币130万元的盈利。此外,中国还派出大量技术人员援建了马达加斯加木昂公路、肯尼亚国家体育中心、利比里亚综合体育场、尼日尔体育场、肯尼亚莫伊国家体育中心等。

在此期间,中国非常重视通过多边途径与非洲国家进行技术合作。1985年5月,中国加入了非洲开发银行,参与非洲国家间合作并提供援助。1986年,中国提出了一个包括中国、发达国家相关机构以及国际组织(如世界银行和联合国开发计划署)在内的三边合作计划,为非洲国家培训农业、技术和管理人才。其中,中国提供技术援助,其他两方提供资金和物质援助,而非洲国家提供土地和人力,共同推动非洲的粮食生产和农业发展。这些举措也极大地推动了中国同非洲经济技术之间的合作与发展。

总之,20世纪80年代中非合作的内容日益广泛,形式日趋多样,也比以往更加强调经济上的互利性和技术合作形式的多样性,这种更加务实的合作为中非合作关系朝着良好的方向发展奠定了基础。到80年代末,中国已同40多个非洲国家签订了总计2000多个承包工程和劳务合同;同中国建立贸易关系的非洲国家和地区达55个,几乎覆盖了整个非洲。①

(三)20世纪90年代的中非技术合作

20世纪90年代初,冷战结束,非洲也因此丧失了冷战时期的国际战略地位,遭到西方社会的冷落;而中国作为坚持社会主义的唯一大国,则遭到了西方国家的制裁。在这一时期,中非更加紧密地团结在了一起,技术合作也得到了较大的发展,其主要领域有以下方面。

1.贸易与投资中的技术合作

20世纪90年代,中国已初步建立了市场经济体制,企业逐渐成为对外贸易的主体,政府也鼓励企业以成熟的成套技术及管理经验与非洲国家开展投资合作,中非经贸合作已成为双方进行技术合作的另一重要领域。

1991—2000年,中非双边贸易额增长了700%以上。截至1999年年末,中国在非洲累计签订承包劳务业务合同9792份,合同总金额140.91亿美元,营业额109.98亿美元。这不仅给非洲国家带去了经济发展所短缺的资金,还带

① 贺文萍. 国际格局转换与中非关系. 西亚非洲,2000(5):21-25.

去了与非洲发展水平相适应的中国技术。例如，华为在非洲的投资企业中，员工本地化率超过 60%，华为同时还设立了研发中心和培训中心，数以万计来自非洲不同国家的学员经过培训已成为各国电信行业的骨干。

2. 农业技术的合作

20 世纪 90 年代，中非之间的农业技术合作明显加快，中国同南非、埃塞俄比亚、莫桑比克等 10 多个国家签署了农、牧、渔业合作协议或谅解备忘录。1997 年 4 月，中国与埃及还签署了中国"星火计划"与埃及"曙光计划"合作的科技兴农协议。中国帮助非洲建设了农、牧、渔业等近 40 个项目，涉及整治农田、修坝筑堤、提供农机具、建设畜牧和水产养殖场等。同时，中国还为非洲举办了 30 多期农业技术培训班，对来自 40 多个非洲国家的政府官员和技术人员进行了有关种植业、畜牧业、渔业和农业管理等多个领域的培训。1985—1999 年，中国共培训了来自非洲 46 个国家的 905 名农业技术人员，培训专业涉及水稻种植、蔬菜栽培、综合养鱼、肉制品加工、中医针灸、农业机械、太阳能及气象预报等。①

除此以外，医疗技术方面的合作也不少。总之，整个 20 世纪 90 年代，中国和非洲各国的技术合作使得中非双边关系得到巩固，也为中非技术合作迈向 21 世纪奠定了坚实基础。

(四)21 世纪的中非技术合作

2000 年 10 月，中非合作论坛第一届部长级会议在北京隆重举行，会议通过了《北京宣言》和《中非经济和社会发展合作纲领》。2006 年 11 月，中非合作论坛北京峰会举行。2009 年 11 月，中非合作论坛第四届部长级会议通过了《沙姆沙伊赫宣言》。随后，"中非科技伙伴计划"启动。这些都有力地推动了中非技术合作，具有深远的历史意义。

1. 贸易与投资中的技术合作

首先是进出口的持续增长。据商务部统计，2000 年，中非双方进出口总额为 106 亿美元；到 2008 年，已达到 1068 亿美元；2009 年因金融危机的影响有所下降，但也达到了 910 亿美元；从 2010 年前三个季度看，2010 年有望超过 1000 亿美元。10 年上升了近 10 倍，年均增长率高达 27%，充分显示出中非贸易蓬勃发展的增长势头。非洲从中国进口的商品主要有机电产品、纺织品、服装、高

---

① 李嘉莉. 中非农业合作. 世界农业，2005(5)：8-13.

新技术产品等,其中机电产品和高新技术产品等技术含量较高的商品一直以来具有绝对优势,成为中非技术合作的重要内容。2009 年 11 月,《沙姆沙伊赫宣言》继续推动中非贸易发展,并将经贸合作方式从以货物贸易为主转向货物贸易、投资、服务贸易、技术、项目承包等多种方式并重的方向发展。2009 年 12 月,在埃及主办的"中国科技与创新技术及产品展览会"上,中国与非洲国家共签订合作意向书和协议 150 多项,签订的技术转移和产品意向书及销售合同涉及的金额超过 1.3 亿美元,取得了较好的技术合作效果。

其次,投资合作快速发展。据外经贸部统计,2000 年,中国在非洲设立了57 家投资企业,双方协议投资金额达 2.51 亿美元,其中中方投资 2.16 亿美元。[①] 2009 年,中国对非直接投资 13.6 亿美元。截至 2009 年年底,中国累计对非直接投资额达 91.2 亿美元,在非洲兴办各类企业 2000 多家。在 2006 年 11 月召开的中非合作论坛北京峰会上,中国国家主席胡锦涛提出了鼓励和支持中国企业到非洲投资的一系列新的政策主张,包括设立一个专门用于鼓励中非企业家开展经济技术合作和投资经营项目的"中非发展基金",基金总额将逐步达到 50 亿美元;同时,中国还承诺设立非洲中小企业发展专项贷款,提出在非洲国家建立境外经济贸易合作区,成立中非商会等。在 2009 年 11 月中非合作论坛第四届部长级会议上通过的《沙姆沙伊赫行动计划》中,中方宣布将把基金的规模增加到 30 亿美元。到 2010 年 6 月,基金一期 10 亿美元已经全部承诺投资完毕,现正在研究二期 20 亿美元募资事宜;到 8 月,中国已承诺向有关中小企业直接贷款 110 万美元,并正与非洲部分金融机构就转贷合作进行商谈。[②] 这将进一步鼓励和支持中国企业到非洲投资,也有助于中国适用技术在非洲的扩散。

2. 农业技术的合作

21 世纪以来,中非农业技术合作有序开展,不断深入。在《沙姆沙伊赫行动计划》中,双方承诺将扩大农业实用技术交流和转让等领域的合作。这期间,中非农业技术合作的形式有以下几种。

(1)合作开发农业。很多中非农业技术合作项目是通过中国农业企业进行的。例如,2000—2003 年,中垦集团在赞比亚、几内亚、加纳、南非、多哥等国合

---

① 中国对外经济贸易年鉴编辑委员会. 中国对外经济贸易年鉴(2001). 北京:中国对外经济贸易出版社,2002:340

② 李潇,曹凯. 中国援非,更注重授人以渔. (2010-07-22)[2010-07-29]. http://www.focac.org/chn/mtsy/t718857.htm.

作开发农业，兴办了 11 个农业综合生产、加工和销售项目，集团还与国家杂交水稻工程技术研究中心合作，派出水稻育种专家赴几内亚进行育种和高产栽培试验，并取得了成功。① 截至 2009 年年底，中国已在非洲设立农业企业 50 多家，建立各类农场 100 多个，中国在非洲的农业投资额累计达 1.5 亿美元。② 目前，中国农业部已与埃塞俄比亚、几内亚、坦桑尼亚等 14 个非洲国家签署了农、牧、渔业合作协议。中国企业通过独资、合资和承包等方式，在非洲农作物种植、良种培育、农产品加工等领域进行投资，并已初见成效，既帮助非洲发展了农业生产、培养了当地农业技术和管理人才，也提高了中国农业企业在国外的经营管理能力。

(2)派遣专家组，培训农业技术人员，建设农业技术示范中心。21 世纪以来，中国已与乌干达(2001 年)、科特迪瓦(2003 年)、津巴布韦(2004 年)、塞拉利昂(2006 年)、摩洛哥(2008 年)等国签署农业技术合作协议，使得中非农业技术合作日益制度化。2005 年 9 月，中国政府派遣了 5 名隆平高科股份有限公司（简称"隆平高科"）的专家赴利比里亚，推广种植杂交水稻。2008 年 12 月，中国政府派出了由农产品加工、玉米和水稻种植专家组成的高级农业专家组赴马里工作。2007—2009 年，中国向非洲派遣了 100 名高级农业技术专家，在非洲建立了 10 个有特色的农业技术示范中心。截至 2009 年年底，中国已启动了喀麦隆、利比里亚、贝宁、卢旺达、津巴布韦、南非等 14 个农业技术示范中心项目，以及马达加斯加杂交水稻示范中心、利比里亚蔬菜种植示范基地、塞舌尔蔬菜示范基地、埃及蘑菇示范试验区、几内亚比绍水稻生产示范点等项目，向 30 多个非洲国家派遣了高级农业技术专家，并为非洲援建水稻技术推广站、农业技术试验站、农场等农业项目 140 多个。在中非合作论坛第四届部长级会议上，中方进一步承诺 2010—2012 年将向非洲派遣 50 个农业技术组，为非洲国家培训 2000 名农业技术人员，并把援非农业技术示范中心数量增至 20 个。截止到 2010 年 8 月，中国已与有关国家签署了政府间协议，预计 2010 年可完成派组 20 个。③

近年来，以隆平高科为代表的赴非洲培训工作受到了非洲人民的高度评

---

① 本届中非合作论坛特点：让企业成为中非合作主体. (2003-12-11) [2010-07-29]. http://www. china. com. cn/chinese/zhuanti/zf/426206. htm.

② 《人民日报》评论员. 共同的选择　合作的典范. (2010-10-13)[2010-10-20]. http://www. focac. org/chn/mtsy.

③ 商务部西亚非洲司. 中非合作论坛第四届部长级会议各项经贸举措落实工作取得积极进展. (2010-08-10)[2010-09-01]. http://xyf. mofcom. gov. cn/article/j/201008/20100807072823. html.

价。截至 2010 年 7 月,隆平高科已经对非洲进行了 29 期杂交水稻技术员培训,为非洲累计培训了 1000 多名杂交水稻方面的人才,涉及马里、加蓬、几内亚、喀麦隆、科特迪瓦、多哥、贝宁、中非、尼日尔等 38 个非洲国家。

3. 医药技术的合作

21 世纪以来,中非在医药技术方面的合作更加密切。主要的合作有举办中非传统医药论坛(2002 年;探讨了中非在传统医学方面的合作)、举办中非合作论坛北京峰会(2006 年;中国宣布将在未来几年内为非洲援建 30 所医院,设立 30 个抗疟中心并提供青蒿素药品)、开展援埃塞抗疟疾药项目(2008 年)、捐助医疗款 50 万美元给非洲发展新伙伴计划(NEPAD)(2008 年)、援建贝宁帕拉库医院(2009 年)、派遣抗疟专家小组到达喀麦隆并援建一所疟疾防治中心(2009 年)、援助桑给巴尔医疗队驻地(2010 年)、援助毛里求斯维多利亚医院手术中心(2010 年)、在达累斯萨拉姆建造心脏外科治疗与培训中心(2010 年)、“和平方舟”号医院船提供巡诊及医疗服务(2010 年)等,这些都大大改善了非洲的医疗卫生条件。中方还与 31 个非洲国家新签、续签了派遣医疗队的议定书,在继续向非洲国家派遣医疗队员,无偿提供药品、医疗器械和医用材料的同时,还派遣医疗队帮助阿尔及利亚抗震救灾,与非洲国家开展传统医药合作等。截止到 2006 年,中国已经派遣了 16000 名医务工作者到 47 个非洲国家,为 2.4 亿病人进行了治疗,为非洲人民的健康做出了自己的贡献。

另外,还有环保技术、交通技术等方面的合作,例如:2003 年,中国与 40 多个非洲国家进行了交流并向一些国家提供了太阳能、沼气等方面的技术援助;2006 年,中国宣布为非洲提供 100 个沼气、太阳能、小水电等清洁能源项目;2006 年 5 月,“联合国环境规划署中非环境中心”成立,使得中非环保合作进一步深入。交通技术方面,中国与非洲各国的合作也不少。以南非为例,自 1999 年 3 月南非和中国签署科技合作协定以来,两国已经召开了四届“南非-中国交通技术论坛”,并在 2001 年和 2003 年分别批准了 4 个交通领域的科研合作项目。

综上,中非技术合作的方式已从单纯的政府间合作向多层次、多领域、全方位合作发展,具有制度化、方式多、范围广、科技含量不断提高、农业技术合作占突出地位等特征。50 多年来,中国不光“授之以鱼”,也注重“授之以渔”,不断推动中非的共同可持续发展。

三、中非技术合作反思:问题与对策

中非技术合作打破了西方一统天下的局面,提高了非洲国家的粮食产量,

推动了非洲产业的进步,加之中非的技术合作常伴随着基础设施的修建,大大改善了投资环境,为非洲吸引众多外资创造了更好的条件,在市场选项、投资伙伴和产品价格等方面提供了更多有利于非洲的机会,取得了比较好的合作效果。然而,综观中非技术合作的诸方面,也还存在着不少问题。

第一,由于信息缺乏、政局动荡、外汇管制、外交政策等诸多原因,在非洲投资的中国企业承受的各种非经营性风险很多,投资风险明显高于世界其他地区,从而影响和抑制了中国企业对非洲的投资。由于投资是国际技术扩散的一个重要渠道,自然也就影响到了中非的技术合作。针对这种情况,我国可考虑采取四种措施:一是加强对非洲的研究,建立专门的非洲投资咨询机构;二是建立相应的投资风险补偿机制,降低中国企业在非洲地区的投资风险,使企业的预期利润至少能够与在其他地区的利润持平;三是完善对中国企业投资非洲的金融支持和保障体系,进一步改善我国对非洲投资的金融服务,为企业融资创造宽松、便利、灵活的环境,鼓励投资企业把政策性资金、商业贷款和国际金融机构资金结合起来使用;四是要促使非洲国家逐步完善投资环境。我国几乎在非洲的所有国家都有投资,但是迄今只有 28 个国家与我国签订了投资保护和促进协定,只有 8 个国家与我国签订了避免双重征税协定。这表明,我国需要在促使非洲国家逐步完善投资环境方面做出努力,应努力与非洲各国签订投资保护和促进协定、避免双重征税等协定,以保证我国企业在非洲投资能够受到有效的法律保护,切实保障自身的利益。

第二,非洲还存在教育程度普遍偏低,文盲、半文盲占相当大的比重,道路、桥梁、通信等基础设施较差,文化、宗教、政策、生活方式和中国迥然不同等情况。各种技术合作渠道的合作效果除了取决于技术差距外,还取决于参与国改变和适应这种差距的能力——吸收能力的强弱(教育水平常被认为是测度吸收能力的一个指标)[①]以及技术的扩散距离(取决于地理距离以及由于文化、政策、基础设施等的阻碍而造成的人为距离)的大小。如果参与国吸收能力较强,文化、政策比较开放,道路、通信等基础设施完善因而扩散距离比较小,则国际技术合作的效果会相对较好。反之,则扩散距离较大,导致很多技术合作项目效果不佳。因此,我国在与非洲国家进行技术合作的时候,还应采取以下措施:(1)加大教育合作和培训的力度,努力提高非洲人民的受教育程度,提高非洲人民对我国技术的吸收能力;(2)加大对非洲的基础设施合作或援助力度,缩短中

---

① Falvey, R., Foster, N. & Greenaway, D. Relative Backwardness, Absorptive Capacity and Knowledge Spillovers. *Economics Letters*, 2007(7): 230-234.

非技术扩散的扩散距离;(3)仔细分析当地的气候条件、经济、文化、政策、宗教信仰等,具体情况具体分析,摸索出一套良好的工作方法,使技术合作符合当地的情况,缩短扩散的人为距离。只有这样,中非技术合作才能取得更好的效果。

第三,中非技术合作多以政府为主体,很多项目参与人缺乏使项目效果最优化的动力,还有不少的技术合作项目存在效果不佳、缺乏可持续性等问题。鉴于此,我国在与非洲国家进行技术合作的时候,可加大政府各部门在政策、信贷、税收、保险以及配套措施等方面的综合扶持力度,鼓励国内有实力、信誉好的国有或民营企业通过多种渠道筹措资金,以独资、合资和合作经营等形式与非洲各方进行技术合作,使企业成为中非技术合作的主体,以保证合作项目具有持久生命力,通过提高项目的经济效益扩大合作的政治影响。实际上,这不仅是提高中非技术合作效果的需要,也是调整我国目前宏观经济发展中存在的不平衡状况,建立一个宏观经济运行持续增长模式的需要。

China-Africa Technology Cooperation: A Review and Reflection

LIU Qinghai　LIU Hongwu

Abstract:From the early 1950s till now, technology cooperation between China and Africa has been carried out for dozens of years in an orderly manner and has been deepened increasingly. Based on the theories of international technology diffusion, this article gives a review and reflection on the four stages of China-Africa technology cooperation, and then points out problems that exist and puts forward some suggestions.

Keywords:China; Africa; technology cooperation; technology diffusion

（编校:吴月芽）

中国高铁"走进非洲"对沿线国家经济发展的影响*

金水英　顾津静　田　泽

摘要:近几年,中国高铁的发展引人注目,尤其是中国高铁"走出去"战略,
对推动"一带一路"倡议有巨大促进作用。文章以中国在非洲建设现代铁路的
11 个沿线国家和 11 个非沿线国家为样本,采用多期双重差分法,实证分析中国
高铁"走进非洲"为沿线国家经济发展带来的影响。研究发现:高铁对沿线国家
经济发展产生显著的正面影响,同时居民消费水平和城镇化水平也是影响沿线
国家经济发展的重要因素,而人口密度对沿线国家的经济发展影响并不显著。

关键词:"一带一路"倡议;中国高铁;经济发展;多期双重差分法

作者简介:金水英(1976—　),女,浙江永康人,浙江师范大学经济与管理
学院、中非国际商学院副教授,管理学博士,工商管理博士后。

顾津静(1994—　),女,江苏连云港人,浙江师范大学经济与管理学院、中
非国际商学院硕士研究生。

田泽(1964—　),男,甘肃张掖人,河海大学企业管理学院教授,博士生导师。

一、引　言

在当前经济全球化的大背景下,区域性合作是促进全球经济发展的关键因
素。习近平总书记 2013 年走访中亚、东南亚国家后,先后提出了共建"丝绸之
路经济带"与"21 世纪海上丝绸之路"的伟大构想(以下简称"一带一路"倡议),
并获得了国际社会的强烈关注和普遍支持。"一带一路"倡议有利于促进沿线
国家相互合作,取长补短,实现互利共赢,为沿"带"、沿"路"国家提供了新的发
展机遇。"一带一路"倡议中,道路联通作为其"五通"目标之一,是"一带一路"
建设的基础,而高铁建设是交通基础设施建设中的重中之重,其"走出去"战略

* 本文发表于 2020 年第 2 期。基金项目:国家社会科学基金项目"全球价值链视角下中国高铁标
准'走出去'的知识转移机制、路径与对策研究"(17BGL012)。

必将成为推动"一带一路"倡议加快实施、促进沿线国家和地区经济发展的新动力。

2008 年中国正式跨入高铁时代,经过多年的快速发展,中国目前已有"四纵四横"高速铁路网络[①],"八纵八横"高铁网络也正在逐步完善。如今,中国高铁在高速铁路集成、施工、装备制造和运营管理等方面已经成功拥有了许多世界先进技术,能适应高温、高寒、大漠风沙等极端环境,在国际竞争中处于领先地位。中国高铁最显著的优势特点可以概括为技术领先、品质安全、项目耗时短、成本低。中国高铁是中国装备制造业先进水平的典型代表,已成为我国走向世界最绚丽的国家"名片"之一。在亚洲基础设施投资银行、丝路基金等的支持下,中国高铁"走出去"具有广阔的前景,将会有力推进"一带一路"倡议的实施。

借助于"一带一路"倡议下的非洲"三网一化"基础设施建设以及中非产能合作趋势,中国高铁走进非洲将迎来前所未有的发展机会。[②] 2018 年中国铁建副总裁汪文忠先生在世界交通运输大会上表示,截至 2018 年,中国铁建业务涉及非洲 46 个国家,在非洲建成的铁路和城轨共计 10605 公里,持有在建项目价值 560 亿美元。[③] 中国高铁"走进非洲",不仅可以密切与非洲国家之间的经济政治联系,而且能够带动一批相关基础设施的发展,还能促进国家之间产生"同呼吸,共命运"的使命感。亚吉、阿卡、蒙内等铁路先后开通运营,并产生了良好的社会效益,为中非各领域合作注入了强劲的动力。那么,中国高铁"走进非洲"对沿线国家的经济发展影响是否存在? 影响效果如何? 严谨的结论需要科学的论证来获得支持。为此,笔者采用多期双重差分法就中国高铁"走进非洲"对沿线国家经济的影响效果进行了实证分析,并根据实证结果提出了相关的政策建议。

二、文献综述

目前关于高铁的研究,主要集中在高铁对沿线区域经济发展、可达性、空间结构影响等方面。

首先,关于高铁影响沿线区域经济发展的探讨。周平和刘清香从交通基础

---

① 姜博,初楠臣,修春亮,等. 中国"四纵四横"高铁网络可达性综合评估与对比. 地理学报,2016,71(4):591-604.

② 鉴于非洲各国的国情和经济发展水平,本文所研究的高铁泛指现代化铁路,是介于高铁和普铁之间的"泛高铁"或快铁,是一种设备等级比普铁高、速度接近高铁的动车组列车。

③ 这家中企在非洲 46 国铺过万公里铁路 一项目获大奖. (2018-06-21)[2018-08-17]. http://news.sina.com.cn/o/2018-06-21/doc-ihefphqk5594909.shtml.

设施对经济作用机制的角度，探讨京沪高铁对沿线经济发展的溢出效应。[①] 张博和胡天军等人分别从不同层面研究京沪高速铁路对沿线经济发展的影响。[②] 李新光等人通过 2001—2014 年福建省 58 个地级市的统计数据，从经济增长、产业升级、城镇化三个层面，实证分析高速铁路的开通对福建区域经济发展产生的影响。[③] 汪建丰和李志刚在探究沪杭高铁影响浙江沿线经济发展的基础上，提出了相应的对策和建议。[④] 王垚和年猛运用双重差分法对我国相关城市的数据进行了实证研究，验证高铁对区域经济发展的影响。[⑤]

其次，关于高铁对可达性影响的探讨。伯托里尼（Bertolini）等人提出了可延续的可达性观点。[⑥] 初楠臣和张平宇以中俄跨国铁路沿线城市为对象，分析沿线城市之间的可达性状况，并测算城市间经济联系强度。[⑦] 黄洁等人通过省会城市间的交通时间以及相应票价数据和各省市城镇居民家庭人均收入数据，对高铁网络影响省会城市的经济可达性进行实证探究。[⑧] 肖（Shaw）等人采用基于时间表的可达性评估方法，分析中国高铁发展的四个主要阶段的旅行时间、旅行成本和距离可达性的变化。[⑨] 陶卓霖等人在研究高铁对长江三角洲地区陆路可达性产生影响的基础上，探讨可达性变化如何影响区域发展格局。[⑩] 汪德根和章鋆通过成本加权栅格法，探讨有无高铁两种情况下的长江三角洲地区的可达性和格局变化。[⑪] 李琳等人通过三种可达性评价方法，实证分析武广高速铁路对沿线城市的可达性影响效果，并预估该影响条件下区域社会经济发

① 周平，刘清香. 京沪高铁对山东区域经济发展的溢出效应. 经济与管理评论，2012，28(1)：151-156.

② (a) 张博. 高铁对我国区域经济发展影响研究. 东南大学学报(哲学社会科学版)，2017，19(6)：132-133. (b) 胡天军，申金升. 京沪高速铁路对沿线经济发展的影响分析. 经济地理，1999(5)：101-104.

③ 李新光，黄安民，张永起. 高铁对区域经济发展的影响评估：基于 DID 模型对福建省的实证分析. 现代城市研究，2017(4)：125-132.

④ 汪建丰，李志刚. 沪杭高铁对沿线区域经济发展影响的实证分析. 经济问题探索，2014(9)：74-77.

⑤ 王垚，年猛. 高速铁路带动了区域经济发展吗？上海经济研究，2014(2)：82-91.

⑥ Bertolini, L., Leclercq, F. & Kapoen, L. Sustainable Accessibility: A Conceptual Framework to Integrate Transport and Land Use Plan-making. *Transport Policy*, 2005(3): 207-220.

⑦ 初楠臣，张平宇. 基于可达性的中俄跨国班列沿线城市经济联系：以中俄 K19/K20 班列为例. 经济地理，2018，38(6)：10-18.

⑧ 黄洁，钟业喜，李建新，等. 基于高铁网络的中国省会城市经济可达性. 地理研究，2016，35(4)：757-769.

⑨ Shaw, L., Fang, Z. X., Lu, S. W., et al. Impacts of High Speed Rail on Railroad Network Accessibility in China. *Journal of Transport Geography*, 2014(40): 112-122.

⑩ 陶卓霖，杨晓梦，梁进社. 高速铁路对长三角地区陆路可达性的影响. 经济地理，2016，36(8)：40-46.

⑪ 汪德根，章鋆. 高速铁路对长三角地区都市圈可达性影响. 经济地理，2015，35(2)：54-61.

展格局的变化趋势。[①] 钟业喜等人以平均可达性作为度量指标,在测算我国中心城市可达性水平的基础上,探讨高速铁路如何影响城市可达性格局。[②]

　　最后,在研究城市可达性影响的基础上,不少学者还研究了高铁对区域空间结构的影响。王昊和龙慧参考国外已有的研究成果,从高铁网络规划视角,对我国城镇群的布局转变做出了全新的猜想。[③] 王丽等人利用企业微观数据,比较分析了高速铁路开通前后沿线区域产业空间格局的变动,判断和评估在不同时期的主要驱动要素及其贡献程度。[④] 王雨飞和倪鹏飞分别研究了交通发展产生的增长效应作用机理和结构效应作用机理,同时将高速铁路开通运营之后城市间的最短时间距离运用于实证检验中,分析交通在经济发展中的增长效应和结构效应。[⑤] 冯长春等人在总结前人研究方法的基础上,通过加权平均旅行时间研究分析高速铁路影响下中国省际可达性和空间格局。[⑥] 文嫮和韩旭通过潜力模型、莫兰指数(Moran's Index)、引力模型等,研究分析高速铁路对区域经济发展空间格局的影响。[⑦] 姜博等人通过构建可达性模型和运用 GIS 相关软件,深入探讨哈大高速铁路通车前和通车后沿线城市的可达性和空间格局的转化。[⑧] 王姣娥等人分别运用可达性方法和 GIS 研究高铁对中国城市之间空间相互作用强度的影响。[⑨] 李廷智等人对高铁影响城市和区域空间发展的途径和方向进行了文献综述,并发现现有研究主要从实证角度运用 GIS 空间分析、回归分析以及对比分析等方法,探讨高铁对沿线城市和区域空间发展的影响。[⑩] 王

① 李琳,张家榕,段娅妮,等. 武广高铁对湖南沿线城市可达性的影响研究. 经济研究导刊,2011(12):144-148.

② 钟业喜,黄洁,文玉钊. 高铁对中国城市可达性格局的影响分析. 地理科学,2015,35(4):387-395.

③ 王昊,龙慧. 试论高速铁路网建设对城镇群空间结构的影响. 城市规划,2009,33(4):41-44.

④ 王丽,曹有挥,仇方道. 高铁开通前后站区产业空间格局变动及驱动机制:以沪宁城际南京站为例. 地理科学,2017,37(1):19-27.

⑤ 王雨飞,倪鹏飞. 高速铁路影响下的经济增长溢出与区域空间优化. 中国工业经济,2016(2):21-36.

⑥ 冯长春,丰学兵,刘思君. 高速铁路对中国省际可达性的影响. 地理科学进展,2013,32(8):1187-1194.

⑦ 文嫮,韩旭. 高铁对中国城市可达性和区域经济空间格局的影响. 人文地理,2017,32(1):99-108.

⑧ 姜博,初楠臣,王媛,等. 高速铁路影响下的城市可达性测度及其空间格局模拟分析:以哈大高铁为例. 经济地理,2014,34(11):58-62.

⑨ (a)王姣娥,丁金学. 高速铁路对中国城市空间结构的影响研究. 国际城市规划,2011,26(6):49-54. (b)王姣娥,焦敬娟,金凤君. 高速铁路对中国城市空间相互作用强度的影响. 地理学报,2014,69(12):1833-1846.

⑩ 李廷智,杨晓梦,赵星烁,等. 高速铁路对城市和区域空间发展影响研究综述. 城市发展研究,2013,20(2):71-79.

缉宪和林辰辉从"中国特征"的视角分析高铁对城市空间演变的影响。[①] 姜博等人在"交通可达性的变化—空间效应—城市与区域经济的影响—空间组织结构的演变"这一框架的指导下,对国内外已有的高速铁路研究进行了归纳与梳理,并划分国内外高速铁路对城市与区域空间影响的研究阶段,提出未来高铁研究的发展方向。[②] 接栋正通过研究杭州都市圈的模式和绩效,分析高铁引起的区域竞争新格局对都市圈发展的影响,并提出对高铁时代都市圈发展的相关建议。[③]

综上所述,目前关于高铁的研究文献内容丰富,方法多样,但仍存在不足之处,主要体现在:就研究内容而言,大部分文献的研究对象仅设定为特定的某条高速铁路或某一特定区域的高铁,研究样本的选取随机性不强,样本的典型性有待商榷;此外,样本范围基本集中在国内的高铁,如沪杭高铁、京沪高铁和哈大高铁等,鲜有对高速铁路与非洲国家经济发展关系的研究。

从已有研究方法上看,相比于空间分析或构建模型等方法,多期双重差分法通过寻找适当的对照组作为实验组的反事实参照系,更为可靠地处理了政策效应。同时,多期结构的建立,较为完整地贴合了非洲高铁项目分阶段依次建成通车的实际。因此本文选用多期双重差分法对中国在非洲建成并已通车的 6 条高速铁路建立实验组样本和对照组样本,就中国高铁"走进非洲"对沿线国家经济的影响效果进行实证分析。相较于传统的实证研究方法,运用多期双重差分法能够对高铁政策的影响效果提供更为精确的评价,同时对其随着时间的推移将产生的变化趋势有更清晰的预测。

三、研究方法

双重差分法(difference-in-differences model,DID)是评价某一事件或政策的影响的非常有用并且惯常使用的方法。[④] 本研究运用双重差分法,对所搜集的数据进行实证分析,验证高铁对沿线国家经济发展的影响效果。样本数据利用 Stata 软件处理,并对所得的结果进行实证分析。研究样本包括非洲 22 个国

---

① 王缉宪,林辰辉. 高速铁路对城市空间演变的影响:基于中国特征的分析思路. 国际城市规划,2011,26(1):16-23.

② 姜博,初楠臣,王媛,等. 高速铁路对城市与区域空间影响的研究述评与展望. 人文地理,2016,31(1):16-25.

③ 接栋正. 高铁时代的都市圈建设:区域空间重塑、城市转型及治理创新. 管理学刊,2016,29(1):48-54.

④ Ghani, E., Goswami, A. G. & Kerr, W. R. Highways and Spatial Location within Cities: Evidence from India. *The World Bank Economic Review*,2017(30):97-108.

家。本研究将这些国家样本分为实验组和对照组,其中,实验组国家为实施高铁开通政策的国家,对照组国家则是没有实施高铁开通政策的国家。双重差分法是指先分别计算实验组和对照组在高铁开通政策实施前后的变化量,再计算这两个变化量之间的差值,即倍差,①目的是通过实验组和对照组在高铁开通前后某个观测值变化量的差额来反映实验组受到的高铁净影响,即高铁政策的影响效果。DID 模型的基本回归方程如下:

$$\mathrm{GDP}_{it} = \alpha + \beta_1 T + \beta_2 R + \gamma(T \times R) + \delta Z_{it} + \varepsilon_{it} \qquad (1)$$

(1)式中,GDP_{it} 是 i 国家在 t 时期人均 GDP 的观测值;R 为政策虚拟变量,开通运营高铁的国家为实验组,取 1,没有开通运营高铁的国家为对照组,取 0;T 是时间虚拟变量,中国投资建设的高铁开通以后取 1,开通以前取 0。实际上,本文所分析的实验组和对照组国家样本在很多方面有着差异,为确保研究的有效性,必须严格控制其他异质变量产生的影响,所以在模型中添加了控制变量的集合 Z_{it},以控制经济发展的一些基本因素;ε_{it} 是误差项,这个公式的系数 γ 被解释为高铁开通运营对沿线国家经济发展的影响效果,若其估计值显著大于 0,则说明中国高铁促进了沿线非洲国家的经济发展。

非洲国家样本在 2006—2017 年的数据相对齐全,有利于本文进行实证分析,因此本文确定研究的起止时间为 2006—2017 年。非洲高铁在 2006—2017 年是分阶段依次建成的,通车运营时间集中在 2015 年、2016 年和 2017 年,为精确测度高铁逐步通车运营对沿线国家经济发展产生的影响及时间上的变化趋势,本文选取了 2015 年、2016 年和 2017 年三个时间节点,由此构建了一个多期 DID 模型,专门考察中国高铁开通运营对非洲沿线国家经济发展的影响。多期 DID 模型的回归方程如下:

$$\mathrm{GDP}_{it} = \alpha + \gamma_1 G_{it} + \gamma_2 DT_{it} + \delta Z_{it} + \lambda_i + \varepsilon_{it} \qquad (2)$$

(2)式中,G_{it} 表示 i 国家在 t 年高铁是否开通运营的虚拟变量(即高铁政策效应虚拟变量),也就是(1)式中的 $T \times R$ 项,当 i 国家归属实验组样本,并且 t 是高铁开通运营当年和以后的年份时,G_{it} 取 1,否则取 0;γ_1 是差分后的系数,表示高铁开通运营对实验组和对照组国家经济发展的影响差异,如果该系数值显著为正,那么表明高铁开通运营对该国家的经济发展有正向促进作用;DT_{it} 表示高铁开通运营第 T 年的虚拟变量(其中,$T=1,2,3$),可反映高铁未开通运营时或许会出现的时间趋势效应,在高铁开通运营的第 T 年取 1,否则取 0;Z_{it} 是

---

① 邓涛涛,赵磊,马木兰. 长三角高速铁路网对城市旅游业发展的影响研究. 经济管理,2016,38(1):137-146.

其他控制变量;λ_i 为个体固定效应;ε_{it} 是随机扰动项。

四、变量构造及指标说明

由于中国高铁"走出去"战略最近几年才开始推行,且高铁建设是一项长期、庞大和繁杂的工程,因此中国在非洲投资建设并通车运营的铁路并不多。本文选择 6 条中国在非洲建成并通车的现代铁路,把其 11 个沿线国家作为主要研究样本,同时选取临近的 11 个非沿线国家作为参照样本,纳入对比分析框架。所选择的 6 条铁路分别为:亚吉铁路、安哥拉本格拉铁路、阿卡铁路、蒙内铁路、莫桑梅德斯铁路和亚的斯亚贝巴轻轨。本文以所选择的 22 个国家于 2006—2017 年的面板数据为样本,所有的样本数据从世界银行(WB)数据库、全球经济数据库(CEIC)、经济合作与发展组织(OECD)数据库、非洲开发银行(AFDB)、世界发展指标(WDI)等国内外数据官方网站搜集、计算和整理而得。

本文研究国家经济发展的代理变量是人均 GDP。测算一个国家的经济发展水平,GDP 显然是首要测量指标。另外,由于不同国家的人口总量也不同,因此,为了研究的有效性,本文选择人均 GDP 作为国家经济发展的一个指标。

本文主要研究对象是 2015 年开始由中国承建并已陆续开通高铁的 11 个非洲沿线国家样本,包括:埃塞俄比亚、吉布提、安哥拉、刚果(金)、尼日利亚、肯尼亚、乌干达、卢旺达、布隆迪、坦桑尼亚和赞比亚。高铁政策实施至今已有一段时间,积累的数据有助于统计分析。高铁建设不仅需要当地政府的推进,且对国家的经济、消费、社会等方面的水平均有一定要求。为了准确判断高铁开通政策的影响效应,本文还选择了与 11 个高铁沿线国家相邻且社会发展水平较类似、在所研究的时间段内未开通高铁的 11 个非沿线国家样本,纳入对比分析框架,包括:喀麦隆、多哥、尼日尔、布基纳法索、贝宁、马拉维、马里、中非、加纳、莫桑比克和津巴布韦。表 1 显示,2014 年前,非洲没有中国投资建设的高铁,2015 年由中国建设并开通高铁的非洲国家有安哥拉、埃塞俄比亚、刚果(金)、赞比亚,2016 年由中国建设并开通高铁的国家有吉布提、尼日利亚,2017 年由中国建设并开通高铁的国家有乌干达、卢旺达、坦桑尼亚、布隆迪、肯尼亚,2006 年至 2017 年从未开通高铁的周边国家为前述的 11 个非沿线国家。

表 1　非洲 22 个国家高铁开通情况

2006—2014 年	2015 年	2016 年	2017 年	2006—2017 年
无高铁	有高铁：安哥拉、埃塞俄比亚、刚果（金）、赞比亚	有高铁：吉布提、尼日利亚	有高铁：乌干达、卢旺达、坦桑尼亚、布隆迪、肯尼亚	无高铁：喀麦隆、多哥、尼日尔、布基纳法索、贝宁、马拉维、马里、中非、加纳、莫桑比克、津巴布韦

关于被解释变量，本文借鉴已有研究，选择人均 GDP 衡量样本国家经济发展水平。若人均 GDP 逐年增加，则高铁促进沿线国家经济的发展；若人均 GDP 逐年减少，则高铁对沿线国家经济发展起抑制作用或影响不明显。

对控制变量的选择，本文参考了德劳夫（Durlauf）、张俊、高华荣[①]等人对经济增长影响因素的研究。首先要考虑的控制因素是有效劳动（EL）。根据世界银行数据库的规定，一般将 15 岁及以上人口视为劳动适龄人口，因此本文将 15 岁及以上总就业人口与总人口的比例作为有效劳动的代理指标。其次，要思考与经济发展水平相关的其他因素，如居民消费水平（CL）、城镇化水平（UL）、人口密度（PD）。本文纳入了消费者价格指数、城镇人口与总人口的比例、人口密度三个代理变量，其中，消费者价格指数指一般消费者在规定的时间段内采购固定或变动的一揽子商品和服务的成本变化率，它通常使用拉氏指数公式（Laspeyres Index Formula）计算。根据世界银行数据库的规定，设定 2010 年为100。最后，其他控制变量采用与经济发展水平密切相关的产业结构（MSR），其代理变量为第二产业和第三产业从业人员之比。[②] 各解释变量的含义及说明如表 2 所示。

表 2　主要解释变量的含义及说明

变量	变量名称及符号	指标含义	单位
高铁建设变量	高铁政策效应虚拟变量（G_{it}）	当 i 国家归属实验组且 t 在高铁开通运营当年以及之后的年份，$G_{it}=1$，否则为 0	—
	时间虚拟变量（DT_{it}）	DT_{it} 在高铁开通运营的第 T 年为 1，否则为 0	—

①　(a) Durlauf, S. N., Johnaon, P. A. & Templej, R. W. Growth Econometrics. In Aghion, P. & Durlauf, S. N. (eds.). *Handbook of Economic Growth*. Amsterdam: Elsevier, 2005: 555-680. (b) 张俊. 高铁建设与县域经济发展——基于卫星灯光数据的研究. 经济学（季刊），2017, 16(4): 1533-1562. (c) 高华荣. 高速铁路对区域经济发展的影响研究. 北京：北京交通大学，2017: 6-22.

②　王垚，年猛. 高速铁路带动了区域经济发展吗？. 上海经济研究，2014(2): 82-91.

续表

变量	变量名称及符号	指标含义	单位
控制变量	有效劳动（EL）	就业人口/总人口	％
	居民消费水平（CL）	消费者价格指数	设定 2010 年为 100
	城镇化水平（UL）	城镇人口/总人口	％
	人口密度（PD）	总人口/以平方公里为单位的土地面积	人/公里
	产业结构（MSR）	第二产业与第三产业从业人员之比	％

五、中国高铁"走进非洲"对沿线国家经济发展影响的实证分析

（一）非洲高铁沿线国家与非沿线国家经济发展水平的对比

通过对高铁沿线国家样本和非沿线国家样本的经济发展水平的简单对比（如表 3），可以发现：在常住人口增长率方面，沿线国家样本组的平均常住人口增长率普遍比非沿线国家样本组高，然而，该增长率的差距有逐渐减小的趋势；在运营高铁以前和以后，沿线国家样本组的平均常住人口规模都比非沿线国家样本组大，且人均 GDP 也都比非沿线国家样本组高。由此可见，高铁建设往往选择在经济发展水平相对比较高的国家。

表 3　沿线国家与非沿线国家之间经济发展水平的简单对比

年份	常住人口增长率/‰			常住人口/万人			人均 GDP/现价美元		
	沿线国家样本组均值	非沿线国家样本组均值	两组均值差距	沿线国家样本组均值	非沿线国家样本组均值	两组均值差距	沿线国家样本组均值	非沿线国家样本组均值	两组均值差距
2006	28.592	27.239	1.353	3959.7	1341.4	2618.3	685.5	514.0	171.5
2017	27.830	26.548	1.282	5436.0	1823.2	3612.8	1356.2	787.3	568.9
两组均值差距	−0.762	−0.691	−0.071	1476.3	481.8	994.5	670.7	273.3	397.4

数据来源：根据世界银行数据库、世界发展指标数据整理而得

由于表 3 只是整体沿线国家与非沿线国家之间平均发展水平的简单对比，仅选择了本文所研究阶段的第一年和最后一年两个时间点的数据进行比较，而

这两个年份时间相隔较远,并不能真正体现出所研究时间段内高铁沿线与非沿线国家之间经济发展水平实际的变化情况。因此,为进一步了解两组样本国家之间的经济发展水平,本文对于沿线国家样本组和非沿线国家样本组的年人均GDP均值逐年变化情况(如图1)和年GDP总量均值逐年变化情况(如图2)进行了比较。

本文所研究的22个非洲国家经济水平受高铁影响不一,由图1可以看出,沿线国家样本组的年人均GDP均高于非沿线国家样本组,且随着时间的推移,两组之间差距总体越来越大,尤其在2014年高铁开通运营之后更为明显。图2显示沿线国家样本组的年GDP总量远远高于非沿线国家样本组,而且沿线国家样本组的年GDP总量增长速度整体比非沿线国家样本组快得多,非沿线国家样本组每年的增长比较稳定。这表明沿线国家经济发展水平普遍高于非沿线国家,也进一步证实了上述高铁建设往往选择在经济发展水平较高的国家的论断。同时,根据图1和图2,在2014—2017年,沿线国家样本组与非沿线国家样本组年人均GDP在经历前期下降后,后期有明显的回升;而年GDP总量同样从2014年开始有一个下跌的过程,之后再缓慢爬升,这表明在高铁开通运营初期,由于前期投资建设成本消耗过大,高铁刚投入运营时产生的经济效益为零甚至为负,经过一段时间的运营后才会产生正向经济效益。

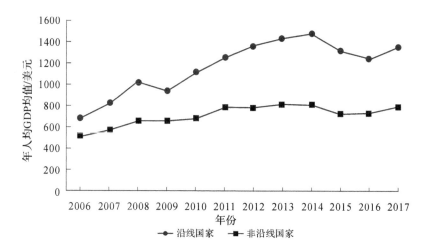

图1 沿线国家样本组与非沿线国家样本组之间年人均GDP均值比较

数据来源:依照世界银行数据库各个国家2006—2017年GDP数据计算整理得出

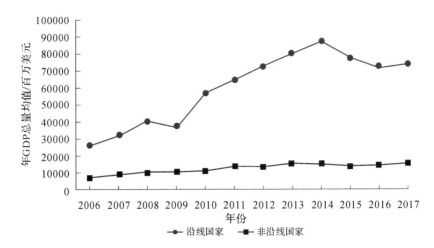

图 2 沿线国家样本组与非沿线国家样本组之间年 GDP 总量均值比较

数据来源:依照世界银行数据库各个国家 2006—2017 年 GDP 数据计算整理得出

(二)基于全体样本的描述性统计分析

各变量的描述性统计分析见表 4,该表中的 D_1、D_2、D_3 为 DT 的取值。对于整体样本(即非洲所有开通运营高铁的沿线国家及相应的其他未开通运营高铁的非沿线国家)来说,沿线国家中最早开通运营高铁的时间为 2015 年,截至 2017 年开通运营高铁的最长时间为三年,因此 DT 的取值为 D_1、D_2、D_3。2015 年开通运营的本格拉铁路、莫桑梅德斯铁路和亚的斯亚贝巴轻轨(以下简称"本—莫—亚线路"),截至 2017 年开通运营高铁的最长时间为三年,所以 DT 的取值也为 D_1、D_2、D_3。2016 年开通运营的亚吉铁路和阿卡铁路(以下简称"吉—阿线路"),截至 2017 年开通运营高铁的最长时间为两年,所以 DT 仅取 D_1、D_2。2017 年开通运营的蒙内铁路(以下简称"蒙内线路"),DT 的取值只有 D_1。

表 4 变量的描述性统计

变 量	观测值	均 值	标准差	最小值	最大值
G_{it}	264	0.080	0.271	0	1
D_1	264	0.083	0.277	0	1
D_2	264	0.083	0.277	0	1
D_3	264	0.083	0.277	0	1
GDP_{it}	264	942.185	819.893	165.879	4804.634
EL	264	70.207	8.540	50.244	85.568
CL	264	116.164	41.044	36.416	342.179

续表

变　量	观测值	均　值	标准差	最小值	最大值
UL	264	34.202	15.010	9.617	77.523
PD	264	99.149	109.296	6.745	494.869
MSR	264	51.421	41.929	17.608	263.036

数据来源:根据世界银行(WB)数据库、世界发展指标(WDI)、全球经济数据库(CEIC)、经济合作与发展组织(OECD)数据库、非洲开发银行(AFDB)等国外数据官方网站搜集、计算和整理而得

由表 4 可知,各个变量的观测案例数都为 264,且无缺失值,同时根据均值和标准差分别可以看出各个变量数据的集中趋势和离散程度。此表充分显示本文研究数据并无明显异常值。

(三)高铁影响沿线国家经济发展的实证估计与分析

为考察高铁对沿线国家经济发展的影响效应,本文运用多期双重差分法。在实证检验中,分别从整体样本和特定铁路线路两个层面进行分析,并以人均GDP(GDP_{it})作为衡量国家经济发展的代理变量。在研究过程中,由豪斯曼检验(Hausman test)结果可知,为了消除国家的个体影响效应,模型应选择固定效应估计。由表 5 中的各个模型估计结果可知,R_2 基本稳定在 0.54—0.90 之间,这表明模型的拟合程度比较好。

从整体样本层面来看,表 5 模型(1)中 G_{it} 是高铁是否开通运营的政策效应代理变量,其系数为 0.15,在 10% 的水平上显著为正,说明高铁的开通运营促进了非洲沿线国家的经济发展。从其他控制变量分析结果来看,对非洲沿线国家经济发展水平影响较大且显著的解释变量主要有有效劳动(EL)、居民消费水平(CL)、城镇化水平(UL)和产业结构(MSR)。居民消费水平及城镇化水平的提高对沿线国家经济发展产生明显的正向影响,它们每提高 1%,国家经济发展水平将分别提高 0.35% 和 0.87%。高铁开通运营间接提高了居民消费水平和国家城镇化水平,进而对国家经济发展起到了一定的促进作用。此外,有效劳动和产业结构这两个变量对沿线国家经济发展起到了一定的负向作用,虽然第二、三产业就业人员比例增加了,但由于非洲各方面发展水平较为落后,且就业只是为了养家糊口的思想观念根深蒂固,人们没有太大的追求和抱负,因此大部分非洲人的工作效率和效果并不理想。人口密度(PD)的统计系数并不显著,说明提高人口密度并不能有效地提高沿线国家经济发展水平。

从特定铁路线路层面来看,对比模型(3)、模型(5)和模型(7)可知,模型(3)G_{it} 的系数值为 0.22,且在 5% 的水平上显著,表明高铁开通这一政策因素对"本—莫—亚线路"上的沿线国家的经济发展起到了一定的正向促进作用。而根据模型(5)可知,G_{it} 的系数值为 -0.19,且在 10% 的显著水平上仍不显著,说明高铁开通这一政策因素对"吉—阿线路"上的沿线国家的经济发展影响不显著,其原因可能是"吉—阿线路"上可取的样本国家较少,导致样本数据容量不够大,所得分析结果不显著;也可能是由于现实因素的影响,如亚吉铁路,虽然2016 年开通,但由于电力等配套设施跟不上,一直到 2018 年 1 月 1 日才投入运营,因此对沿线国家经济的影响尚未显现。由模型(7)可知,G_{it} 的系数值为 0.19,但在 10% 的显著水平上不显著,证明高铁开通这一政策对"蒙内线路"上的沿线国家的经济发展虽有正向影响,但由于蒙内铁路在 2017 年 5 月 31 日才开始投入运营,本文研究所观察时间较短,所以分析结果还不显著。从其他控制变量来看,对于"本—莫—亚线路""吉—阿线路"和"蒙内线路"沿线国家经济发展都有显著的正向影响的变量为居民消费水平(CL),高铁的开通运营可以间接地影响居民消费水平,进而对沿线国家的经济具有一定的促进作用。

表 5 双重差分法的实证估计结果

变量	总样本		本—莫—亚线路		吉—阿线路		蒙内线路	
	模型(1)	模型(2)	模型(3)	模型(4)	模型(5)	模型(6)	模型(7)	模型(8)
G_{it}	0.15 (1.80)*		0.22 (2.32)**		-0.19 (-1.19)		0.19 (1.37)	
D_1		-0.11 (-1.30)		-0.07 (-0.59)		-0.07 (-0.81)		-0.09 (-0.65)
D_2		-0.20 (-2.12)**		-0.12 (-1.07)		-0.08 (-0.59)		
D_3		-0.19 (-1.97)**		-0.07 (-0.66)				
EL	-0.74 (-3.72)***	-0.73 (-3.76)***	0.03 (0.04)	-0.13 (-0.17)	0.90 (3.98)***	0.89 (3.80)***	-1.26 (-4.48)***	-1.25 (-4.39)***
CL	0.35 (4.01)***	0.55 (5.88)***	0.25 (2.95)***	0.42 (5.35)***	0.93 (6.21)***	0.85 (4.82)***	0.23 (1.88)*	0.30 (2.46)**
UL	0.87 (19.88)***	0.90 (19.80)***	1.09 (12.77)***	1.07 (10.74)***	-0.67 (-1.96)*	-0.52 (-1.36)	0.65 (9.54)***	0.66 (9.61)***
PD	0.04 (1.53)	0.04 (1.65)	-0.17 (-3.70)***	-0.17 (-3.49)***	0.55 (7.31)***	0.52 (6.08)***	0.07 (3.47)***	0.07 (3.70)***
MSR	-0.51 (-9.17)***	-0.52 (-9.22)***	-0.94 (-14.88)***	-0.94 (-14.60)***	0.84 (3.33)***	0.71 (2.53)**	-0.11 (-2.04)**	-0.13 (-2.30)**
$Cons$	6.81 (6.67)***	5.83 (5.21)***	5.70 (1.69)	5.72 (1.59)	-3.31 (-3.54)***	-2.92 (-2.80)***	8.60 (6.42)***	8.26 (5.99)***

续表

变量	总样本		本—莫—亚线路		吉—阿线路		蒙内线路	
	模型(1)	模型(2)	模型(3)	模型(4)	模型(5)	模型(6)	模型(7)	模型(8)
R^2	0.6739	0.6795	0.8534	0.8487	0.9032	0.8964	0.5484	0.5440
N	264	264	96	96	48	48	120	120

　　注:模型采用稳健性标准误进行统计推断;括号中数值为 t 值;* * *、* * 和 * 分别表示在 1%、5%和10%的显著水平下通过显著性检验。

　　本表中8个模型是基于 DID 方法,借用 Stata 软件分别得出的回归结果,模型(1)(3)(5)(7)考虑高铁效应,模型(2)(4)(6)(8)考虑时间效应。

　　从高铁通车运营的时间效应来看,根据模型(2)(4)(6)(8)的回归结果,总体样本国家(即非洲所有通车运营高铁的沿线国家及相应的非沿线国家)通车运营高铁的时间效应 D_1、D_2、D_3 大多为负效应,其他线路上的时间效应 DT 也都是负效应。总体而言,考虑高铁开通时间效应后的分析结果与只考察高铁开通政策效应而不考察时间效应所得的结果基本一致。

(四)稳健性检验

　　为了验证上述实证结果产生于高铁开通运营,研究中运用反事实检验的方法对实证结果进行了稳健性检验。反事实检验采用变更政策的实施时间来对模型(1)(2)进行检验,即假定没有高铁开通运营这一事实,实验组和对照组之间的差异也会随时间的推移而变化。[①] 就实验组样本(即非洲所有开通运营高铁的沿线国家)的11个国家而言,最早开通运营高铁的时间为 2015 年,由此,可有两种处理方法:一是分别假设实验组国家在高铁通车实际年份前后的第一年为设想的高铁开通运营的时间节点,其他控制变量的设置保持不变,并对其进行与方程(2)相同的回归;二是假设实验组的所有国家在 2014 年都已开通运营高铁,并且同样进行与方程(2)一样的回归。

　　从表6中可以看出,无论采取哪种处理方式,G_{it}(即高铁政策效应虚拟变量)的系数在 10%的水平下不显著,并且与原模型相比,各个模型的显著性水平均有一定程度的降低,因此拒绝原假设,说明高铁开通运营确实会影响沿线国家经济发展,本研究采用多期 DID 模型进行实证研究的结果具备稳健性。

---

　　① Hung, M. & Wang, Y. Mandatory CSR Disclosure and Shareholder Value: Evidence from China. Working Paper, University of Southern California and the Hong Kong University of Science and Technology, 2014.

表 6 反事实检验估计结果

变量	提前 1 年		推迟 1 年		2014 年	
	模型(9)	模型(10)	模型(11)	模型(12)	模型(13)	模型(14)
G_{it}	−0.03 (−0.80)		−0.08 (−1.57)		0.02 (0.44)	
D_1		−0.02 (−0.58)		−0.20 (−4.97)***		0.06 (1.47)
D_2		−0.18 (−4.22)***		−0.19 (−4.50)***		−0.08 (−1.88)*
D_3		−0.28 (−6.03)***				−0.16 (−3.55)***
D_4		−0.27 (−5.62)***				−0.14 (−3.00)***
EL	−0.31 (−0.79)	−0.52 (−1.48)	−0.32 (−0.84)	−0.46 (−1.26)	−0.29 (−0.75)	−0.41 (−1.25)
CL	0.10 (1.61)	0.10 (1.76)*	0.11 (1.73)*	0.10 (1.68)*	0.09 (1.43)	0.26 (5.15)***
UL	1.06 (2.92)***	1.01 (3.07)***	1.06 (2.94)***	1.02 (3.01)***	0.99 (2.66)***	1.40 (8.94)***
PD	0.76 (2.96)***	1.57 (5.83)***	0.76 (3.00)***	1.20 (4.77)***	0.73 (2.89)***	0.27 (3.48)***
MSR	−0.33 (−4.07)***	−0.34 (−4.60)***	−0.33 (−4.07)***	−0.35 (−4.49)***	−0.33 (−4.00)***	−0.37 (−5.47)***
$Cons$	1.94 (1.08)	−0.14 (−0.08)	1.97 (1.11)	1.02 (0.61)	2.24 (1.24)	2.57 (1.62)
R^2	0.5131	0.6055	0.5168	0.5732	0.5122	0.5786
N	264	264	264	264	264	264

注:***、**和*分别表示在 1%、5%和 10%的显著水平下通过显著性检验;括号中数值为 t 值。

本表是针对总样本进行的反事实检验,模型(9)—(14)是基于不同政策实施时间(即高铁开通运营时间),通过 Stata 软件得出的 DID 回归结果。模型(9)(11)(13)考虑高铁效应,模型(10)(12)(14)考虑时间效应。

六、结论与政策建议

本文以 2006—2017 年中国在非洲投资建设高铁的 11 个沿线国家及附近

的 11 个非沿线国家为样本,实证分析中国高铁"走进非洲"对沿线国家经济发展的影响。在研究方法上,本文采用多期双重差分法,把人均 GDP 作为被解释变量,并纳入有效劳动、居民消费水平、城镇化水平、人口密度和产业结构作为控制变量,以保证结果的稳定性和可靠性。

由研究结果可以得出以下结论:第一,高铁的投资建设需要拥有充足的"人、财、物"三方面的资源,因此,目前中国选择投资建设高铁的非洲国家,经济水平普遍较高;第二,总体而言,中国投资建设的高铁的开通运营,改善了非洲高铁沿线国家的交通基础设施,加强了区域之间的沟通与联系,对沿线国家的经济发展具有显著的促进作用;第三,居民消费水平也影响着高铁沿线国家的经济发展,高铁的开通运营可以促进居民消费水平提高,进而有利于扩大内需,刺激消费,促进国家经济发展;第四,城镇化水平作为国家经济发展程度的重要标志,也是影响高铁沿线国家经济发展的重要因素。城镇化水平越高,国家经济水平越高,投资建设高铁的各方面资源越丰富,越有利于促进沿线国家的经济发展。

基于以上研究结论,我们得出以下相关的政策建议。

一是从我国角度看,中国高铁应慎重选择"走进"的国家,高铁的投资建设要选择在经济发展水平相对较高的国家和地区。由于高铁的投资建设需要足够的"人、财、物"三方面资源,且投资回收期较长,因此需要东道国有充足的经济实力支撑高铁投资项目。由此可见,中国高铁投资建设在选择"走进"的国家和地区时,需对东道国进行深入考察和研究,确定投资项目的可行性。

二是从非洲国家角度看,政府要充分重视本国的交通基础设施建设,注重城镇化发展。对于非洲国家而言,为提高国家的经济发展水平,在国家实力承载范围内可积极与中国达成合作,共同投资建设高铁项目,满足居民的出行要求和美好生活的需要,从而提高居民的消费水平,带动本国的经济发展。此外,还应注重城镇化发展,城镇化水平也是影响国家经济发展的一个重要因素。新型的城镇化建设要求大、中、小城市和小城镇共同协调发展,从而提高国家经济发展的整体水平。

三是从全球角度看,在"一带一路"倡议下,"区域经济一体化"是大势所趋,它将会促进国家产业结构优化升级,提升我国的国际分工地位。作为影响区域经济发展的重要因素,中国高铁为增强在国际市场上的竞争力,应努力完善与发展自身优势,积极构建合作共赢的全球价值链,这样才能在国际分工中获得丰厚利润。目前中国高铁在世界高铁领域中拥有价格优势,如何在其他方面对

"走进"国家产生吸引力，则是中国在高铁输出方面需要考虑的首要问题，比如在高铁服务输出上是否能够更全面、在后期维护中能否更完善等，这些都关系着中国高铁能否顺利实现国际化。此外，还要充分认识自身的不足以及竞争对手的优势，知己知彼才能让中国高铁迈向非洲乃至世界的各个角落。

本文运用多期双重差分方法就中国高铁"走进非洲"对沿线国家经济的影响进行短期性研究，对中国高铁出口的短期经济效益研究具有抛砖引玉的作用，同时对长期经济效益的研究也有一定的预示和借鉴意义。但是，本研究尚存在不足之处，中国在非洲国家的高铁项目，通车运营的时间主要集中在2015—2017 年，因此涵盖的研究时间不长，导致文中高铁"走进非洲"对沿线国家的影响结论具有短期性，如需获得更为准确的结论，需要对项目实施进一步的跟踪研究。此外，本文只局限于从宏观层面考察高铁开通运营对非洲高铁沿线国家经济发展的影响，而对于产生这些影响的微观基础或内在渠道，尚未涉及。比如，高铁开通是否改变了高铁沿线国家的外商直接投资等，都是未来需要深入挖掘的内容。

The Impact of China's High-speed Rail "Entering Africa" on the Economic Development of Countries along the Routes

JIN Shuiying   GU Jinjing   TIAN Ze

Abstract：In recent years，the development of China's high-speed rail has attracted attention. China's high-speed rail "going out" strategy has greatly promoted the realization of the Belt and Road Initiative. Taking 11 countries along the routes and 11 countries not along the routes where China is building modern railways in Africa as samples，this article adopts the multi-period difference-in-differences model to empirically analyze the impact of China's high-speed rail "entering Africa" on the economic development of countries along the routes. The findings suggest that high-speed rail has a significant positive impact on the economic development of countries along the routes. At the same time, the levels of consumption and urbanization are also important factors affecting the economic development of countries along the routes, whereas population density has no significant impact on the economic development of countries along the routes.

Keywords: the Belt and Road Initiative; China's high-speed rail; economic development; multi-period difference-in-differences model

（编校:吴月芽）

非洲国家旅游竞争力综合评价及空间差异分析 *

谢守红　王　庆　甘　晨

摘要：在全球旅游业蓬勃发展的大背景下，非洲凭借着丰富的旅游资源、快速的经济发展以及政府的大力支持，旅游业呈现出快速发展的趋势。本文在构建非洲国家旅游竞争力综合评价指标体系的基础上，采用熵权法对非洲 36 个主要旅游目的地国家的旅游竞争力进行定量评价，并对其总体特征和空间差异做了探讨分析。研究结果表明：非洲国家旅游竞争力的区域差异显著，发展很不平衡；旅游竞争力较强的国家主要集中在北部和南部非洲地区，旅游竞争力较弱的国家主要集中在东部、西部和中部非洲；南部非洲地区旅游竞争力的内部差异较大，其余地区内部差异较小；根据综合得分，可将非洲国家旅游竞争力划分为旅游竞争力强、较强、较弱、弱四类。

关键词：旅游竞争力；综合评价；空间差异；非洲

作者简介：谢守红(1966—　)，男，湖南新邵人，浙江师范大学经济与管理学院教授，经济学博士后。

王庆(1993—　)，女，安徽合肥人，浙江师范大学地理与环境科学学院硕士研究生。

甘晨(1990—　)，男，浙江温州人，浙江师范大学经济与管理学院硕士研究生。

一、引　言

随着经济全球化的日益发展和人们收入水平的持续提高，全球旅游业发展方兴未艾。21 世纪以来，非洲凭借着丰富的旅游资源、快速的经济发展以及政府的大力支持，旅游业得到了蓬勃发展。根据世界旅游组织的数据，2015 年非

---

* 本文发表于 2019 年第 1 期。基金项目：浙江省非洲研究与中非合作协同创新中心课题"非洲国家投资环境综合评价研究"(15FZZX10YB)。

洲接待国际游客人数达 5350 万人次,国际旅游收入达到 330.69 亿美元;据世界旅游组织预测,2020 年非洲接待国际旅游人数将达到 8500 万人次,比 2015 年增长 58.9%,成为世界旅游业发展最迅速的地区。

非洲国家数量众多,不同国家旅游竞争力差异很大,因此对非洲国家的旅游竞争力进行综合评价具有重要的现实意义。国外有关旅游竞争力的研究兴起于 20 世纪 60 年代,旅游资源竞争优势分析是当时研究的热点问题。20 世纪 70 年代,研究热点转移到了如何扩大旅游需求和市场份额上。到了 20 世纪 80 年代,学界关于旅游竞争力的研究则主要集中在旅游形象上。

20 世纪 90 年代以后,随着信息技术的发展、人们环保意识的提高,旅游发展的可持续性和信息化水平逐渐成为旅游竞争力研究的新趋势。例如,坎斯特利尔和考斯塔(Canestrill & Costa)认为,环境承载力是研究旅游区竞争力可持续性必不可少的因素。[1] 克劳奇和里奇(Crouch & Ritchie)认为,旅游目的地竞争力的可持续性,不仅体现在经济和生态上,而且还体现在社会文化、政治等方面,认为限制性和开放性、核心资源、辅助设施、政策与开发、目的地管理、竞争微观环境和全球宏观环境是影响旅游竞争力的主要因素。[2] 米哈利克(Mihalic)从环境管理的角度对旅游竞争力进行了研究。[3] 麦金托什和科德纳(Mcintosh & Coeldner)首先提出了旅游产品竞争的信息指向概念。[4] 弗德尼斯和穆里(Fodness & Murray)指出旅游信息在消费者选择旅游产品时起关键作用,信息的可达性、结构、质量和速度都是竞争力的表现。[5]

2000 年以后,众多学者对旅游竞争力展开了更为广泛的研究,并重视采用定量方法对旅游竞争力的诸多因素进行综合评价。乌伊萨尔(Uysal)等人选取了 48 个指标来分析美国中部 10 个州的旅游竞争力。[6] 科扎克和利明顿(Kozak & Rimmington)则选取旅游满意度、旅游动机等方面对土耳其和摩洛哥的旅游

[1] Canestrill, E. & Costa, P. Tourism Carry Capacity: Fuzzy Approach. *Annals of Tourism Research*, 1991, 18(2): 295-311.

[2] Crouch, G. I. & Ritchie, J. R. B. Tourism Competitiveness and Societal Prosperity. *Journal of Business Research*, 1999(3): 137-152.

[3] Mihalic, T. Environmental Management of a Tourist Destination: A Factor of Tourism Competitiveness. *Tourism Management*, 2000(1): 65-78.

[4] Mcintosh, R. W. & Coeldner, C. R. Tourism: Principles, Practice, Philosophies. *Journal of Travel & Tourism Market*, 1995(3): 253-263.

[5] Fodness, D. & Murray, B. Tourism Information Search. *Annals of Tourism Research*, 1997, 24(3): 503-523.

[6] Uysal, M., Chen, J. S. & Williams, D. R. Increasing State Market Share Through a Regional Positioning. *Tourism Management*, 2000, 21(1): 89-96.

竞争力进行了比较分析。[①] 胡伊伯尔斯和本奈特（Huybers & Bennett）运用多项逻辑回归分析法对昆士兰的旅游竞争力进行了研究。[②] 曼吉翁（Mangion）等人选取了支出弹性、相对价格等指标做多元线性回归，分析了西班牙、塞浦路斯和马耳他三国的旅游竞争力。[③] 陶（Toh）等人采用偏离—份额分析法，研究了新加坡的旅游竞争力。[④] 金（Kim）等人采用了交互最小平方尺度分析法，分析了中国大陆出境旅游目的地竞争力。[⑤] 马扎奈克（Mazanec）等人选取了基础设施、教育、开放性等 25 个指标，采用最小平方分析法研究了全球 197 个国家的旅游竞争力。[⑥] 克拉科里齐和尼基坎普（Cracolici & Nijkamp）采用因子分析法分析了意大利南部 6 个地区的旅游竞争力。[⑦]

国内关于旅游竞争力的研究兴起于 1990 年以后。谢彦君将生命周期理论引入旅游管理中，阐述了旅游地的生命周期模型。[⑧] 黎洁、赵西萍引用波特的钻石模型，指出机遇、国内旅游需求、旅游生产要素状况、旅游企业的战略和结构，以及旅游相关及辅助产业的状况是旅游竞争力的主要影响因素，并认为资源优势提升为竞争优势是我国国际旅游战略的根本转变。[⑨] 徐虹认为，饭店保持持久竞争力优势，需要核心竞争力所产生的不可替代性，而智力资源是核心竞争力的根本来源，人才竞争是影响旅游竞争力的关键因素。[⑩] 张显春指出，产业组织与企业竞争力不仅具有趋同性，而且旅游产业组织的优化能够提高我国旅游企业的竞争优势。[⑪] 易丽蓉、傅强通过大样本问卷调查，发现需求状况、旅游支

---

① Kozak, M. & Rimmington, M. Measuring Tourist Destination Competitiveness: Conceptual Considerations and Empirical Findings. *Hospitality Management*, 2007(18): 273-283.

② Huybers, T. & Bennett, J. *Environmental Management and the Competitiveness of Nature Based Tourism Destinations*. Cheltenham: Edwar Edgar Publishing, 2002: 192.

③ Mangion, M. L., Durbarry, R. & Sinclair, M. T. Tourism Competitiveness: Price and Quality. *Tourism Economics*, 2005(1): 45-68.

④ Toh, R. S., Khan, H. & Lim, L. L. Two-stage Shift-share Analyses of Tourism Arrivals and Arrivals by Purpose of Visit: The Singapore Experience. *Journal of Travel Research*, 2004, 43(8): 57-66.

⑤ Kim, S. S., Guo, Y. Z. & Agrusa, J. Preference and Positioning Analyses Overseas Destinations by Chinese Mainland Outbound Pleasure Tourist. *Journal of Travel Research*, 2005(2): 212-220.

⑥ Mazanec, J. A., Wober, K. & Zins, A. H. Tourism Destination Competitiveness: From Definition to Explanation. *Journal of Travel Research*, 2007(8): 86-104.

⑦ Cracolici, M. F. & Nijkamp, P. The Attractiveness and Competitiveness of Tourist Destinations: A Study of Southern Italian Regions. *Tourism Management*, 2008(1): 1-9.

⑧ 谢彦君. 旅游地生命周期的控制与调整. 旅游学刊,1995(2):41-60.

⑨ 黎洁,赵西萍. 论国际旅游竞争力及其阶段性演进. 社会科学家,1999(5):20-23.

⑩ 徐虹. 智力资本:21 世纪旅游饭店战略竞争力的源泉. 南开管理评论,2000(5):10-14.

⑪ 张显春. 产业组织优化与我国旅游企业国际竞争力分析. 财会研究,2005(2):57-59.

持因素、目的地管理、区位条件、旅游资源是影响旅游目的地竞争力的主要因素。[①]

在定量研究方面,杨秀平等利用层次分析法对旅游产品竞争力进行评价,并对旅游产品的市场地位、销售情况以及竞争力进行预警。[②] 朱应皋、万绪才从旅游资源和产品、社会经济条件、其他条件、国际旅游业绩四个方面构建指标体系,利用层次分析法评价全球旅游 12 强国的旅游业国际竞争力。[③] 方叶林、黄震方采用熵值法分析中国 31 个省级区域的旅游竞争力。[④] 彭姣飞在研究湖南14 个城市的旅游竞争力时发现,旅游资源、信息文化建设、基础设施建设等因素对旅游竞争力影响较大。[⑤] 把多勋等人,以及马艳红、牛娟采用因子分析法,分别对甘肃省和山西省的地级市旅游竞争力进行了研究。[⑥]

综上所述,关于旅游竞争力研究,可以分为两类:一是定性分析方法,即以语言描述为主的方法,没有复杂的数学模型和烦琐的数学计算,主要有归纳法、演绎法、描述性统计分析法、情境法和德尔菲法等;二是定量分析方法,即以数学模型为工具,从数量上研究旅游竞争力及其相互影响机理,主要有因子分析法、熵权法、层次分析法、主成分分析法、聚类分析法、回归分析法等。

关于非洲旅游的研究,国内外相关研究成果甚少,视野较窄,多停留在定性描述非洲旅游资源和一些旅游现象上,对非洲旅游竞争力缺乏综合、定量的研究。本文利用非洲发展银行发布的《2015 年非洲统计年鉴》和世界旅行和旅游理事会发布的《2015 年旅游业竞争力报告》的数据,将旅游资源、产业发展、基础设施、社会经济、生态环境纳入分析当中,构建一个具有 5 个一级指标、34 个二级指标的评价指标体系,采用更为客观的熵权法,来综合评价非洲主要国家的旅游竞争力,在此基础上分析非洲国家旅游竞争力的空间分布特征,对促进非洲旅游研究和旅游发展具有较大的参考价值和实践意义。

二、评价指标体系选择

旅游竞争力评价体系是一个复杂的、多层次的系统,对旅游竞争力指标的

① 易丽蓉,傅强. 旅游目的地竞争力影响因素的实证研究. 重庆大学学报,2006(8):154-158.
② 杨秀平,翁钢民,赵本谦. 旅游产品竞争力分析及预警研究. 经济与管理,2005(6):76-78.
③ 朱应皋,万绪才. 旅游业国际竞争力定量评价理论研究——全球旅游 12 强(国)实例分析. 南京财经大学学报,2003(5):12-17.
④ 方叶林,黄震方. 2001 年以来省域旅游竞争力的时空演化分析. 长江流域资源与环境,2013,22(S1):11-17.
⑤ 彭姣飞. 湖南省城市旅游竞争力比较研究. 城市问题,2013(6):57-61.
⑥ (a) 把多勋,徐金海,杨志国. 甘肃省 14 城市旅游竞争力比较研究. 干旱区资源与环境,2014(7):194-199. (b) 马艳红,牛娟. 山西省城市旅游竞争力评价. 地理科学研究,2017,6(4):257-264.

选取,既要考虑评价指标的客观性、科学性和真实性,又要考虑到数据的代表性、可量化和可获取性。目前,旅游竞争力尚没有一个被学术界普遍接受、广泛适用的评价指标体系。本文借鉴已有的研究成果,再结合非洲国家的具体情况,最终选择了 34 个核心指标,构建出由目标层、准则层、评价指标组成的非洲国家旅游竞争力综合评价指标体系(见表 1)。

表 1 非洲国家旅游竞争力综合评价指标体系

目标层	准则层	评价指标
非洲国家旅游竞争力	旅游资源	世界自然遗产数(个)
		世界文化遗产数(个)
		口述和非物质文化遗产数(个)
		已知物种总数(类)
		濒危物种率(%)
		大运动竞技场数(个)
		国际会议数(个)
	产业发展	旅游收入(千美元)
		旅游收入占 GDP 比重(%)
		国际游客到达数(千人)
		旅游就业人口(千人)
		游客留宿天数(天)
		酒店客房数(千间)
		旅游业政府预算率(%)
	基础设施	公路密度(m/km^2)
		铁路密度(m/km^2)
		机场密度(个/百万人)
		每百人移动电话数(个)
		每千人电话主线数(条)
		互联网普及率(%)
		每千人自动取款机数(个)
	社会经济	人均 GDP(美元)
		第三产业增加值(百万美元)
		中等教育入学率(%)
		每千人医院床位数(个)

续表

目标层	准则层	评价指标
非洲国家旅游竞争力	社会经济	成人艾滋病病毒流行率(%)
		每十万人凶杀案件数(件)
		恐怖主义事件发生率(%)
	生态环境	森林覆盖率(%)
		保护区覆盖率(%)
		获得安全用水率(%)
		污水处理率(%)
		批准环境条约总数(个)
		PM2.5颗粒物浓度(μg/m^3)

三、实证研究

(一)评价模型的构建

1. 标准化处理

因为各个指标的量纲、数量级以及指标的正负取向有差别,所以需要先对数据进行规范化处理。指标数值越大,表明国家旅游竞争力越强,适合采用正向指标计算公式进行规范化处理;指标数值越小,表明旅游竞争力越弱,适合采用负向指标计算公式进行规范化处理。本文中的负向指标为成人艾滋病病毒流行率、每十万人凶杀案件数、恐怖主义事件发生率、PM2.5颗粒物浓度,其他指标均为正向指标。本文采用极值标准化法对数据进行处理。

2. 综合评价模型

本文采用客观的熵权法确定指标权重,它是利用各指标的熵值所提供的信息量的大小来决定指标权重的方法。设 $Y_{ij}(i=1,2,\cdots,m;j=1,2,\cdots,n)$ 为第 i 个国家的第 j 项指标的规范化值,对于给定的 j,Y_{ij} 的差异越大,该项指标对系统的比较作用就越大,亦即该项指标包含和传输的信息越多。评价的步骤如下:

$$P_{ij} = Y_{ij} / \sum_{i=1}^{m} Y_{ij} (i=1,2,\cdots,m;j=1,2,\cdots,n)$$

$$E_j = -t \sum_{i=1}^{m} P_{ij} \times LN(P_{ij}) (i=1,2,\cdots,m;j=1,2,\cdots,n)$$

$$W_j = \frac{1 - E_j}{n - \sum\limits_{j=1}^{m} E_j} \quad (i = 1, 2, \cdots m; j = 1, 2, \cdots n)$$

$$T_i = \sum\limits_{j=1}^{n} Y_{ij} \times W_j$$

E_j 为第 j 个评价指标的熵值，W_j 为第 j 个评价指标的熵权，T_i 为第 i 个待评价国家旅游竞争力综合评价得分。

（二）研究区域和数据来源

基于非洲各国旅游业和社会经济发展现状以及数据的可获得性，本文选取了非洲 36 个主要旅游目的地国家进行实证研究。本文研究的数据来源于《2015 年非洲统计年鉴》以及《2015 年旅游业竞争力报告》，其数据统计时间为 2014 年。

（三）评价结果

根据以上评价模型，对 2014 年非洲 36 个主要旅游目的地国家的旅游竞争力进行综合评价，结果如表 2 所示。

表 2 非洲国家旅游竞争力综合得分结果

国家	旅游资源得分	产业发展得分	基础设施得分	社会经济得分	生态环境得分	综合得分
阿尔及利亚	0.0794	0.0348	0.0396	0.0686	0.0160	0.2384
安哥拉	0.0110	0.0210	0.0188	0.0432	0.0163	0.1103
贝宁	0.0157	0.0170	0.0221	0.0269	0.0270	0.1087
博茨瓦纳	0.0247	0.0401	0.0592	0.0509	0.0274	0.2023
布基纳法索	0.0236	0.0100	0.0115	0.0203	0.0230	0.0884
布隆迪	0.0124	0.0094	0.0133	0.0243	0.0130	0.0724
佛得角	0.0102	0.0255	0.1438	0.0473	0.0306	0.2574
喀麦隆	0.0329	0.0166	0.0230	0.0290	0.0201	0.1216
乍得	0.0171	0.0092	0.0017	0.0165	0.0140	0.0585
刚果（金）	0.0475	0.0054	0.0080	0.0165	0.0321	0.1095
科特迪瓦	0.0458	0.0115	0.0309	0.0271	0.0359	0.1512
埃及	0.0641	0.2383	0.0514	0.0599	0.0163	0.4300

国家	旅游资源 得分	产业发展 得分	基础设施 得分	社会经济 得分	生态环境 得分	综合得分
埃塞俄比亚	0.0611	0.0557	0.0083	0.0491	0.0143	0.1885
加蓬	0.0180	0.0106	0.0406	0.0749	0.0488	0.1929
冈比亚	0.0243	0.0287	0.0467	0.0269	0.0272	0.1538
加纳	0.0254	0.0423	0.0382	0.0362	0.0282	0.1703
几内亚	0.0227	0.0100	0.0124	0.0210	0.0333	0.0994
肯尼亚	0.0680	0.0316	0.0438	0.0300	0.0228	0.1962
莱索托	0.0112	0.0115	0.0331	0.0222	0.0105	0.0885
马达加斯加	0.0663	0.0458	0.0113	0.0252	0.0179	0.1665
马拉维	0.0343	0.0222	0.0212	0.0247	0.0297	0.1321
马里	0.0742	0.0146	0.0193	0.0139	0.0154	0.1374
毛里求斯	0.0374	0.0488	0.1299	0.0799	0.0293	0.3253
摩洛哥	0.1061	0.1580	0.0674	0.0510	0.0335	0.4160
莫桑比克	0.0258	0.0251	0.0202	0.0202	0.0292	0.1205
纳米比亚	0.0197	0.0337	0.0753	0.0470	0.0329	0.2086
尼日利亚	0.0466	0.0361	0.0408	0.0878	0.0198	0.2311
卢旺达	0.0155	0.0190	0.0305	0.0270	0.0150	0.1070
塞内加尔	0.0552	0.0283	0.0292	0.0257	0.0359	0.1743
塞拉利昂	0.0108	0.0055	0.0210	0.0232	0.0190	0.0795
南非	0.1446	0.1809	0.1225	0.1062	0.0259	0.5801
坦桑尼亚	0.0686	0.0726	0.0183	0.0237	0.0319	0.2151
突尼斯	0.0506	0.0921	0.0706	0.0525	0.0208	0.2866
乌干达	0.0536	0.0306	0.0859	0.0197	0.0207	0.2105
赞比亚	0.0277	0.0431	0.0246	0.0312	0.0342	0.1608
津巴布韦	0.0420	0.0261	0.0362	0.0261	0.0288	0.1592

四、空间差异分析

(一)总体差异特征

非洲国家旅游竞争力综合得分由所有单项评价结果加权得到,而每个单项评价结果是基于相对水平的差异程度来进行测度的,所以旅游竞争力综合评价结果是一个相对的概念,它不仅取决于本国的情况,还依赖于其他国家的相对情况。旅游竞争力的综合得分越高,则表示旅游竞争力越强;反之,得分越低,旅游竞争力越弱。

从非洲国家旅游竞争力综合得分的总体分布特征来看(参见表 3、图 1),36 个国家的平均值为 0.1875。其中,旅游竞争力综合得分最高的国家是南非,为 0.5801 分,综合得分最低的国家是乍得,为 0.0585 分,全距为 0.5216,数值较大。南非的旅游竞争力得分约是乍得的 10 倍,可见非洲国家间旅游竞争力存在着非常大的差异。从旅游竞争力综合得分的偏度来看,其偏度值为 1.8612,比正态分布的数值大,呈现正偏态分布,数据偏离中心,右偏态分布明显,说明得分较低的国家为数众多。峰度值为 4.2020,比正态分布的坡度要陡峭,呈现尖峰分布。

表 3 非洲国家旅游竞争力综合得分分布特征

指标	最大值	最小值	全距	平均值	标准差	变异系数	偏度	峰度
数值	0.5801	0.0585	0.5216	0.1875	0.1093	0.5824	1.8612	4.2020

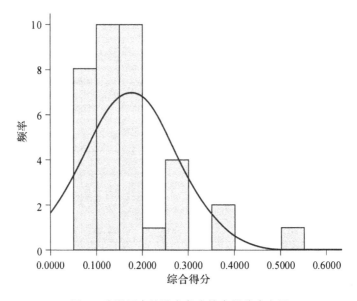

图 1 非洲国家旅游竞争力综合得分直方图

(二)内部空间差异分析

从非洲五大地区来看,旅游竞争力平均得分从大到小依次是北部非洲、南部非洲、东部非洲、西部非洲和中部非洲。从变异系数来看,从大到小分别是南部非洲、西部非洲、中部非洲、东部非洲、北部非洲,变异系数的数值越大,说明其内部差异就越大(见表4)。

表 4　非洲五大地区旅游竞争力综合得分分布特征

指标	最大值	最小值	全距	平均值	标准差	变异系数
北部非洲	0.4300	0.2384	0.1916	0.3428	0.0949	0.2768
南部非洲	0.5801	0.0885	0.4916	0.2049	0.1399	0.6828
东部非洲	0.2151	0.0724	0.1427	0.1650	0.0601	0.3644
西部非洲	0.2574	0.0795	0.1779	0.1501	0.0569	0.3791
中部非洲	0.1929	0.0585	0.1344	0.1206	0.0554	0.4594

该报告中,北部非洲综合得分平均分为0.3428,高于整个非洲平均水平,是五大地区中平均分最高的地区。旅游竞争力综合得分由大到小的国家分别是埃及、摩洛哥、突尼斯和阿尔及利亚。埃及的旅游竞争力得分在北部非洲国家中最高,为0.4300,是北部非洲得分最低的阿尔及利亚的1.8倍。北部非洲旅游竞争力综合得分的全距0.1916,变异系数为0.2768,说明北部非洲地区旅游业发展整体水平较高而且比较均衡,旅游竞争力内部差异较小。

该报告中,南部非洲有11个国家,这些国家旅游竞争力综合得分平均分为0.2049,高于整个非洲的平均水平。旅游竞争力综合得分由大到小的国家分别是南非、毛里求斯、纳米比亚、博茨瓦纳、马达加斯加、赞比亚、津巴布韦、马拉维、莫桑比克、安哥拉、莱索托。南非的旅游竞争力综合得分在南部非洲国家中最高,为0.5801,是南部非洲得分最低国家莱索托的6.6倍。南部非洲旅游竞争力综合得分的全距为0.4916,变异系数为0.6828,说明南部非洲地区旅游竞争力内部差异较大。

该报告中,东部非洲有6个国家,这些国家旅游竞争力综合得分平均分为0.1650,低于整个非洲的平均水平。旅游竞争力综合得分由大到小的国家分别是坦桑尼亚、乌干达、肯尼亚、埃塞俄比亚、卢旺达、布隆迪。坦桑尼亚的旅游竞争力综合得分在东部非洲国家中最高,为0.2151,是东部非洲得分最低国家布隆迪的3倍。东部非洲旅游竞争力综合得分的全距0.1427,变异系数为0.3644,说明东部非洲地区旅游竞争力内部差异较小。

该报告中,西部非洲有11个国家,这些国家旅游竞争力综合得分平均分为0.1501,低于整个非洲的平均水平。佛得角的旅游竞争力综合得分在西部非洲国家中最高,为 0.2574,是西部非洲得分最低国家塞拉利昂的 3.6 倍。西部非洲旅游竞争力综合得分的全距为 0.1779,变异系数为 0.3791,说明西部非洲地区旅游竞争力内部差异较小。

该报告中,中部非洲有 4 个国家,这些国家旅游竞争力综合得分平均分为 0.1206,低于整个非洲的平均水平。加蓬的旅游竞争力综合得分在中部非洲国家中最高,为 0.1929,是中部非洲得分最低国家乍得的 3.3 倍。中部非洲旅游竞争力综合得分的全距为 0.1344,变异系数为 0.4594,说明中部非洲地区旅游竞争力内部差异较小。

综上所述,非洲旅游竞争力较强的国家主要集中在北部非洲和南部非洲,竞争力较弱的国家主要集中在东部非洲、西部非洲、中部非洲。南部非洲地区内部差异较大,其余地区内部差异较小。

(三)聚类分析

将非洲主要旅游国家的旅游竞争力综合得分(T)作为变量导入 SPSS 19.0 软件,运用 k 均值聚类法进行聚类分析,可将 36 个国家分成以下四类地区。

第 I 类($T>0.25$),旅游竞争力强的国家,综合得分的均值为 0.3620,包括南非、埃及、摩洛哥、毛里求斯、阿尔及利亚、佛得角、突尼斯等 7 个国家。其中,4 个国家位于北部非洲地区、2 个国家位于南部非洲地区、1 个国家位于西部非洲地区。该类国家大多旅游资源丰富,人文旅游资源尤为突出。这 7 个国家的世界文化遗产数占非洲总数的 45.7%,口述和非物质文化遗产数占非洲总数的 26%,大运动竞技场数占非洲总数的 43%,国际会议数高于非洲平均水平。在产业发展方面,该类国家产业发展位于非洲前列,7 个国家的旅游收入占非洲旅游收入总数的 69%,国际游客到达数占非洲总数的 65.9%,酒店客房数占非洲总数的 42.6%。这些国家的旅游基础设施建设较为完善,位于非洲前列。在社会经济方面,这 7 个国家经济发展水平远高于非洲平均水平,人均 GDP 平均值为 4835.57 美元;教育水平和医疗设施较好,中等教育入学率平均值为 89.1%。在生态环境方面,该类国家批准环境条约总数、获得安全用水率、污水处理率均高于非洲平均水平,但存在 PM2.5 颗粒物浓度高于非洲平均水平、森林覆盖率低于非洲平均水平等问题。

第 II 类($0.15<T\leqslant0.25$),旅游竞争力较强的国家,综合得分的均值为 0.1854,包括尼日利亚、坦桑尼亚、乌干达、纳米比亚、博茨瓦纳、肯尼亚、加蓬、埃塞俄比亚等 8 个国家。其中,4 个国家位于东部非洲地区、2 个国家位于南部

非洲地区、1个国家位于西部非洲地区、1个国家位于中部非洲地区。在旅游资源方面,该类国家大多旅游资源较丰富,这8个国家的世界自然遗产数占非洲总数的28.9%,世界文化遗产数占非洲总数的25.9%,口述和非物质文化遗产数占非洲总数的22%。在产业发展方面,这8个国家旅游收入占非洲总数的14.6%,国际游客到达数占非洲总数的14.3%,酒店客房数占非洲总数的18.7%。在基础设施方面,陆路交通较差,低于非洲平均水平,机场密度、通信及金融基础设施较好,高于非洲平均水平。在社会经济方面,该类国家经济发展水平较高,人均GDP平均值为3067.75美元;教育水平较差,低于非洲平均水平;医疗设施较好,但安全与健康水平较差,如尼日利亚恐怖主义发生率较高,博茨瓦纳成人艾滋病病毒流行率竟高达25.2%,纳米比亚每十万人中凶杀案件数量高达16.9件。在生态环境方面,保护区覆盖率较高,森林覆盖率和PM2.5颗粒物浓度处于中等水平。

第Ⅲ类(0.12<T≤0.15),旅游竞争力较弱的国家,综合得分的均值为0.1279,包括塞内加尔、加纳、马达加斯加、赞比亚、津巴布韦、冈比亚、科特迪瓦、马里、马拉维等9个国家。其中,5个国家位于西部非洲地区,4个国家位于南部非洲地区。在旅游资源方面,该类国家大多旅游资源较丰富,9个国家的世界自然遗产数占非洲总数的28.9%、世界文化遗产数占非洲总数的23.4%,口述和非物质文化遗产数占非洲总数的40%,但大运动竞技场数仅占非洲总数的15%,国际会议也较少。在产业发展方面,该类国家旅游产业发展水平较差,9个国家的旅游收入占非洲总数的8.7%,国际游客到达数占非洲总数的10.7%,酒店客房数占非洲总数的26.4%。在基础设施方面,总体基础设施状况较差,除了铁路密度高于非洲平均水平外,其余指标皆低于非洲平均水平。在社会经济方面,该类国家经济水平较差,人均GDP平均值为818.89美元;教育水平较差,低于非洲平均水平;医疗设施、安全与健康水平一般,成人艾滋病病毒流行率处于非洲中等位置,恐怖主义事件发生率、每十万人凶杀案件数量皆低于非洲平均水平。在生态环境方面,该类国家生态环境较好,森林覆盖率和保护区覆盖率高于非洲平均水平,PM2.5颗粒物浓度也较低。

第Ⅳ类(T≤0.12),旅游竞争力弱的国家,综合得分的均值为0.0970,包括喀麦隆、莫桑比克、安哥拉、刚果(金)、贝宁、卢旺达、几内亚、莱索托、布基纳法索、塞拉利昂、布隆迪、乍得等12个国家。其中,4个国家位于西部非洲地区、3个国家位于中部非洲地区,3个国家位于南部非洲地区、2个国家位于东部非洲地区。在旅游资源方面,这12个国家的世界自然遗产数占非洲总数的26.7%、世界文化遗产数占非洲总数的 4.9%,口述和非物质文化遗产数占非洲总数的 12%,大运动竞技场数量和国际会议数量较少。在产业发展方面,该类国家旅游产业发展水平较差,12 个国家旅游收入占非洲总数的 7.6%,国际游客到达数占非洲总数的 9.1%,酒店客房数占非洲总数的 12.2%。在基础设施方面,总体基础设施状况差,所有指标皆低于非洲平均水平。在社会经济方面,该类国家经济发展水平较差,人均 GDP 平均值为 991.88 美元;教育水平较差,低于非洲平均水平;医疗设施差,安全与健康水平低,恐怖主义事件发生率、每十万人凶杀案件数量皆高于非洲平均水平。在生态环境方面,该类国家生态环境较差,获得安全用水率和保护区覆盖率低于非洲平均水平,PM2.5 颗粒物浓度也较高。

五、结　语

通过以上分析,本研究得出以下结论。

第一,非洲国家旅游竞争力差异非常大,分布不平衡。非洲旅游竞争力较强的国家集中在北部和南部地区,旅游竞争力较弱的国家主要分布在东部、西部和中部地区。

第二,非洲旅游竞争力在地区内部也存在差异,南部非洲地区旅游竞争力内部差异较大,其余地区内部差异较小。

第三,根据非洲国家的旅游竞争力综合得分高低,可以将其划分为四类。其中,旅游竞争力强的国家,包括南非、埃及、摩洛哥等 7 个国家;旅游竞争力较强的国家,包括尼日利亚、坦桑尼亚、乌干达等 8 个国家;旅游竞争力较弱的国家,包括塞内加尔、加纳、马达加斯加等 9 个国家;旅游竞争力弱的国家,包括喀麦隆、莫桑比克、安哥拉等 12 个国家。

旅游竞争力评价是一个综合的、复杂的问题,是由旅游资源、经济、社会、政治、环境等诸多因素共同作用的结果。本文在前人研究的基础上,考虑到数据的可获得性,从旅游资源、产业发展、基础设施、社会经济、生态环境 5 个维度,选取了 34 个指标来构建非洲国家旅游竞争力评价指标体系,该指标体系仍有待进一步丰富和完善。由于非洲地域辽阔,各国家的旅游资源、经济基础和自然环境差异非常大,旅游资源竞争力的具体表现特征不尽相同,因此,非洲国家在发展旅游业的过程中,一定要深入调查研究,因地制宜,针对自身情况开发不同特色的旅游产品,不断提升旅游竞争力。

Research on the Comprehensive Evaluation and Spatial Differences of Tourism Competitiveness of African Countries

XIE Shouhong   WANG Qing   GAN Chen

Abstract：In the context of booming global tourism industry, Africa, with its rich tourism resources, rapid economic development and strong government support, has witnessed a trend of rapid development of tourism. Based on the construction of a comprehensive evaluation index system of the tourism competitiveness of African countries, the entropy weight method is used to evaluate the tourism competitiveness of 36 major African countries, and the overall characteristics and spatial differences are discussed and analyzed. The results show that there are significant regional differences in tourism competitiveness among African countries, and their development is unbalanced. Countries with strong tourism competitiveness are mainly from northern and southern Africa, while countries with weak tourism competitiveness are mainly from eastern, western and central Africa. The internal differences of tourism competitiveness in southern Africa are large, while those in other regions are small. According to the comprehensive evaluation scores, the tourism competitiveness of African countries can be classified into four categories：strong, slightly strong, slightly weak and weak.

Key words：tourism competitiveness；comprehensive evaluation；spatial difference；Africa

（编校:吴月芽）

第三篇

中非和安合作

中国参与联合国非洲维和
行动的特点与意义①

刘 云 崔 静

摘要：随着中国与非洲国家关系的进一步密切，以及中国对联合国维和行动认识的转变，中国积极参与了联合国非洲维和行动，为非洲国家的和平与稳定做出了重大贡献。参与非洲维和不但有利于世界和平，有利于非洲国家的稳定，而且对中国有着重大的政治、外交、经济、军事意义。

关键词：中国；联合国；非洲维和

作者简介：刘云（1966—　），男，甘肃酒泉人，浙江师范大学非洲研究院教授，史学博士。

崔静（1986—　），女，安徽宿州人，浙江师范大学非洲研究院硕士研究生。

参与非洲维和行动是中国参与联合国全球维和行动的一个重要组成部分，也是中非关系日益加强、中非建立全方位战略合作关系的一个方面。本文拟对中国参与联合国非洲维和行动的背景、特点与意义做一探讨。

一、中国参与联合国非洲维和行动的背景分析

中国参与联合国非洲维和行动的原因与背景，主要有两个方面：一是中国与非洲国家关系的日益密切，二是中国对联合国维和行动的认识与立场的转变。

（一）中非关系的日益密切

不断增加的贸易往来，不断加强的能源合作、文化交流、高层互访以及军事与安全领域的合作，表明近年来中国与非洲国家的关系日益密切。目前，将近

---

①　本文发表于 2011 年第 1 期。

2000 个中国公司在 49 个非洲国家经营,业务范围覆盖农业、渔业、纺织业、石油开采与冶炼等领域。为寻求经济与基础建设方面的合作,中国在非洲建立了 7 个贸易与投资中心。中国现在是世界第二大石油进口国,石油进口的 30% 来自非洲国家。① 包括胡锦涛在内的中国国家领导人近年来对非洲的访问越来越多,中国派往非洲联盟等非洲地区组织中的代表近年也呈不断增长之势。中国不断加大对非援助力度,向非洲国家提供了数十亿美元的无息或低息贷款。中非文化与教育方面的交流也在扩大,特别是中非高校之间的交流在不断加强,"文化交流对加强中国人民与非洲各国人民之间的心灵沟通、巩固和发展中非友谊起到了重要的促进作用"②。军事方面的合作也在增强,作为中非关系的重要组成部分,中非军事关系一直保持着友好、持续的发展态势。中国军队高度重视同非洲国家的军事关系,坚持在和平共处五项原则基础上发展不结盟、不对抗、不针对第三方的军事合作关系。中国与非洲国家军队的务实性交流不断增多,内容涉及院校教育、军事训练、通信、后勤、装备技术等多个领域。中国军队向非洲国家派遣的军事专家承担了院校教学、部队训练、装备维修、医疗卫生等任务,这些工作增进了中国与非洲国家人民和军队的友谊。中国还派出军事顾问到非洲国家,并帮助苏丹政府和其他国家政府建立了生产小型武器的兵工厂。

2006 年 11 月,中非合作论坛北京峰会召开,有 48 个非洲国家的首脑与会,中国国家主席胡锦涛代表中国政府宣布了支持非洲国家发展的八项举措。③ 八项举措的实施,推动了中非新型战略伙伴关系的发展,促进了中非在更大范围、更广领域、更高层次上的合作。到目前为止,胡锦涛主席提出的八项举措已全部完成。2009 年 11 月 8 日,中非合作论坛第四届部长级会议在埃及的沙姆沙伊赫开幕,国务院总理温家宝出席开幕式,并就全面推进中非合作提出了八项新举措。

中国以独立的外交政策发挥其在非洲的影响与作用。中国的无条件援助有利于非洲国家独立自主地选择适合自己国情的发展道路,也有利于非洲国家的政治稳定。面对非洲国家国内与国家间的冲突,中国政府历来主张尊重当事国的主权和领土完整,通过对话与协商方式解决问题,并充分发挥联合国在解

---

① 张抗. 2000 年以来中国原油进口来源构成分析. 当代石油石化,2009(6):17-21.

② 钟婷婷,王学军. 论中国对非洲的软实力外交. 浙江师范大学学报(社会科学版),2010,35(4):66-71.

③ 胡锦涛. 在中非合作论坛北京峰会开幕式上的讲话(2006 年 11 月 4 日)//新华月报社. 时政文献辑览(2006 年 3 月—2007 年 3 月). 北京:人民出版社,2007:984-986.

决冲突时的重要作用。中国希望与非洲国家建立新型战略合作伙伴关系,希望中非关系全面提升,希望非洲国家有一个和平与稳定的内外环境。2006 年 1 月 12 日,中国政府发表了《中国对非洲政策文件》,表示支持非洲联盟等地区组织及相关国家为解决地区冲突所做的积极努力,并承诺提供力所能及的援助,继续支持并参与联合国在非洲的维和行动,不断加大参与非洲维和行动的力度,从而为非洲地区的和平与稳定做出更大的贡献。

中国与绝大多数非洲国家保持着长期友好的关系,在非洲有着良好的声誉;同时,中国在国际事务中一贯尊重《联合国宪章》和国际法准则,具有公正的国际形象。中国参与联合国非洲维和行动受到了非洲国家的欢迎,非洲国家领导人在许多场合都表示希望中国加大在非洲维和的力度,2000 年和 2002 年两届中非合作论坛所通过的文件,同样表达了双方在解决非洲地区冲突问题上加强合作的意愿。

(二)中国对联合国维和行动认识与态度的转变

1971 年中国恢复在联合国的一切合法权利后,对联合国的运转机制与过程在客观上需要一个熟悉的过程,因此很少关注颇不熟悉的联合国维和工作。而从主观上来讲,当时中国对联合国维和政策持相当保留的立场。[①] 从 1971 年到 1988 年,中国没有参加任何维和行动。中国在 20 世纪 70 年代对联合国维持和平行动采取了不参与、不投票、不摊费的政策。

随着中国对外部世界的开放和外交政策的调整,20 世纪 80 年代以来,中国对联合国维和行动的认识有了重要改变。首先,中国认识到通过长期实践发展起来的维和行动,是在当前国际形势下维护国际和平与安全的重要手段,能起到和平解决争端和缓解紧张局势的作用,对势单力薄的发展中国家来说是一种有力的支撑。其次,根据 1948 年到 2000 年的统计,联合国 54 项维和行动涉及 52 个国家和地区,其中绝大部分系发展中国家,这些客观事实要求中国重新审视有关维和的政策和立场。再次,中国作为安理会常任理事国之一,对自身在国际体制内的定位有了新的评估,认为在维和方面,应从"不介入"到"全面参与",以推动国际政治、经济秩序朝公正、合理的方向发展,这也是在当前国际力量对比严重失衡的情况下唯一的现实选择。另外,作为联合国安理会常任理事国之一的中国,在其他国际组织里也具有非常重要的地位,掌握了一定的解决

---

① 钟龙彪,王俊. 中国对联合国维持和平行动的认知和参与. 当代中国史研究,2006(6):79-80.

国际问题的资源和手段，在一些国际和地区问题上有较大的决策参与权。经过 50 多年的发展，中国已经具备了一定的经济和军事实力，具备了加大参与联合国维和行动力度的实力。

由于认识上有了突破，中国对联合国维和行动的政策调整措施接踵而至，中国开始对联合国维和行动采取谨慎的积极态度。1988 年，中国参加了联合国大会维和特别委员会，这是中国参加联合国维和行动的开端。1988 年 12 月，安理会通过了向纳米比亚派遣联合国过渡时期协助团的决议。1989 年 5 月，中国派出观察组到纳米比亚观察其独立进程，并派出 20 名文职人员参加联合国驻纳米比亚过渡时期协助团，参与对纳米比亚制宪议会选举的监督工作。这表明中国已经正式开始参加联合国维和行动。1990 年，中国向中东地区派遣了军事观察员，这是中国首次向联合国维和行动派遣军事观察员。2001 年，中国参加了联合国维和待命机制。2002 年 1 月，中国正式参加联合国维和行动一级待命安排，并准备在适当时候向联合国维和行动提供工程、医疗、运输等后勤保障分队。截至 2009 年年底，中国先后参加了联合国 24 项维和行动，[①]累计派出维和军事人员 1.5 万人次。[②]

从 1988 年中国正式成为联合国维和行动特别委员会成员以来，中国不断派解放军参加联合国维和行动。中国参与维和的地区越来越多，从柬埔寨维和行动开始，辐射至中东、非洲等地区。中国不但向联合国提供军事观察员，还提供工程队、医疗队、警务人员、运输队等。中国还在江苏南京和河北廊坊建立了培训维和人员的常设基地。中国维和部队的高素质以及献身精神给联合国留下了深刻的印象，受到了国际社会的赞扬。

作为安理会常任理事国，中国随时准备派出大量人员参加联合国维和行动。中国已经永久性地随时准备为维和行动提供"一个联合国标准的工程队，一个联合国标准的医疗队，两个联合国标准的运输队"[③]，"中国从人员方面支持联合国维和行动的意愿表明中国是国际舞台上一个负责任的大国"[④]。中国十分重视联合国在维和领域的工作，为联合国的维和使命做出了贡献，在联合

---

① 联合国维持和平行动. （2010-10-12）[2010-10-20]. http://www.un.org/chinese/peace/peacekeeping.

② 周峰，等. 中国军队维和 20 载：超过 1.5 万人次中国军人参与.（2010-05-05）[2010-10-20]. http://www.chinanews.com.cn/gn/news/2010/05-05/2262966.shtml.

③ Blasko, D. J. *The Chinese Army Today*: *Tradition and Transformation for the 21st Century*. London: Routledge, 2006: 179.

④ Rogers, P. China and United Nations Peacekeeping Operations in Africa. *Naval War College Review*, 2007(Spring): 73.

国和整个国际社会都赢得了良好声誉。

二、中国参与联合国非洲维和行动的特点

(一)中国参与联合国非洲维和的历史与现状

非洲是联合国维和行动的重点区域,也是中国参与联合国维和的重点区域。[①] 中国参加联合国非洲维和行动的人数超过了中国参加世界其他地区维和行动的人数总和。到目前为止,中国参加联合国维和行动 24 次,其中参加非洲维和行动 13 次,这表明中国政府对非洲维和行动尤其重视。中国在联合国宣布,为应对正在发生的对安全和稳定方面的挑战,加强非洲地区的维和能力是中国的优先考虑。[②]《中国对非洲政策文件》指出:"支持非洲联盟等地区组织及相关国家为解决地区冲突所做的积极努力,并提供力所能及的援助。"文件特别提到,联合国维和行动是一种安全合作工具,中国将敦促联合国关注并帮助解决非洲的地区冲突,并继续支持和参与联合国在非洲的维和行动,且把它视为加强中国与非洲全方位合作的重要组成部分。[③]

1989 年中国派军事观察员参加联合国纳米比亚过渡时期协助团,此后,中国逐渐加大了参与非洲维和的力度,1993—1994 年参加过莫桑比克维和行动,1993—1997 年参加过利比里亚维和行动,2004 年参加过布隆迪维和行动,1998—1999 年和 1999—2005 年两次参加了塞拉利昂维和行动。[④] 2001 年以前,中国主要采取派出军事观察员的形式参加联合国维和行动,派出次数比较多,但规模并不大。

2003 年 4 月,中国向刚果(金)派出了一个 175 人的工兵连和一个 43 人的医疗分队,这是中国第一次派遣成建制部队执行联合国在非洲的维和使命。2004 年,中国向利比里亚分三批派出维和部队,共 558 名官兵,是中国参与联合国维和行动以来规模最大、人数最多的一次。2007 年 11 月 24 日,中国首批赴苏丹达尔富尔维和工兵先遣分队 135 名官兵抵达南达尔富尔州首府尼亚拉,成为联合国第一支进驻达尔富尔地区的维和部队。2008 年 7 月,中国派往达尔富尔地区的维和官兵 315 人全部到位。

① 赵磊. 中国参与联合国维和行动的类型及地域分析. 当代亚太,2009(2):55-72.
② 中华人民共和国外交部政策研究室. 中国外交. 北京:世界知识出版社,2005:422.
③ 中国对非洲政策文件. 人民日报,2006-01-13(3).
④ UN DPKO. Past Operations. (2010-10-16)[2010-10-20]. http://www.un.org/en/peacekeeping/pastops.shtml.

截至 2008 年 7 月，中国已累计向 13 个联合国非洲任务区派出维和军事人员 4600 多人，有 3 名士兵为非洲的和平献出了宝贵的生命。目前，仍有 1648 名中国维和人员在西撒哈拉、刚果（金）、科特迪瓦、利比里亚、苏丹南部、苏丹达尔富尔地区等多个联合国非洲任务区执行任务。[①] 中国参加非洲维和行动，为维护非洲地区的和平与稳定发挥了积极作用。

（二）中国参与联合国非洲维和行动的特点

同美国等参与联合国维和行动的西方国家相比，中国参与联合国非洲维和行动具有以下特点。

第一，中国派往非洲的维和人员以军事观察员、工兵和后勤部队为主，没有派出过作战部队。2001 年以前，中国参与联合国维和行动的人员基本上都是军事观察员。例如，1989 年中国向纳米比亚观察团派出军事观察员 7 人；1991 年 4 月 29 日，安理会决定设立西撒哈拉全民投票特派团（西撒特派团），中国派出了 14 名军事观察员；联合国从 1999 年开始在塞拉利昂部署维和部队，中国派出军事观察员参加了这次维和任务。中国积极派遣军事观察员参与维和的原因主要在于：（1）军事观察员是联合国维和行动的主体力量（指维和行动的参与率，而非派遣人数）；（2）军事观察员与其他维和人员相比，伤亡比例最小；（3）军事观察员能够较快适应维和区域的恶劣环境。[②]

2001 年以后，除继续派军事观察员之外，中国开始派遣成建制部队参加非洲维和，以派遣工程兵和医疗队为特色。2005 年，济南军区向苏丹南部维和区派出了 275 人组成的工程分队、100 人组成的运输分队、60 人组成的医疗分队。他们的主要任务是修建道路、桥梁和机场，保证供水供电，进行饮用水和人员运输。中国政府派遣到达尔富尔地区的工兵分队同样承担了为其他维和人员修筑营房和公路等后勤任务。

承担这些协调性、服务性事务的最大优点在于不易使中国维和人员卷入已经发生或潜在的武装冲突。客观地说，中国真正参与维和的时间较短，维和经

---

① 中国参加且已经完成的非洲维和行动有：1989—1990 年纳米比亚维和行动、1993—1994 年莫桑比克维和行动、1993—1997 年联合国利比里亚观察团、2004 年联合国布隆迪行动、1998—1999 年联合国塞拉利昂观察团、1999—2005 年联合国塞拉利昂特派团、2000 年 7 月—2008 年 7 月联合国埃塞俄比亚和厄立特里亚特派团。中国目前正在参加的联合国维和行动有：联合国西撒哈拉特派团、联合国利比里亚特派团、联合国刚果民主共和国特派团、联合国科特迪瓦行动、联合国苏丹特派团、非洲联盟/联合国达尔富尔混合行动。

② 赵磊. 中国参与联合国维和行动的类型及地域分析. 当代亚太，2009（2）：55-72.

验、经费支持和人员培训也十分有限,因此由承担服务性事务转变为在维和主体事务中发挥重要作用,需要中国政府和人民在心态上逐渐适应,这也是中国维和能力逐渐增强的过程。①

第二,中国参与非洲维和的力度越来越大,参与人数越来越多。20 世纪 90 年代,中国虽然多次参加联合国维和行动,但每次派出的人员都以军事观察员为主,有时也派出军事参谋,每次派出人数都在 10 人以下。进入 21 世纪以后,随着中非全面战略合作伙伴关系的发展,中国日益关注非洲国家的和平与稳定,在军事与安全领域和非洲国家展开了全面而深入的合作。2000 年联合国召开千年首脑会议,各国首脑们要求联合国加强维和力度。中国为响应联合国的号召,派遣成建制非作战部队参加维和行动,并且规模越来越大。迄今,中国是联合国安理会常任理事国中派出维和部队最多的国家之一,仅次于法国。同时,中国对联合国维和行动的资金支持逐渐增多,对维和人员的培训投入也逐渐加大。②

第三,中国维和人员的高素质与敬业精神受到了国际社会的广泛赞扬。中国维和人员在多种气候恶劣、政治环境险要的条件下,显示出了奋斗精神、牺牲精神(有的军官还献出了宝贵的生命)、与当地民众和睦相处的人道主义情怀以及同友邻部队的合作精神,中国维和医疗分队为联合国广大维和官兵和工作人员提供了优良的医疗服务保障,所有这些都赢得了联合国维和部队和国际社会的赞扬。所有中国维和部队都获得了联合国授予的集体贡献奖,个人获奖人数的比例也大大超过其他国家的维和部队,这表明中国维和人员的工作成绩得到了联合国的充分肯定。

联合国在安排维和部队的岗位和职位时,比较注重语言的熟练程度,英语熟练的人会被安排较为关键的工作,例如观察点的分队司令官、副司令、军事行动指挥官、联络指挥官等。参加维和的中国军人大多数英语流利,执行任务基本没有语言障碍,因此中国军事观察员在每个观察点都会被任命担任这类指挥官。另外,与其他国家的维和人员相比,中国军官精通战术,掌握维和需要的各种技能,如驾驶、情报搜集、通信、基本的军事知识等。虽然每个人的技能熟练程度与侧重点不同,但大多数军官都有很强的技能。

---

①　赵磊. 中国参与联合国维和行动的类型及地域分析. 当代亚太,2009(2):55-72.

②　张慧玉. 中国对联合国维和行动的贡献. 武警学院学报,2004(5):30-32.

三、中国参与联合国非洲维和行动的战略意义

（一）加强了中国作为负责任的大国在国际社会的地位和形象，扩大了中国的全球影响

中国是安理会常任理事国之一，享有联合国和安理会所赋予的法律上不可剥夺的权利，因此理所当然地要承担起应该承担的责任和义务。与非洲国家的友好关系是中国的国际政治资源，以审慎的姿态参与非洲维和并以积极姿态倡导维和，有助于展示中国的大国风范和负责任的形象，改变人们长期形成的中国在安理会的被动与不甚积极的印象，这也与非洲国家对中国和平发展和崛起的心理认同与适应过程相吻合。随着中国综合国力的增强，国际社会要求中国承担更多国际责任的呼声也日渐高涨，加大在非洲维和的规模和力度，是对国际社会这种要求的有力回应。同时，以维和的形式参与非洲的冲突解决，也能向世界展示中国和平发展的发展模式，回击某些西方国家渲染的所谓"中国威胁论"。[1] 通过在非洲的维和行动，中国向国际社会展示着作为维护世界和平的一支主要力量的良好形象。

（二）有助于加强中国与非洲国家的政治、经济、军事、文化交往，推动中国对非洲外交战略的顺利实施

参加联合国非洲维和行动可以被看成是一种国际安全方面的合作。中国支持和参与联合国非洲维和行动，扩大了对非洲国家的积极影响，促使广大非洲国家尊重"一个中国"的原则，在国际论坛上积极支持中国的立场。

由于非洲在中国外交战略中意义重大，随着中国与非洲国家政治、经济、军事、文化、教育联系的日益密切，中国应该将参与非洲维和行动看成是一种在世界范围内进行安全合作的机制，要在更大程度上积极参与，从而为非洲的和平与安全做出自己的贡献，为非洲国家与人民的福祉做出贡献，同时，这也符合我国的经济与政治利益。可以说，参与非洲维和行动对中国与非洲国家来说是一种双赢。当然，参与联合国非洲维和行动也可能会带来一些负面影响，例如，"中国威胁论"的制造者可能会利用它来攻击中国，正如中国对非洲国家的无条件援助遭到了国际范围内的一些指责一样。因此，中国应该在国际范围内加大

---

① Eisenman, J. & Kurlantzick, J. China's Africa Strategy. *Current History*, 2006 (May): 219-224.

对中国参与联合国维和行动的正面宣传。

中国正在加强与联合国非洲维和行动所在国的关系,这完全符合中国的对非战略。非洲国家的安全与稳定不但有利于非洲人民的福祉、有利于非洲国家的发展,同时也与中国的利益息息相关。一个战火纷飞的非洲显然对中国与非洲国家的和平交往非常不利。

(三)维护中国在非洲的经济利益

随着中国经济的快速发展、对非贸易量的急剧增加、中国在非洲国家投资的日益增加,以及个人或团体出国访问非洲频率的大幅提高,如何维护中国在非洲的利益日渐成为人们关注的重心之一。非洲国家的和平与稳定显然符合中国在非洲的经济利益。在非洲国家自身维和能力不足和西方大国的参与有限的情况下,中国大力参与非洲维和必将为非洲大陆的冲突解决提供新的动力。在联合国维和部队的帮助下,塞拉利昂、刚果(金)、利比里亚等非洲国家都实现了和平。加大参与非洲冲突解决的力度,不仅是对中非传统领域合作的加强和扩展,也有利于中非全面友好关系的进一步巩固和发展。积极参加非洲维和行动,有利于中国参与非洲冲突国家的战后经济重建,为扩大与非洲国家的经贸合作打下坚实基础。扩大对非洲国家的影响也有利于中国的能源建设、国际贸易,有利于提高中国的国际地位,有助于保护中国在非洲的经济利益。通过参加联合国非洲维和行动,中国与非洲国家的双赢关系正在不断加强。

(四)维护联合国地位

联合国维和行动在世界范围内维持和平与建设和平的作用虽然得到了世界公认,但维和行动面临着巨大的挑战。首先,冷战后世界各地热点不断、战乱频仍,对维和的需求日益增加,使得联合国和整个国际社会都难以应对。其次,当前维和行动的职能范畴陡增,而当前相对脆弱的维和机制与能力,令联合国显得力不从心,从协助裁减军备、军人复员到组织和监督选举,从进行排雷到参与行政管理,都需要大量的人力、物力和财力。再次,虽然联合国已确立待命安排,但仍尚未形成专职维和部队。由于欠薪和安全等问题,各国在提供兵源时顾虑重重。如,当美国从索马里撤兵,仍需大量维和人员时,无一国愿意派兵。[①]最后,从联合国维和实践来看,维和行动的实施必须得到大国的支持,冷战后维

① Swigert, J. Challenges of Peacekeeping in Africa. *The DISAM Journal*, 2004—2005(Winter): 37-39.

和行动得以蓬勃发展,其直接动因正是来自大国的支持。但大国强权也给维和行动带来了重大挑战。目前新干涉主义已成为美国等西方国家的一种安全战略取向,利用维和行动成为重要手段之一。① 中国通过维和行动深入非洲内陆,对于提高中国在多边领域的影响力、遏制单边主义、促进世界多元化具有非常重要的意义。②

确保联合国在国际舞台上不可动摇的地位是中国长期的战略利益所在。加强联合国在维和体系中的枢纽作用,符合绝大多数非洲国家的利益。中国加大对联合国维和行动的参与,明显减少了联合国和其他国家在维和方面的压力,中国的立场与行为必定会从总体上更加推动联合国维和事业向前发展,从而维护和提高联合国在国际舞台上的作用与地位。

(五)参加非洲维和行动,对中国具有重要的军事意义

自主而又积极地参加维和行动,可以不断提高中国军队与其他国家协同行动的能力,丰富中国军队在新军事技术条件下的实战经验,有利于更好地创新军事理论。

中国参加联合国非洲维和行动使中国军队有了难得的从实战中学习和熟悉联合国维和行动的机会。在西撒维和行动中,所有维和人员都驾驶吉普车穿越了数千公里的沙漠,与当地贝都因人接触,学会了在恶劣的环境和极端的沙漠天气情况下生存与执行任务。这对中国军队以后在恶劣环境与气候状态下执行任务具有非常重要的意义。另外,参与非洲维和行动也是中国军队走向世界的重要平台和途径,既检验了军队的训练水平、装备水平和迅速反应能力,又检验了与其他国家军队的协调、合作能力。维和给了中国军队看世界的机会,也给世界提供了了解中国军队的机会。③ 总之,参与非洲维和行动,有利于中国军队进一步积累维和经验,以应对将来周边国家和世界其他地区可能出现的冲突和动荡局面,同时也在维和行动中不断加强军队建设,有利于中国军队军事素质的不断提高。

---

① 周琦. 新维和观与中国国家利益. 求索,2005(3):57-60.
② 肖兰兰,等. 中国参与非洲维和行动的国际战略利益分析. 哈尔滨学院学报,2007(10):24-28.
③ 肖兰兰,等. 中国参与非洲维和行动的国际战略利益分析. 哈尔滨学院学报,2007(10):24-28.

China's Participation in UN Peacekeeping Operations in Africa: Characteristics and Significance

LIU Yun　CUI Jing

Abstract:With closer relations between China and African countries and the change of China's understanding of UN peacekeeping operations, China is taking an active part in UN peacekeeping operations in Africa, making a great contribution to the peace and stability of African countries. Participation in UN peacekeeping in Africa not only is conducive to world peace and the stability of African countries, but also has a major political, diplomatic, economic, and military significance to China.

Keywords:China; United Nations; peacekeeping in Africa

（编校：吴月芽）

中非经贸投资争议仲裁地的选择[①]

——兼论非洲仲裁环境的改善

吴 卡 刘 益

摘要：仲裁地对国际商事仲裁、仲裁地所在国和争端当事方都具有重要意义。在中非经贸投资争议中，选择中国内地、非洲国家、中国香港特区或新加坡，以及传统发达国家作为仲裁地各有利弊。在实践中双方可以根据实际需要考虑效率、公正和其他一些实际因素进行选择，双方应尽可能选择中国内地或非洲国家作为仲裁地，尤其要选择有中非仲裁员的仲裁机构进行仲裁。目前，非洲的整体仲裁环境正在改善，但要成为更具吸引力和竞争力的仲裁地，非洲可以从政策支持、仲裁法修订、仲裁效率提高和加强地区性仲裁机构作用等方面加以改善。

关键词：国际商事仲裁；仲裁地；仲裁员；中非经贸投资争议

作者简介：吴卡(1974—)，男，浙江金华人，浙江师范大学法政学院副教授，武汉大学国际法研究所博士研究生。

刘益(1988—)，女，云南昭通人，浙江师范大学法政学院硕士研究生。

近年来，中非经贸投资关系发展迅速。据统计，2011 年中非贸易额已经突破 1600 亿美元；截至 2012 年 4 月，中国对非洲直接投资存量已达到 153 亿美元；目前，"将近 2000 个中国公司在 49 个非洲国家经营，业务范围覆盖农业、渔业、纺织业、石油开采与冶炼等领域"。[②] 与此同时，中非贸易投资争议也不断产生，虽然争议涉及国家不多、金额较少，但案件数量较多，且在领域方面有扩大之势。[③] 如何解决这些争议已成为中非之间的一个重大现实问题。在各种争议

---

① 本文发表于 2013 年第 1 期。

② 刘云，崔静. 中国参与联合国非洲维和行动的特点与意义. 浙江师范大学学报(社会科学版)，2011,36(1):7-13.

③ 宋志勇. 试析中非贸易摩擦. 西亚非洲,2006(8):40-45.

解决方式中,仲裁因其中立、灵活、经济和快速等优点,越来越受到包括中国企业在内的世界各国企业的青睐,而且"(目前)全球经济下滑加速了利用国际仲裁的上升趋势,这是因为根据《纽约公约》,与国内法院诉讼相比,仲裁裁决的可执行性是一个主要优势"①。基于这些优点,仲裁已成为解决中非经贸投资纠纷的首选方式。

在国际商事仲裁中,仲裁地的选择是一个值得重视的问题,因为它无论是对国际商事仲裁自身,还是对仲裁地所在国以及争议当事方都具有重要意义。采用仲裁方式解决中非经贸投资争议,面临选择或确定仲裁地的问题。本文拟以这一问题作为论述的主题,首先介绍仲裁地的重要性,其次简要剖析选择仲裁地的一般考虑因素,然后从中国企业的视角,比较分析中非经贸投资争议中选择各具体仲裁地的利弊,最后对非洲国家如何成为更具竞争力的仲裁地提出一些建议。

一、仲裁地的重要性

仲裁地,是指当事人在仲裁协议中约定的仲裁地点,或者由仲裁机构或仲裁庭根据仲裁规则确定的仲裁地点,它是进行仲裁程序和做出仲裁裁决的所在地。② 在国际商事仲裁实践中,大多数的常设仲裁机构并不禁止当事人选择其机构所在地以外的地方作为仲裁地点。如果当事人未约定仲裁地,那么仲裁机构所在地通常就是仲裁地。仲裁地对国际商事仲裁自身、仲裁地所在国和争议当事方都具有重要意义,因此在签订国际商事仲裁协议时,对仲裁地的选择应当特别予以注意。

(一)仲裁地对国际商事仲裁的重要性

仲裁地对国际商事仲裁自身具有重要意义,"这主要是因为它与仲裁所使用的程序法以及按哪一国的冲突规则来确定合同的实体法都有密切关系,并且它还关系到仲裁协议有效性的认定和仲裁裁决的国籍的认定,并影响到裁决能否得到承认和执行"③。具体来说,首先,在确定国际商事仲裁协议的准据法时,除当事人另有约定外,一般都以仲裁地国家的法律作为其准据法。其次,关于

---

① Wells, A. Dispute Resolution: Mediation and Arbitration. *Business Law Review*, 2011(32): 61-62.

② 仲裁地与开庭地或听审地不同。在仲裁实践中,仲裁地对一个案件的审理可能要开庭或听审多次,这可能分别在不同的国家或地区进行,但在法律上仲裁地只有一个。

③ 李双元. 国际私法. 北京:北京大学出版社,2011:446.

国际商事仲裁中仲裁程序的法律适用，如果当事人没有明确约定仲裁程序法，一般适用仲裁地国家的法律。即使当事人选择了仲裁程序法，审理其案件的仲裁程序也不能违反仲裁地国家程序法中的强制性规定。再次，关于国际商事仲裁中实体问题的法律适用，如果当事人对解决争议所适用的实体规则没有做出明确选择，仲裁庭一般会根据国际惯例，按仲裁地国家国际司法规则中的冲突规范确定所应适用的实体法，或直接适用仲裁地国家的实体法。最后，仲裁地点在很大程度上决定了国际商事仲裁裁决的国籍。在仲裁地国家做出的裁决如在该国以外的国家申请承认和执行，就会产生外国仲裁裁决的承认与执行问题。[①]

（二）仲裁地对其所在国的重要性

仲裁地对其所在国也具有重要意义。一个经常被选择成为国际商事仲裁地的国家，往往被认为是一个仲裁法制健全、仲裁机构发达和仲裁环境有利的国家，这不仅有助于提升仲裁地所在国的国际形象，而且也能带来一些实际利益，如吸引外国投资和促进法律从业者的就业等。

（三）仲裁地对争议当事方的重要性

仲裁地的法律是确认争端当事方之间的仲裁协议是否有效的最常适用的法律，特别是在当事人没有选择应适用的法律的情况下，而且仲裁地法院对仲裁裁决的监督直接关系到仲裁裁决的执行。此外，仲裁地对争端当事方的仲裁费用和时间等方面也有重要影响。

二、仲裁地选择的一般考虑因素

（一）公正因素

公正因素主要表现在仲裁地所在国仲裁法的完善和仲裁地所在国法院对仲裁的支持程度等方面。现代仲裁法一般都承认仲裁协议具有排除法院司法管辖的效力。如果当事人已就特定争议事项订有仲裁协议，但一方当事人不履行该仲裁协议，在法院提起诉讼，只要法院认定存在仲裁协议，并且争议属于仲裁协议约定的仲裁事项，法院就应中止就该争议提起的司法诉讼，以便让当事

[①] 宋连斌. 仲裁法. 武汉：武汉大学出版社，2010：112.

人按照仲裁协议将争议提交仲裁。如果相关国家仲裁法没有规定法院的这一强制性义务,法院对仲裁干预过大,那么该国就很可能被认为仲裁法制不完善,仲裁机构的独立性、中立性程度不高,该国不利于仲裁的进行。

(二)效率因素

效率因素主要包括仲裁耗费的时间、费用以及仲裁裁决的可执行性等方面。仲裁通常被认为是一种比诉讼更加快速和省钱的争议解决方式,但不同国家或地区的仲裁庭或仲裁机构在仲裁耗费的时间和费用上有不同的规定,这往往成为选择仲裁地的重要考虑因素。由于在西方国家进行诉讼或仲裁需要支付高昂的费用,所以发展中国家的争端当事方往往更愿意选择离家更近的地方进行仲裁以节省费用。此外,仲裁裁决的可执行性也是选择仲裁地的重要因素。如果仲裁地所在国不是1958年《纽约公约》的当事国,那么该国就可能会被认为是不能保证仲裁裁决和仲裁协议执行的国家。

(三)其他因素

除了公正、效率两大因素,仲裁地的选择还涉及其他一些考虑,如争端当事方对仲裁地语言和文化是否熟悉,仲裁员是否愿意到该地仲裁等。[①] 此外,还须考虑是否有合适的庭审室,是否有当事人及其顾问和证人居住的合适宾馆,是否有良好的交通设施(坐火车还是飞机)、良好的通信方式(电话、电子邮件和传真)以及诸如记录员、译员和其他支持设施,等等。[②]

三、中非经贸投资争议各仲裁地选择的利弊比较

根据上述仲裁地选择的考虑因素,在选择中非经贸投资争议仲裁地时,可以发现选择在中国内地、非洲国家、中国香港特区或新加坡,以及传统发达国家仲裁各有利弊。

(一)中国内地

对中国企业而言,中国内地基本上是最理想的仲裁地,这除了中国内地仲

---

① Friedland, P. & Yan, B. Negotiating and Drafting Arbitration Agreements with Chinese Parties. *Journal of International Arbitration*, 2011(28): 467-484.

② 雷德芬,亨特. 国际商事仲裁法律与实践. 林一飞,宋连斌,译. 北京:北京大学出版社,2005: 290-291.

裁机构的日益发达、仲裁立法的逐渐完善和法院有利仲裁的倾向不断增强等原因外，熟悉语言和文化、仲裁费用较低、参与仲裁方便等也是很重要的因素。但在中国内地仲裁，非方可能会因参与仲裁不方便、费用较高、语言和文化不熟悉等原因有所顾虑。而且，在中国内地做出的仲裁裁决在执行上也可能存在问题，因为如果中方在仲裁中获胜，很可能需要到非方所在国或作为财产所在地的非洲国家申请执行，中方对被申请执行地的法律文化可能不了解，该非洲国家可能不是《纽约公约》缔约国，不一定会承认与执行这一裁决。①

(二)非洲国家

将争议发生地的非洲国家作为仲裁地，对非方无疑具有参与便利、费用低、熟悉语言与文化、在当地更易得到承认与执行等优点，因而应是其首选；但对中方而言，选择非洲作为仲裁地则存在当地仲裁法制不完善、当地法院可能对仲裁进行干预、仲裁裁决可能无法在国外得到承认与执行等顾虑。鉴于这些顾虑，中方可能不愿选择非洲国家作为仲裁地。反之，如果中方对非洲国家的仲裁环境有信心(正如下文所要阐述的，非洲的仲裁环境正在不断改善)，认为非洲国家仲裁机构的效率、公正性及裁决的执行力等方面值得信赖，则也可以选择在非洲国家仲裁，因为在非洲国家仲裁，对在非洲的中国企业而言，也存在费用较低、参与便利、执行有保障等有利条件。而且，如果非洲国家仲裁机构的仲裁员名册中有中国的仲裁员，例如中国已经和尼日利亚、毛里求斯等国家的仲裁机构达成协议，在这些国家的仲裁机构中加入中国仲裁员，那么当发生经贸投资争议时，由于信任感的增强，中非双方可以优先选择在这些非洲国家仲裁。

(三)中国香港特区或新加坡

如果不能在中国内地仲裁，或者企业对在非洲国家仲裁有顾虑，那么将中国香港特区或新加坡作为解决中非经贸投资争议的仲裁地，也不失为一个比较好的选择。这既有中国香港特区和新加坡作为相对中立方的有利地位，又有中国香港特区和新加坡作为大中华文化圈重要成员带来的天然亲近感等因素，还有在这两地做出的仲裁裁决较之中国内地做出的裁决更易得到非洲国家的承认与执行等考虑。当然对非方而言，虽然这两地有一定的吸引力，但实际上仍

---

① 截至 2012 年 9 月 9 日，非洲 54 个国家中，只有 30 个国家是《纽约公约》的成员国。参见：Commercial Arbitration and Mediation. (2012-08-01) [2012-09-09]. http://treaties. un. org/Pages/ViewDetails. aspx? src＝TREATY&mtdsg_no＝XXII-1&chapter＝22&lang＝en.

然存在参与仲裁不方便、语言和文化不熟悉等不利因素，而且在这两地仲裁，其费用要比在中国内地或非洲仲裁更高。

（四）传统发达国家

传统发达国家，特别是英国、法国、瑞士和美国，是国际经贸争议的传统仲裁地。这些国家或地区素因仲裁法制完善、仲裁机构发达、中立程度高和仲裁裁决较易得到承认与执行，而在国际商事仲裁界享有盛誉。但将传统发达国家作为仲裁地，对中非双方来说最大的问题就是费用太高、参与仲裁不方便等。

基于上述分析，对中非双方而言，选择中国内地、非洲国家、中国香港特区或新加坡，以及传统发达国家作为中非经贸投资争议仲裁地都存在一定的利弊。在实践中双方可以根据实际需要，考虑效率和公正以及费用、便利性等实际因素进行选择。笔者认为，鉴于高昂的仲裁费用和参与仲裁不便等实际考虑，中非经贸投资争议最好不要到传统发达国家仲裁，而是应尽可能选择在中国内地或非洲国家仲裁，而且最好选择有中非仲裁员的仲裁机构，如尼日利亚和毛里求斯的仲裁机构。如果双方对此不能达成协议，那么将中国香港特区或新加坡作为仲裁地也是一个比较好的选择。

四、促使非洲国家成为更具吸引力仲裁地的对策建议

一直以来，非洲国家都不被国际社会看作理想的仲裁地，在国际商会仲裁院关于世界范围内最经常被选择的仲裁地的 2009 年统计报告中，包括南非在内的非洲国家无一入选。由于非洲国家不被认为是理想的仲裁地，它们在吸引国际贸易和投资方面就处于不利地位。

然而，非洲的仲裁环境正在改善。最近的一项调查表明，受《联合国国际贸易法委员会国际商事仲裁示范法》（简称《UNCITRAL 示范法》）的影响，撒哈拉以南许多非洲国家都更新了仲裁法，这些仲裁法中规定了关于仲裁裁决的一些国际公认的仲裁原则，如意思自治原则、正当程序原则等。一些非洲国家，如卢旺达、尼日利亚和毛里求斯等，已经意识到主办国际仲裁的好处，开始采取一些有利于仲裁的措施：卢旺达在 2008 年 10 月加入《纽约公约》之后，就着手进行立法以建立一个位于首都基加利的地区仲裁中心；尼日利亚于 2009 年制定了两部新仲裁法，力图使其首都阿布贾成为西非地区的仲裁中心；2009 年，毛里求斯在《UNCITRAL 示范法》的基础上，制定了《国际仲裁法》。有学者指出："毛里求斯的中立性及其所处的战略地理位置，使其有可能成为一个地区仲裁中

心,尤其是对在印度投资产生的争议,以及因中国对非洲在矿产和能源部门投资而产生的争议。"①

非洲仲裁环境改善的另一个显著方面是建立了一些致力于通过仲裁解决商事争议的地区仲裁中心。例如,亚非法律咨询委员会(AALCC)设立了拉各斯国际商事仲裁地区中心(LRCICA)、开罗国际商事仲裁地区中心(CRCICA)和吉隆坡国际商事仲裁中心(KLRCA)。建立这些机构的主要目的是"为通过仲裁解决国际商事争议提供一项机制",即为商事关系中的当事方提供高效、快速、公平和相对便宜的争端解决机制,以尽量减少将相关争端诉诸亚非之外的机构解决,避免不必要的困难和不便。这些机构承担的职能比较广泛,主要有:(1)提供国际商事仲裁服务;(2)促进国际商事仲裁在地区内的发展;(3)协调和帮助现有的尤其是地区内的仲裁机构的活动;(4)帮助仲裁裁决的执行等。值得一提的还有 2009 年建立的非洲 ADR。这是一个独立的、非营利的为解决区域或国际争端提供广泛、全面服务的争端解决管理机构,它由参与的非洲仲裁机构、企业和法律界合作建立,旨在便利非洲国家和投资者建立贸易和商业关系,为解决国际商业争端提供一种现代、快速、便宜和友好的方式。"该机构的建立,使得非洲企业不必到欧洲或美国寻求通过仲裁解决争议,包括在非洲产生的争议。"②南部非洲仲裁基金会主席迈克尔·库帕指出:"非洲 ADR 将成为在非洲的投资者之间、在非洲的贸易者之间、非洲内外的商业团体之间和国际社会之间的仲裁联系,将为非洲培育替代性争端解决文化,加快国际贸易和商业的发展,为非洲发出真正的仲裁声音。"③但是必须指出的是,虽然非洲的仲裁环境有了较大改善,但要想成为对包括中国企业在内的各国贸易伙伴更有吸引力的仲裁地,非洲还必须在政策支持、仲裁法修订、仲裁效率提高和地区性仲裁机构作用发挥等方面做进一步努力。

(一)充分认识仲裁的重要性,为仲裁提供更多政策性支持

国际贸易和投资的当事方之所以更喜欢仲裁这一争端解决方式,是因为仲裁比国内法院诉讼更灵活、经济和快速,其裁决也更易得到承认与执行。基于

---

① Ross, A. PCA to Appoint Representative in Mauritius. *Global Arbitration Review*, 2009(3): 19-20.

② Ross, A. African Group Launches Regional Institution. *Global Arbitration Review*, 2009(5): 36-38.

③ An Authentic Arbitral Voice for Africa. (2012-09-08)[2012-09-20]. http://www.africaadr.com/index.php?a=r/home/1.

此,处于经贸投资全球网络中的非洲国家也应当认识到,无论其愿意与否,仲裁是一种必须具有的争端解决方式,是其吸引外资和技术、进行国际经贸合作的必要条件。

为此,非洲国家应当为仲裁提供更多政策性支持,营造有利仲裁的国内和地区环境。其一,可以要求争端当事方在协议或合同中订立仲裁条款,将仲裁作为解决争端的一种主要方式;其二,加大对仲裁法、仲裁机构和仲裁活动的宣传,积极引导和推动外国企业在非洲就近仲裁;其三,培养和训练仲裁员,改变在重大国际仲裁中来自非洲的仲裁员很少、传统发达国家仲裁员占优势的局面;其四,批准《纽约公约》,并通过国内立法实施该公约。"如果有更多非洲国家批准《纽约公约》并且在必要的情况下通过国内立法来实施该公约,那么就会让仲裁在该大陆变得更充分、有效、引人注目。这样,非洲国家的法院就能执行一项有效的仲裁协议而终止法院的诉讼程序。"①

(二)引进现代仲裁规则,修订仲裁法

受《UNCITRAL 示范法》的影响,许多非洲国家修订了仲裁法,以使其与现代仲裁规则的发展相一致。这一举措提升了这些国家的国际形象,改善了其仲裁环境。但有些非洲国家,由于各种原因,仲裁法还没有得到修订,如南非。南非现行的仲裁法是 1965 年的仲裁法,该法是在《英国仲裁法》的基础上制定的,但英国已于 1996 年做了全面修订,而《南非仲裁法》则一直沿用至今。该法至少在以下两个方面广受诟病。

其一,根据该法,南非法院在决定是否中止诉讼以将案件交由仲裁解决方面享有很大的自由裁量权,只要法院认为存在"充足理由"就可以反对将该争端交由仲裁。这意味着,在一方当事人试图将争端诉至法院以避免仲裁的情况下,只要法院认为该方提供了"充足"的理由,就可以拒绝将该争端交由仲裁解决。

其二,根据该法,南非法院在决定是否强制具有有效仲裁协议的当事方进行仲裁上也有很大的裁量权,法院可以根据一方当事人出示的"好的理由"宣告这一仲裁协议无效。根据这一规定,当一方当事人为了避免进行仲裁而反对法院中止诉讼,其就可以不顾仲裁协议的有效性而以存在所谓的"好的理由"向法院申请宣告协议无效。

---

① Asouzu, A. A. 非洲国家与仲裁裁决的执行:几个重要问题. 朱伟东,译//中国国际经济贸易仲裁委员会.《纽约公约》与国际商事仲裁的司法实践. 北京:法律出版社,2010:247.

从上述规定来看,南非仲裁法实际上允许争端当事方通过滥用诉讼手段以达到拖延解决的目的,容忍法院对仲裁的过度干预。[①] 南非法律委员会已经意识到南非仲裁法的上述不足及其带来的不良后果,为此提出了一个修订草案,该草案基本上采用了《UNCITRAL 示范法》,只做了"最小限度的修改"。该委员会提出了这样做的两个理由:(1)《UNCITRAL 示范法》的首要目的是促进有关国际仲裁程序的国内法的协调和统一;(2)这样做可以使南非法律更好用,对外国当事方更有吸引力。[②] 然而遗憾的是,由于各种原因,该草案在南非还没有被采纳。

(三)减少司法干预,提高仲裁效率

仲裁程序的正常进行,离不开仲裁地法院的支持;仲裁裁决的承认与执行,也少不了仲裁地法院对其效力的确认。因此,仲裁地法院对仲裁的干预是必需的。但这种干预应当是适度的,否则就不利于仲裁的进行和仲裁的发展。要减少法院对仲裁的干预,一个必要的措施是提高法院的独立性。发展中国家作为仲裁地缺乏吸引力的一个重要原因,就是它们的法院被认为缺乏独立和公正的传统。非洲国家要成为更具吸引力和竞争力的仲裁地,让仲裁成为在非洲更有吸引力和公平的争端解决方式,必须提高其国内法院的独立性。

提高仲裁效率既是仲裁所追求的价值目标,也是非洲国家成为更具吸引力仲裁地的必要措施。为此,非洲国家可以借鉴 1996 年《英国仲裁法》第 1 条和 2010 年《UNCITRAL 仲裁规则》第 17 条的相关规定,在其仲裁法中规定仲裁过程应避免不必要的延迟和费用。[③] 而且,相对于争端当事方和仲裁员而言,仲裁机构能够通过在其仲裁规则中采用相关条款从而在提高仲裁效率方面发挥更大作用。例如,它可以像 2010 年《UNCITRAL 仲裁规则》第 17 条第 2 款一样,在其仲裁规则中赋予仲裁庭更大的裁量权,给予仲裁庭掌握仲裁程序的进程的权力,即它可以视情况延长或缩短某些期限;或者在其仲裁规则中采用

---

① Wilske, S. & Ewers, J. G. Why South Africa Should Update Its International Arbitration Legislation. *Journal of International Arbitration*, 2011(28): 1-13.

② South African Law Commission. Project 94 on Arbitration: An International Arbitration Act for South Africa. (2012-09-08)[2012-09-20]. http://www.Justice.gov. za/salrc/reports/r_prj94_ july1998. pdf.

③ 1996 年《英国仲裁法》第 1 条第 1 款规定:"仲裁的目的在于由公平的仲裁庭,在没有不必要的拖延和费用的情况下,使争议得到合理解决。"2010 年《UNCITRAL 仲裁规则》第 17 条第 2 款也做了相似规定:"在行使裁量权时,仲裁庭应使程序的进行避免不必要的延迟和费用,为解决当事人的争议提供公平有效的程序。"

2010 年《UNCITRAL 仲裁规则》第 20 条,要求申请人在其仲裁申请书中"尽可能附具申请人所依据的所有文件和其他证据,或注明这些文件和证据的来源出处",以鼓励申请人以一种足够详细的形式提交仲裁通知,从而省去其提交补充性仲裁申请书的麻烦。^① 就被申请人而言,2010 年《UNCITRAL 仲裁规则》第 4 条要求其应在收到仲裁通知 30 天内向申请人递送对仲裁通知的答复,而且其还被要求对仲裁通知中的某些信息做出答复。这些条款都旨在提高仲裁效率,非洲国家在其仲裁法或仲裁规则中可以做出类似的规定。

(四)发挥非洲地区性仲裁机构的作用

AALCC 地区仲裁中心和非洲 ADR 等都是独立的国际机构,能够为解决地区内国际商事争议提供充分、相对便宜和公平的机制。这些机构基本上采用《UNCITRAL 仲裁规则》,能够保证当事人高度的意思自治,仲裁程序的灵活、功效、中立,仲裁员的独立和公正,"将争议提交到这些中心和其他新出现的采用《UNCITRAL 仲裁规则》作为模板或受该规则影响的机构进行仲裁,即使这些中心或机构所在的地区或国家同样也是某一投资所在地,或者某一国际合同的履行地,也未必就会损害有理有据的某一(外国)当事方的利益。将争议提交至这些中心或机构与仲裁的便利和经济等吸引人的优点是一致的。因此,那些主张将仲裁程序放在这些国家之外进行的大部分理由(或者说是借口)不再那么有说服力了,可以断然地将它们抛弃"^②。

这些机构在使非洲成为更有竞争力和吸引力的仲裁地方面可以发挥更大作用。为此,它们应该加大宣传力度,特别是要加强对包括中国企业在内的外国投资者的宣传,提高机构的知名度和影响力,鼓励外国企业在这些机构解决争端;在仲裁员名册中增设来自中国等国家的仲裁员,以增强中国等投资者对这些机构的信任和兴趣;机构及其所在的东道国应严格确保机构的永久性、独立性和公正性,不采取可能减损机构国际法律地位的行为。

五、结 语

外国投资者对灵活、经济和快速的争端解决方式的需求,以及非洲国家对

---

① Waincyner, J. The New UNCITRAL Arbitration Rules: An Introduction and Evaluation. *Vindobona Journal of International Commercial Law and Arbitration*, 2010(14): 233-248.

② Asouzu, A. A. *International Commercial Arbitration and African States*. London: Cambridge University Press, 2001: 452.

外国资金和技术的渴望，促进了国际商事仲裁在非洲的利用和发展。中国内地、非洲国家、中国香港特区或新加坡，以及传统发达国家作为中非经贸投资争议仲裁地各有利弊。在实践中，中非双方可综合考虑效率、公正、费用、便利性等实际因素进行选择。其中，中国内地和非洲国家是首选，其次是中国香港特区或新加坡，最后是传统发达国家。目前，非洲的整体仲裁环境正在改善，但非洲国家要成为更具吸引力和竞争力的仲裁地，应当在政策支持、仲裁法修订、仲裁效率提高和地区性仲裁机构的作用发挥等方面做出更多努力。

Selection of Place of Arbitration for China-Africa Trade and Investment Disputes and the Improvement of Arbitration Situation in Africa

WU Ka   LIU Yi

Abstract：The place of arbitration is of great importance to the international commercial arbitration, the host state and all parties to a dispute. As far as China-Africa trade and investment disputes are concerned, each of the places of arbitration, i. e. Chinese Mainland, the African country concerned, Hong Kong SAR of China or Singapore, and the traditional developed countries, has its advantages and disadvantages as the place of arbitration. In practice, both parties can make their choice in view of their real needs and on the basis of efficiency, justice and other factors, but it is advisable to choose either Chinese Mainland or the African country concerned as the place of arbitration, and in particular the agencies of arbitration that employ either Chinese or African arbitrators. Currently, the overall arbitration situation in Africa is being improved, but in order to make itself a more attractive and competitive place of arbitration, Africa needs to do better in many aspects, including more support from government policies, amendment of arbitration laws, and improvement of arbitration efficiency and local arbitration agencies.

Keywords：international commercial arbitration；place of arbitration；arbitrator；China-Africa trade and investment disputes

（编校：吴月芽）

在华非洲商人的双层叠加关系格局及其渗透与转化

——广州地区非洲商人社会交往关系的再分析*

许　涛

摘要：在华非洲商人的社会关系区分为两个鲜明的层次：第一个层次是亲缘、血缘之上的情感分层体系；第二个层次是其他所有社会关系之上公平、均等的利益分层体系。这两个层次之内又划分为若干个小的层次，两个大的层次叠加在一个时空之内，而小的层次又叠加在这两个大的层次之内，于是就形成了双层叠加的社会关系格局。这两个层次虽然泾渭分明，但它们之间也存在一定程度的渗透和转化，这种渗透和转化既有可能是第一层向第二层的退化，也有可能是第二层向第一层的推进。第二层的关系由利益主导转变为情感主导表明第二层向第一层进行了渗透；第一层的关系由情感主导转变为利益主导则表明第一层开始出现了向第二层的退化。

关键词：非洲商人；双层叠加关系；渗透；转化

作者简介：许涛（1981—　　　），男，湖北武汉人，浙江师范大学法政学院教师，博士。

　　笔者曾经在分析在华非洲商人的社会关系时指出，其社会关系受到文化、社会结构以及环境的影响，呈现出多层次性和差异性的特点，并且其社会关系各层次之间能够相互渗透和转化①，但没有就其社会关系的实质内容加以抽象概括，也没有就其社会关系各层次之间是如何相互转化的进行深入分析。本文将对在华非洲商人的社会关系做进一步归纳，并探讨其相互转化的条件和方式。

---

　　*　本文发表于 2011 年第 4 期。基金项目：浙江师范大学科研项目"在华非洲商人的居住模式及其社会地位"（KYJ06Y10008）；博士科研启动经费项目"在华非洲商人的社会适应模式与机制"（ZC304011013）。

　　①　许涛. 广州地区非洲人的社会交往关系及其行动逻辑. 青年研究，2009(5)：71-86.

一、在华非洲商人社会交往关系的呈现

（一）非洲商人同家人之间的关系

相当多的非洲商人在来广州之前，已经有亲戚或朋友在广州了。他们到达广州之后，这些亲戚朋友为他们提供了诸如金钱、实物以及情感等各方面的支持。同样，他们在广州定居后，也会为那些后续到广州的其他非洲商人提供类似的支持。一部分长期在广州定居的非洲商人甚至已经将全家人接到广州一起生活。他们之间的社会交往呈现出什么特点呢？

根据我们的调查和分析，非洲商人与他们的亲人之间的交往遵循情感优先原则，即只要家庭成员需要，他们就竭尽全力提供帮助。这种帮助不仅包括物质支持，而且还包括坚强的精神支持。以下是采访时一些非洲商人说的话。

"我整个一生的奋斗和积蓄，你说是为什么呢？都是为了我那三个孩子，只要他们健康地成长，我就很开心了。我现在在异国他乡这么努力地工作，就是为了给他们创造一个良好的环境。我不求任何回报。我在肩负一种责任，这是家庭的责任，就像几十年前我的父母努力地工作也是为我一样。"（L-M-090411）[①]

"无非就是将这些事情说给一个比较亲近的人听，他们会给我一些安慰，然后心情会好一些。实话说，我的妻子其实也给我提供不了什么实质性的帮助，但我能将各种烦恼说给她听，这已经足够了。"（R-M-090317）

"我和我的妻子是在商贸城认识的，后来我就追求她，你要知道，一个黑色皮肤的人追求中国女孩是很困难的，但我用我的品行和人格魅力征服了她，最后她嫁给了我，我们生了两个小孩。婚后我们就搬出了原来居住的地方，搬到了现在的社区。这里环境更好，社区也很安全，人也很有礼貌。因为周围都是中国人，所以也增加了我同中国人的交往机会，目前我已经能用中文顺利地同别人交流。

"在生活中妻子不仅给我讲述很多在中国做生意的技巧和禁忌，而且还帮助我学习中文，了解中国人的行事方式和注意事项。有了妻子的帮助，我在生活上现在非常适应了。

"在生意上，她也是我的好帮手，因为她是中国人，而且又有从事贸易工作

[①]　L-M-090411 为访谈编码，由人名首字母＋性别首字母＋访谈时间组成。如 L 为人名 Louis 的首个字母，M 为性别 male 的首字母，090411 为 2009 年 4 月 11 日，后文中的其他编码也遵循此规则。

的经验,所以有很多这方面的信息和生意上的资源。结婚之后,她将这些资源全部都转移给了我,她则辅助我做些协调工作。得益于妻子的人脉和我们的勤劳,尽管我们的生意不是很大,但也算比较稳定。"(S-M-090529)

(二)非洲商人同广州的中国公民之间的关系

非洲商人和广州的中国公民之间的交往遵循着一般的人际交往规则,即平等互利的原则。非洲商人和广州的中国公民之间因为文化和生活习惯的不同,存在着一定程度的冲突,但是很快双方就做出了调整和适应。非洲商人调整其爱吵闹的习惯,是他们尊重中国公民的表现;其他市民接受了其使用香水的习惯,也表现了对他们的尊重。双方在相互理解和尊重的原则下,相互调适,最终形成了和谐的社会关系。

非洲商人和广州的中国贸易伙伴之间是商业关系,在一般情况下,他们之间遵循的是工具性的利益关系。只要这种商业关系存在,那么这种利益关系就继续。商业贸易关系终止,这种利益关系也就终止了。而商业贸易关系存在的前提是双方都能够从中获利,并且这种利益与其预期之间没有太大的差异。没有利益,商业关系自然不存在,但通常只要其中一方认为其获取的利益与其预期相差太大,他们就会改变贸易伙伴,这种利益关系也随之终止。当然也不排除由于长期的贸易关系,双方成为朋友的情况。但从现实情况来看,这并不是一个普遍的现象。因此,我们认定在大多数情况下,非洲商人和中国的贸易伙伴之间是以利益关系为准则的。

(三)非洲商人同警察之间的关系

非洲商人和管理机构人员,特别是和警察的关系,则因不同的人群以及不同的情形有所不同。合法身份的非洲商人是配合并服从警察管理的,与警察之间的关系良好。他们作为身处异国他乡的外籍人口,深深懂得配合警察的检查以及维持和警察的良好关系的重要性。

非法滞留广州的非洲商人特别惧怕警察,因此他们遵循的是躲避原则。因为一旦他们被警察查到,可能会面临高额的罚款、被遣送回国,甚至牢狱之灾。不论是哪种情况对他们来讲都是不利的。因此,非法滞留广州的非洲商人为了躲避警察,往往选择那些不是非洲商人聚居的地方居住,或者选择比较偏远的地方居住,或者选择外国人比较少的地区居住,这样可以尽量避免引起警察的注意,从而更有效地躲避。

（四）非洲商人同其他非洲人之间的关系

来到广州的绝大部分非洲商人都是来从事贸易工作的，因此，非洲商人的非洲朋友绝大部分也从事商业贸易。他们和朋友之间的交往一般遵循"情感＋利益"的关系准则。因为他们是朋友关系，所以刚来到广州的那部分人会得到朋友在诸如租房、搜集产品信息、寻找贸易公司等各方面的帮助。这时他们之间是不存在利益关系的，体现的是朋友之间的感情。但随着时间的推移，这些商人逐渐和之前那些帮助他们的商人之间产生了生意上的合作或竞争的关系，这时就产生了利益上的关系，遵循互惠互利的原则。他们之间或者通过合作赚取利润，或者在某个产品上产生竞争，最终胜者获利。需要特别说明的是，一旦朋友之间产生商业上的竞争，他们虽然为利益而争斗，但是有个底线，那就是不让对方亏本。在他们看来，尽管他们在生意上是竞争关系，但在生活上依然是朋友，不能让对方在生意上输得太惨。

"我们都是生意人，都需要挣钱的。至于加多少点没有定论，不同的关系程度，不同的物品点数不一样，但有个基本前提，就是我加了点后，他采购回去还能挣钱，如果我加了点后他没钱赚那肯定是不行的。"（M-M-090326）

二、在华非洲商人交往关系的实质：双层叠加关系格局

如果说中国的社会关系是一个层次分明的由远及近的差序格局，那么非洲商人的社会关系实质上形成了一个双层叠加的关系体系。

根据非洲商人的社会关系交往原则，我们可以看到一个层次分明的体系。第一层，也就是处于内核的社会关系，主要涉及血缘、亲缘关系，虽然也牵扯到经济利益，但起主导作用的是情感，也即他们和亲人之间遵循情感优先的原则。第二层，则是处于外围的社会关系，这些社会关系并不分出一个远近亲疏的格局，而是一律处于平等地位，其衡量的标准就在于经济利益的多少：经济利益涉及多，就亲近一些；经济利益涉及少，就远一点。在这两层关系之间还存在一个过渡带，在这个过渡带中，他们与既是朋友又是商业伙伴的群体之间遵循"情感＋利益"的原则。

在这个体系中，非洲人的第一层血缘、亲缘关系体系，也呈现出差序的特点，即远近亲疏的特点。传统中国差序格局中关系的远近亲疏遵循着直系血

缘、旁系血缘、亲缘、地缘、业缘和趣缘等关系程度递减的趋势。[①] 在非洲商人中,由于第一层只有亲缘和血缘关系,所以其远近亲疏主要体现在亲缘和血缘之间,但其特点却与传统中国差序格局是不同的。这种差序格局与传统中国差序格局的最重要区别在于决定远近亲疏的标准不同,那么决定非洲商人的交往关系亲疏的标准到底是什么呢?

一般来说,影响关系的亲疏远近的因素大致分为三类:第一类是自然因素的影响,这里的自然因素主要是指与生俱来的血亲关系;第二类是经济因素,即经济利益的影响;第三类是社会关联因素,即情感因素的影响。

显然,传统中国差序格局更多地受与生俱来的血亲关系等自然因素的影响,而非洲商人社会关系远近亲疏的核心标准不在于自然因素,也不在于经济因素,更多地是受情感因素的影响。血亲是自然决定的,并不随社会环境、时间和空间结构的变化而变化,但情感亲密程度却受到上述因素的影响。

情感亲密程度受到时间的影响。这个主要是指在第一层关系格局中,与有血缘关系和亲缘关系的人的情感亲密程度会受到时间的影响。例如,在结婚之前,他们与父母之间的关系非常紧密,任何事情都愿意和父母诉说并征询意见;但结婚之后,他们可能与配偶更加亲密,重要的事情更愿意与配偶商量。而在另一些情况下,则可能是即使他们结婚了,也不愿意同自己的配偶商量,而更愿意同他们的兄弟姐妹商量,或者依然愿意与他们的父母商量。他们的商量对象会受到时间的影响而发生转移,情感亲密程度也随之受到时间的影响。

情感亲密程度受到空间的影响。非洲商人离开自己的国家到中国广州做生意,很多人是只身前来的,在广州可能长达两年不能与家人团聚。这个时候,那些也在广州做生意,但关系本来不是很近的亲戚,可能由于接触多了或者生意上的帮扶,而与他们变得亲密起来。在某些情况下,这种关系还可能发生质的变化,甚至超过与父母兄弟姐妹的亲密程度。

情感亲密程度虽然受到环境、时间和空间结构的影响,但在第一层体系内,情感的亲密程度主要由共同的思想、兴趣、爱好决定,即谁与他们有更多的思想共同点、更多的共同兴趣和爱好,他们之间的关系就相对更亲密,由此形成了一个在血缘和亲缘基础上的分层体系。这个关系体系与传统中国差序格局是完全不同的,也与现代中国差序格局不一样。传统中国差序格局内远近亲疏是由自然的血缘关系决定的,现代中国差序格局内的远近亲疏则是由血缘、亲缘基

础之上的经济利益决定的。① 在华非洲商人的关系差序格局则是由情感的亲密程度决定的，而情感的亲密程度最终是由共同的思想、兴趣、爱好决定的。

第二层体系是血缘和亲缘之外所有其他社会关系的集合。这个集合体内社会关系的层次与前一个层次完全不同。在这个层次体系之内，决定亲疏关系的主要因素是经济利益：利益关联多，则联系多；利益关联少，则联系少。同时，这个体系内成员之间的亲疏关系是不断变动的。因为，利益会随着各种条件的变化而发生变化。当前利益关联多、联系紧密的，以后随着利益关联的减少，则联系可能会变得松散；相反，现在利益关联少的，将来也有可能因利益关联多而联系紧密。这种社会关系是以利益为导向的，具有明显的变动性。

由上可知，非洲商人的社会关系体系实质上分为非常明显的两个层次：第一个层次是亲缘、血缘之上的情感分层体系；第二个层次是其他所有社会关系之上公平、均等的利益分层体系。这两个层次虽然泾渭分明，但它们之间也存在一定程度的渗透和转化，这种渗透既有可能是第一层向第二层的退化，也可能是第二层向第一层的推进。这样在两个层次之间又形成了一个过渡带，它同时带有第一层和第二层关系的特点。最终，两个大的层次叠加在一个时空之内，而小的层次又叠加在这两个大的层次之内，于是就形成了双层叠加的社会关系格局。

三、双层叠加关系之间的渗透和转化

社会关系的内涵应该包含三方面的内容：一是社会关系是什么样，也即社会关系的基本结构描述；二是附着于这个基本结构上的内容，即互动遵循的基本原则，解决的是该结构依据何种行动逻辑的问题；三是这个架构及其逻辑的实践形态，即在实践中它又表现出什么动态特征。前两方面关注社会关系的静态面向，第三方面关注动态面向。② 本文只对非洲商人在广州的社会关系做了静态描述，关于动态的变化以后再做进一步分析。

在非洲商人中，虽然形成了泾渭分明的两层关系格局，但两层之间是可以相互渗透并转化的。

---

① 杨善华，侯红蕊. 血缘、姻缘、亲情与利益——现阶段中国农村社会中"差序格局"的"理性化"趋势. 宁夏社会科学，1999(6)：51-58.

② 任敏. 现代社会的人际关系类型及其互动逻辑——试谈"差序格局"模型的拓展. 华中科技大学学报，2009(2)：50-56.

（一）社会关系渗透和转化的条件

在华非洲商人在第一层社会关系中，遵循的主要是亲缘、血缘基础之上的情感原则；而在第二层关系中，遵循的主要是公平基础之上的利益原则。但这并不否认在第一层关系中有利益关联，也不否认在第二层关系中有情感联结，只是说明在第一层关系中情感占了主导作用，而在第二层关系中利益占了主导作用。情感和利益会随着时间、空间的改变而发生变化。这就意味着，利益会侵蚀第一层的情感，而情感也可能主导第二层的利益，这样两层的格局就会发生变化，出现相互渗透，甚至颠倒。但更多的情况是，两层均发生了变化，利益和情感各占半壁江山，形成势均力敌的局面，这样就在两层之间形成了一个过渡层。当情感占据主要地位之后，实质上就进入了关系格局的第一层；当利益占据主要地位之后，就进入了关系格局的第二层。当情感和利益各占据半壁江山的时候，就停留在中间的过渡层。这就是相互渗透的准则和条件。

（二）社会关系渗透和转化的方式

第二层向第一层的渗透，意味着原来占据主导原则的利益关系让位于情感。这种渗透和转变主要通过下列方式实现。

（1）收养。非洲大部分地区贫穷落后，几乎没有一个国家实施人口控制，通常情况下，一般家庭都会生育众多子女，所以收养子女的情况并不普遍，收养一般发生在那些独身或未生育的老年人身上。通过收养子女，原本不存在任何联系的人有了联系，并形成了类亲缘关系。前文已经分析过，陌生的非洲商人之间要么不存在关系，要么只有利益决定的社会关系，通过收养行为，可以将原本的利益联结转变为亲缘的情感联结。收养小孩，不是出于经济利益的考虑，而是因为孩子能给他们提供情感寄托和情感支持，是利益无涉的行为。这样，收养行为超越了经济利益，实现了第二层到第一层的跨越。

（2）结婚。婚姻是人与人之间一种特殊的社会关系，是男女两性在爱情基础上合法的自然结合。婚姻将两人不同的利益调整为一致，双方的利益和财产合而为一，由此跨越了利益的分割，实现了第二层向第一层的跨越。

（3）恋爱。一般情况下，恋爱双方的利益还没有完全趋于一致，仍然存在着各自的利益。恋爱只是由第二层向第一层的渗透，这时既不是单纯看重情感，也不是单纯看重利益，而是同时兼具利益和感情。恋爱处于第一层和第二层之间的过渡地带。

(4)结交朋友。结交朋友拉近了人们之间的距离,突出了情感的分量,但朋友之间仍存在着利益联系。通常情况下,一般的朋友可能更看重利益,而好友可能更看重情感。结交好友往往可以使社会关系从第二层向第一层渗透,但没有联姻等其他方式的辅助,社会关系可能只能停留在过渡层,而不能进入第一层。

以上都是外围的社会关系即第二层向第一层的渗透,事实上,第一层核心的社会关系向第二层外围的渗透也是存在的,但一般情况下并不突出。如果这种渗透出现,则主要表现在亲缘关系上,即夫妻之间的关系因利益的影响而产生感情的削弱或破裂,并最终失去了情感的主导,最极端的情况则表现为离婚。离婚将内核社会关系建立的情感完全破坏,从而失去情感的依托,利益关联取代情感占据主导地位,从而使其从核心的第一层退出。至于这种关系是退到过渡层还是直接退到第二层则根据双方之间情感破坏的程度来决定。如果双方反目成仇则直接退到第二层,反之则将退到过渡层,因为尽管夫妻双方感情淡化或失去,但是他们共同的小孩可能会对彼此形成间接的情感联结。

从理论上讲,还可能存在着通过与亲人之间断绝血缘关系或亲缘关系等方式实现第一层向第二层的退化,但事实上非洲大陆整体上是一个相对传统的社会,这种极端的情况很少发生甚至基本不发生。第一层向第二层的渗透主要是以情感的淡化、失去和利益的入侵为主要特点的,第二层向第一层的渗透则是以情感比重加强、利益淡化为特点的。这两个过程正好相反,彼此具备的特点也正好相反。这正是非洲商人双层社会关系叠加格局的重要特点。

四、结 语

广州地区的非洲商人在生活层面,与其他市民之间尽管存在着一些小摩擦,但能通过双方的理解和改变得以适应;在工作层面,非洲商人既与中国商人或贸易公司竞争和合作,也与其他非洲商人竞争和合作,竞争和合作是以经济利益为纽带的;在管理层面,合法居留的非洲商人配合并服从警察的管理。在所有的社会关系中,非洲商人与亲属之间的关系以情感为基础,形成了社会关系的内核;他们与一般的商业伙伴形成了社会关系的外核;在内核和外核之间存在着一个群体,这个群体与非洲商人之间既有利益关系,也存在着一定的情感关系,遵循着情感与利益并重的原则。

在华非洲商人的社会关系结构是一种双层叠加的关系格局,第一层是以血缘、亲缘为主体的情感分层体系,第二层则是建构在其他所有社会关系之上的公平的利益分层体系。虽然两个层次泾渭分明,但却可以相互转化与渗透。

Pattern of Dual-Superimposition Relations of African Merchants in China and the Penetration and Transformation: Reanalysis of Social Interactions of African Merchants in Guangzhou

XU Tao

Abstract: The social relations of African merchants in China are stratified into two layers. Based on consanguinity and affinity, the first layer is emotion-oriented, while the second is equality and interest-oriented which is based on other social relations. There are several smaller layers within these two layers which are superimposed in the same space and time, and these smaller layers are also superimposed within the two layers. As a result, a dual-superimposition pattern is formed. These two layers remain distinct, but the penetration and transformation between them also exist. The first layer may be degraded to the second layer, while the second layer may also advance to the first layer. When the interest-dominant relationship shifts to emotion-dominant in the second layer, the second layer penetrates into the first layer; when the emotion-dominant relationship shifts to interest-dominant in the first layer, the first layer begins to degrade to the second layer.

Keywords: African merchants; dual-superimposition relations; penetration; transformation

（编校：吴月芽）

非洲医药市场发展与中非医药合作*

胡　美

摘要:非洲疾病种类多,医药需求量大,受经济能力薄弱的限制,非洲国家的医药生产与消费能力低下。由于非洲未能形成统一市场,一国对单一医药产品需求相对有限,非洲医药本土化进程受限。为了打破中国医药进入非洲的市场屏障,中国应拿出最具特色和优势的医药资源,确立适合非洲情况的国际化发展战略。通过国际产能合作,加大对非医药产能合作,创立中国医药的"非洲品牌"。借助医药援助,推广中国医药产品,带动中国疗愈理念和疗愈文化的传播与接受。

关键词:非洲医药;中非合作;产能合作;医药合作

作者简介:胡美(1979—　),女,湖南湘潭人,浙江师范大学非洲研究院副研究员,史学博士。

2018 年 9 月,在中非合作论坛北京峰会上,健康卫生行动成为中非合作"八大行动"之一,中非围绕着非洲的健康和卫生发展问题展开了较以往更加全面而深入的合作。医药产业是一个集资本、技术和知识于一体的"永远的朝阳产业",中非医药合作对于加深中非合作的深度,提升非洲工业的科技水平等,具有无法比拟的优势。本文在阐述非洲医药市场特点的基础上,对中非医药合作存在的问题及解决策略做一探讨分析。

一、非洲医药市场的特点

非洲疾病种类多,健康问题突出,而非洲的医药生产能力不足,外来市场占据非洲医药市场的主导地位,直接影响着非洲的医药市场分布和本土医药市场

---

　*　本文发表于 2019 年第 1 期。基金项目:浙江省高校重大人文社会科学攻关项目"中国对非援助编年研究(1956—2016)"(2014QN012)。

发育。近年来,随着非洲各国的经济增长,医药卫生的需求快速提升,非洲医药市场日益成为世界医药公司角逐的重要对象。非洲医药市场具有以下几个特点。

第一,非洲疾病众多,医药产品生产能力不足,受限于薄弱的经济能力,医药消费量较小。非洲是世界上传染病发病率最高的大陆,疟疾、艾滋病、结核病、血吸虫病以及拉沙热等疾病横行,严重威胁着非洲人民的生命安全。艾滋病是威胁非洲人民健康的一大疾病。联合国艾滋病规划署(UNAIDS)的数据显示,2013 年撒哈拉以南非洲共有 2470 万艾滋病病毒携带者,4.7%正在患病之中,每年新增 150 万病例,110 万人因艾滋病及其并发症死亡,只有 39%的患者接受过抗逆转录病毒治疗。在尼日利亚,80%的艾滋病患者从未接受过抗逆转录病毒治疗。因为药物的严重匮乏,只有 24%的非洲儿童艾滋病患者接受过抗逆转录病毒治疗。[①] 疟疾是危害非洲人健康的另一大疾病。在非洲,平均每 30 秒钟就有一名幼儿因疟疾而死亡,疟疾成为非洲 5 岁以下幼儿死亡的主要原因。[②]

非洲医药产品的开支份额与非洲疾病的集中程度严重不均衡。世界卫生组织(WHO)的数据显示,非洲人口占世界人口的 11%,却占据了全球 75%的艾滋病死亡病例、90%的疟疾死亡病例,而医疗支出不到全球的 1%。[③] 在仅有的 1%的医疗支出中,分布又极不均衡。富油国赤道几内亚人均医疗资源的投入达 897 美元,而经济形势不好的其他一些非洲国家情况则不容乐观,如厄立特里亚人均医疗资源投入不到 12 美元,不仅严重低于富油国的投入比例,也严重低于世界卫生组织划定的人均医疗投入 34 美元的标准。[④] 医药资源的总体匮乏与分布不均严重地影响着非洲人民的生活质量和生命安全。

随着非洲城市化的推进和人民生活方式的调整,生活水平较高的人群中有很多人受困于慢性非传染性疾病的折磨,如癌症、糖尿病、心血管疾病和重度肥胖等。据推算,到 2020 年,非洲将有 3900 万此类疾病的患者;到 2030 年,其致

---

① Burzynski,R. UNAIDS 2014 Gap Report. (2015-05-01)[2018-01-02]. http://www.unaids. org/en/resources/campaigns/2014/2014gapreport/.

② Long List of Serious Diseases. (2017-09-30)[2018-01-02]. http://www.our-africa.org/health.

③ WHO Fact Sheets. (2017-03-02)[2018-01-02]. http://www.who.int/mediacentre/factsheets/ fs302/en/index.html.

④ Oak,F. The State of Healthcare in Africa. (2017-10-08)[2018-01-02]. http://www.kpmg. com/Africa/en/IssuesAndInsights/Articles-Publications/Documents/The-State-of-Healthcare-in-Africa. pdf.

死率将超过传染性疾病、围产期疾病和营养不良的致死率。① 据国际糖尿病协会估计,在经济较发达的南非,糖尿病患者占成年人的比例已达 4.5%,比全球平均水平高 0.1 个百分点。2006 年的世界糖尿病大会称,到 2026 年,非洲糖尿病患者人数将从 1040 万增加到 1850 万,占成年人口的比例将上升到 3.5%。更为棘手的是,非洲的糖尿病患病人数增长速度明显快于发达地区。在撒哈拉以南非洲,2030 年的糖尿病患病率将是 2000 年的 161%,而发达地区的这一数字为 114%。② 随着非洲人口寿命的延长,癌症人数呈井喷式增长。目前,非洲每年新增癌症病例 100 万,但很多非洲国家几乎没有癌症方面的专家和药物。另外,已有的药品也有很多不合格。如尼日利亚 70% 的基础药物依赖进口,当地生产的其余 30% 的基础药物基本不合格,以致如加纳和南非这样的友邻国家都不再进口尼日利亚制造的药品。

第二,鉴于非洲在医药需求量与医药生产之间的巨大差距,非洲医药本土化历程正在开启。由于本土医药工业的落后或匮乏,非洲市场上绝大多数的医药产品均依赖进口,一些国家几乎全部依靠进口来满足需求。占世界人口 11% 的非洲,其中 1/3 的人口无法及时得到医疗救治,长期缺医少药。此前,非洲许多国家先后采取了一系列措施发展医药行业,但由于工业基础薄弱、基础设施配套水平落后,且医药行业技术水平要求高,非洲大部分国家很难依靠自身力量发展医药工业。

非洲是世界上医药研发能力和本土药物生产能力最低的地区,只有 37 个国家有生产药物的能力,2011 年非洲的医药生产占全世界的比例不到 2%。③非洲当地生产的药物基本依靠进口活性药物成分,只有南非拥有少量的基本活性药物成分和药物生产的中间环节。④ 南非医药产业在 GDP 中所占份额很小,大约为 1%,且呈现出逐年萎缩的趋势,绝大多数的医药资源都靠从国外进口。⑤

所幸近年来,非洲本土的医药生产能力在逐步成长。虽然非洲绝大多数国家严重依靠外来医药资源,中短期也难以扭转这一趋势,但是一些国家的医药

① WHO. *Global Status Report on Noncommunicable Diseases 2010*. Geneva:WHO, 2010:1.

② Gill, G. Diabetes in Africa—Puzzles and Challenges. *Indian Journal of Endocrinology Metabolism*, 2014(3):249-251.

③ Wade, A. Disadvantages of Drug Production in Africa. *Scidev*, 2015-09-01(2).

④ First Meeting of the Technical Committee on the Pharmaceutical Manufacturing Plan for Africa, October 2007. (2017-10-31)[2018-01-02]. http://www.africa-union.org.

⑤ South Africa's Experience in the Pharmaceuticals Industry. (2015-07-08)[2015-09-01]. https://unctad.org/meetings/en/Presentation/CCPB_7RC2015_RTPharma_SouthAfrica_en.pdf.

本土化正异军突起，打破了外来医药资源的压倒性局面。2012 年，非洲联盟通过了《在非洲实现艾滋病、结核病和疟疾防治"责任共担、全球团结"的路线图》，为实现防治困扰非洲的三大最严重的传染病绘制了多样化、均衡和可持续发展的融资计划，明确通过协调区域发展来推动非洲本土制药业的发展。① 在这一系列本土化力量的共同推动下，加纳、埃塞俄比亚和埃及等国限制进口了一些基本药物，逐步推动药品的本地生产和本地供给。资料显示，埃及和突尼斯的医药自主生产能力近年迅速提升，60%—95% 的医药产品来自国内自主生产。② 与此同时，国际发展机构人员也在大力呼吁和支持非洲医药的本土供给，这增加了非洲医药本土化的信心和勇气。

第三，非洲还未形成统一的医药市场，对医药产品的需求总量虽大，但对特定的单一产品需求量相对有限。非洲医药的总体需求越来越大，医药市场发展迅速。从 2003 年到 2013 年的 10 年时间里，非洲医药市场规模从 47 亿美元跃升至 208 亿美元，增速明显。根据艾美仕市场研究公司（IMS Health）的估计，非洲的医药开支每年增长约 11%，2016 年将达到 300 亿美元。③ 非洲的医药开支基本上都用于进口价格高昂的药物，而不是用于研发非洲疾病所需的低端药物。这一状况在世界范围内广泛存在。世界研发药物中用于治疗非洲疾病的药物占比很小。1975—2004 年新研发的 1556 种新药物中，只有 1.3% 的药用于治疗热带病和结核病，而这些暴发在非洲的疾病的患病人次却占全世界的 12%。由此可见，世界研发的治疗非洲疾病的药物之少与非洲疾病产生的影响之大极不成比例。

非洲很多国家国土面积较小，人口密度不高，加上疾病种类非常多，虽然医药物资严重不足，但对单一某类医药物资的需求量较小。到目前为止，非洲的医药标准并不掌握在非洲国家手中，而是由前殖民宗主国所掌握。因此，非洲医药行业中并没有非洲区域性的标准，这增加了医药企业在非洲当地生产经营的难度，迟滞了在非洲本地生产最新高科技含量药品的时间。目前，虽然非洲联盟正在着手建立非洲统一的医药监管组织，但统一的医药标准仍然任重道

---

① 2006 年到 2011 年期间，80 多个国家艾滋病防治国内投入的增幅超过了 50%。（2012-07-20）[2012-08-10]. http://www.unaids.org.cn/?id=154&class=2&classname=unaids+in+China.

② Darr, A. & Matsoso, P. Strengthening Pharmaceutical Innovation in Africa, Designing Strategies for National Pharmaceutical Innovation: Choices for Decision Makers and Countries. （2010-01-01）[2015-07-09]. https://africapharmaconf.com/old_site/assets/research_docs/COHRED-NEPAD_Strengthening_Pharmaceutical_Innovation_AfricaREPORT.pdf.

③ Aitken, M. Global Medicines Use in 2020, Outlook and Implications. （2015-11-01）[2015-11-28]. https://www.iqvia.com/-/media/iqvia/pdfs/institute-reports/global-medicines-use-in-2020.

远。非洲每个国家的食品药品监管法律、医药产品进口标准以及进口政策各不相同,医药物资进口许可证获得的手续也不尽相同,这增加了外国医药物资出口到非洲国家的难度。

这些客观存在的现实困难降低了国际医药企业在非洲设立工厂的积极性,也给非洲医药企业的工业化进程设置了诸多障碍。很多国际医药企业宁可出口医药产品到非洲,也不愿意选择到非洲设立工厂深拓市场,这进一步影响着非洲医药市场的本土化进程。

二、中国医药在非洲面临的问题

中国是新兴经济体中最主要的医药产品生产国之一,是全球最大的原料药出口国,非洲则是中国医药市场上日益勃兴的发展伙伴。2007 年的统计数据显示,中国医药出口超过 100 万美元的非洲国家有南非、摩洛哥、贝宁和尼日利亚,出口超过 10 万美元的有 14 个。据有关部门统计,1998 年,中国对南非的中医药出口为 37 万美元,只占当年我国对非中医药出口总值的 3.5%;2001 年,中国对南非的中医药出口达到了 156 万美元,占中国对非洲中医药出口总值的 15.8%,出口增速明显。然而,当前中国医药打入非洲市场仍面临诸多的障碍和问题,主要包括以下几个方面。

(一)中国医药在非洲的市场占有率较低,进入非洲市场存在明显的市场屏障

虽然中非间的医疗援助已有半个多世纪的历史,非洲医疗机构和民众接触中国的医药产品、医疗服务也已多年,但无论是非洲政府还是非洲民众对中国医药标准和品牌的认可度却不高。笔者通过过去几年对南非和赞比亚医药市场的实地走访得知,这些国家的药房难以见到中国药品和中国医疗器械的踪影。

造成中国医药产品难以进入非洲市场的原因是多方面的,具体可归结为以下几点。其一,国际社会通过各种手段将中国医药排除在非洲医药市场之外。非洲医药市场是未来的一个新兴市场,这是国际社会的共识。由于殖民纽带等特殊的联系,西方国家已经完成了对非洲医药市场的分割,为了排除后来者进入非洲市场,这些国家采取种种手段提升其准入门槛,增加了中国医药产品进入非洲的难度。因此,美国、欧洲和日本的医药产品标准在非洲广为接受,但中国目前只有 30 家公司的制剂获得了欧美认证,且多是通过委托加工、贴牌等方

式赚取加工费。① 其二，非洲的医药市场以西方医药为主，医疗机构和医生没有形成用中国药品的传统和习惯。对于中国医药的质量和效果，非洲医疗机构的医生缺乏感性认识和了解，因而，在他们的处方中较少使用此类药物。其三，部分日用药品在非洲民众中享有盛誉，但非洲民众对中国高端医药的认可度较低。中国的一些传统药物，如风油精、清凉油在非洲民众中享有极高的美誉，但较为高端的医药产品，即使价格低廉，也很难获得非洲民众的认可。

（二）中国医药仍在竞争者众多的低端药品市场中抢夺有限的市场，进一步深耕非洲医药市场的难度较大

中国医药的优势在于价格的低廉，多年来其在非洲市场的营销策略依然徘徊于价格竞争。中国药企的定价是其他国家药品供应商的 1/3，整体价格指数是发达国家平均水平的 35%，是新兴市场国家平均水平的 55%。② 非洲医药市场的特点也在加剧这一恶性竞争势头。非洲人均收入较低，医保等社会保障不健全，民众医药负担较重，因此，医院和患者倾向于选择价位较低的产品，这就助长了医药市场的价格战。根据医保商会的统计，2009 年，中非医药贸易额达 11.93 亿美元。其中，中国对非洲医药产品出口量为 204.94 万吨，出口额为 11.54 亿美元，比 2008 年增加了 5.96%。出口产品中，西药类和医疗器械占比近 97%。西药类出口产品以原料药为主，制剂出口日益增大，抗生素和抗感染类占主导。这些药物因技术和市场极为成熟，盈利空间有限且竞争激烈，较难通过技术革新和新品种的开发来获取超额利润。民营企业在中国对非医药出口中占近五成，为了在较低的利润空间中获取成长机会，这些企业不得不争相通过压低价格来获取一定的市场份额。

中国医药在非洲占据较为边缘和低端的市场，导致竞争对手众多且发展空间受限。2015 年在马里投产的人福医药主要生产大输液针剂和口服糖浆两大类产品，它们属于边缘产品，所占经营额度很小。此类低端边缘市场由于市场门槛较低、技术含量较少，一部分非洲本土药企在掌握这部分技术后，也来角逐这一市场，因此中国药企所面临的竞争者不仅来自中国，也可能来自非洲本土。中国药企当前的低端和基础药品市场定位与低价的市场战略，导致继续深耕非洲市场的难度增加。

---

① 胡笳. 中医药在非洲的发展现状. 环球时报，2013-01-20(4).
② 李娜，王子正. 中国药品扎根非洲市场任重道远.(2015-03-27)[2015-04-27]. http://www.xinhuanet.com/world/2015/03/27/c_1114787333.htm.

（三）中国医药缺乏恰当的推广策略

由于推广策略的不当，中国医药产品很难进入非洲的公共部门供应药品之列。绝大多数非洲国家的医疗体系继续沿用殖民时期的医疗体系，医药产品进入市场之前需要有三年的临床试验。西方的医药企业将大量的经费用于临床试验方面，而中国医药公司在这方面做得明显不够。由于中国医药产品不能提供西方同类产品的科学数据，药物无法进入临床试验阶段，进而无法进入非洲国家药品采购名单，也无法成为国际援助机构采购产品。中国最大抗疟药物制造商华立生产了抗疟疾的特效药，但由于没有通过国际标准的审核，无法成为非洲公共部门供应药品，进不了非洲医药市场。处于困境中的中国医药专利拥有者有的只能在国内生产销售，或者将这些专利转卖给西方的医药商。疟疾特效药复方蒿甲醚就是一个例子，华立制药公司拥有复方蒿甲醚的专利，却无法开发复方蒿甲醚在国际市场中的价值。1994年，在各种尝试失败后，这项专利转让给了欧洲的诺华医药公司。经过诺华公司的包装和推广，复方蒿甲醚已在非洲各国广泛使用。

与其他商品不同，医药产品的推广销售是与技术的传达与共享相伴生的。中国医药重销售而轻技术服务，影响了医药产品在非洲的使用。如中国向坦桑尼亚的阿玛纳医院援助了高端的疟疾检验机器，但是这些机器因该院没有人会用而被闲置多年，该院负责管理疟疾防治中心的穆巴瓦拉抱怨："关于如何操作这些机器，我们得到的指导非常少。"①

一种医药产品代表着一种医药文化，中非间疗愈文化的巨大差异加大了中医药进入非洲市场的难度。受到殖民时期的影响，非洲当地人更认可西药立竿见影的效果，对改善体质和强调预防作用的中医药则敬而远之。传统的中医药通过调和人体阴阳脏腑来改善体质，无法像西药一般科学地标出有效成分的含量，非洲医生和患者对中医的科学性持怀疑和保留的态度。此外，中国中医理论和术语较难用非洲当地语言表述，增加了非洲接受中医药文化的难度。

三、针对中国医药走进非洲的若干政策建议

中国医药充足的供给与非洲紧缺的医药市场需求之间的鸿沟，给中国医药走进非洲和中非间的医药工业合作带来了机会和前景。目前，非洲医药本土化

---

① 殷贝贝. 沉睡的中国对非援助. 金融时报，2012-05-09(6).

历程正在开启,中国在大力推进非洲工业化的同时,应多关注中非公共卫生领域的合作。针对当前中国医药走进非洲市场的若干现实困难,中国可以从以下几个方面做出调整并展开部署。

(一)发展中国最具特色和优势的医药资源,确立适合非洲情况的中国医药品牌的国际化发展战略

中国药企要注重品牌战略,打造中国医药,尤其是中医药在非洲的特色品牌。非洲在医药方面的需求量巨大,而价格相对低廉的中医药在非洲有很广阔的市场。中国传统配方的中医药成药、中医药膏方和地道药材可成为中医药产品中的代表性产品,可通过宣传和倡导,让最具疗效和特色的中医药产品打入非洲市场,通过治愈非洲病患来为中医药做最有效的宣传和推荐。

可吸取和借鉴部分中国医药资源走进非洲的成功经验,将更多中国特色的医药资源打入非洲市场。如 2000 年南非立法通过了中医的合法地位,2002 年准许中药进入南非国内市场,2011 年正式将中医医疗纳入南非医疗体系。中国的一些中医药企业和南非本土化的中医药企业一起在南非注册了许多中医药产品,中医药产品在南非的零售市场占据了一席之地。[①] 中国在其他非洲国家的中医药战略可以借鉴南非的诸多经验,扩展在非洲的中医药市场。

中国政府要加大适合非洲市场所需药品的前期投入,如在前期技术研发、认证注册等方面给予一定的资金上的支持,并给予相关法律和政策层面的支持,加强与非洲国家的共同开发。青蒿素提取者屠呦呦获得诺贝尔生理学或医学奖,让青蒿素为更多的非洲疟疾医生和患者所认识和了解,因此应加紧青蒿素产品的升级换代,鼓励促进青蒿素技术的研发和更新,让其成为疟疾防治领域的高新技术的掌握者和引领者。中国是世界上最大的疫苗生产国,而非洲对疫苗需求量大,中国政府应加大非洲多发传染病疫苗的研发投入,在非洲疫苗市场上占领先机。

(二)通过"国际产能合作",加大与非洲国家在医药工业方面的合作,创立中国医药的"非洲品牌"

要在非洲医药工业化的进程中,尽力将中国的医药核心技术植入非洲的医药工业体系之内。由于工业基础极端薄弱,自主生产本土药品的非洲国家较

---

① 黄建银."从首届中医药合作与发展非洲论坛"看中医药在非洲. 中国中医药报,2012-04-25(2).

少,除南非、埃及等国拥有较好的医药制造基础外,很多国家只能生产少量日常药物,如镇痛剂、抗疟药、抗生素以及一些感冒药和驱虫药等,且剂型较为单一,其他药品几乎全部依靠进口。中国医药企业应以此为契机,在非洲设立制药厂,推出以中国医药技术为核心的医药产品,进入非洲市场,缓解非洲缺医少药的状况。

针对近年来非洲内部不断提出的医药产业本土化要求,中国医药企业应主动与非洲药企合作,共同开发中国医药的非洲品牌。非洲联盟和非洲国家近年来日益高涨的本土化需求,为中国医药品牌打入非洲市场增加了困难。第六届中非合作论坛暨约翰内斯堡峰会上,中国提出致力于通过中非合作推动非洲的工业化,而医药工业是非洲工业化的一个重要组成部分。中国医药企业可以寻求与非洲本土的公司合作生产非洲的基础类药物,为非洲公司提供技术和研发方面的先进经验,助非洲医药工业化一臂之力。如南非的阿斯彭医药是全球十大仿制药公司之一,每年有 270 个新药进行临床试验,有 550 个临床试验正在进行。中国药企可以寻求与这类公司的合作,注册非洲当地的医药品牌,规避西方国家阻挠中国医药进入非洲市场的阻力。

(三)借助医药援助这一杠杆,推广中国医药产品,带动中国疗愈理念和疗愈文化在非洲的传播与接受

中非间疗愈理念的根本差别在于中国和非洲对疗愈的理解分歧。可通过恰当的方式将中国的中医文化传达给非洲民众,将中国的疗愈理念和疗愈经验带给非洲,促进中医文化的融合和认可。医药产品的销售是一个系统工程,医疗文化是影响医药消费的一种独特的途径。

中国派遣的援非医疗队是中国医疗文化的流动宣传者。中国医疗队的医生通过义诊、讲座等形式广泛接触非洲患者,可用疗效向非洲病患直观地展示中国医疗文化的效果和魅力。可派遣中国医疗队相关领域的中国顶尖医生到非洲各大医学院和医院讲学交流,促进中非医疗文化和最新医疗成果的合作交流。通过"中非联合研究交流计划"等合作平台和项目,推动中非医学界的深入合作,通过国际会议、期刊论文的方式向外部世界传达和介绍中非医药专家交流的研究成果,共同开展生物技术方面的合作研究,开发中西医结合的新药物品种,让当地的医药精英接受中国的中医文化,通过当地医生影响到当地的患者,逐步了解和接受中医文化。

应促进中国医疗援助与人力资源合作相结合。以中国对非援助为杠杆,在

非洲的医学院中设立中医专业,培养具有中医行医资格的非洲本土医生,促进中医文化在非洲的传达和接受。非洲平均每千人的医生数量为 2.7 人,远低于欧洲的 32.1 人和美洲的 21.5 人。非洲本土培养的医生数量极为有限,为此,中国教育援助中的奖学金可适当向非洲的医药类学生倾斜,通过中非间的合作项目共同培养非洲的医药类人才,缓解非洲医生紧缺问题,同时也可培养出一批了解中华传统医学、熟悉中国医疗文化的非洲医药人才。与此同时,通过形式多样的活动,增进中非间医药文化的交流与合作,增强相互认知与了解。通过各种形式的医药卫生政策和技术的研修班,促进一线医生和管理人员的相互沟通与技术合作。通过大学生夏令营、青年医生技术切磋等方式促进中非年轻医生间的交流,促进未来的非洲本土医生对中国医学和中医药的了解和认知,为了解中国医疗文化和展开中非医疗技术方面的合作扎下根基。以中国医疗队或抗疟中心为核心,开展非洲医生的技术比武和中国医疗技术文化讲座,拓展中国援助项目的影响力,宣传中国医疗文化。

(四)制定和实施适合非洲的医药产品销售策略

营销策略是直接面对非洲医生和患者的策略,结合目前中国医药销售中的问题,可以从以下几个方面着手。

其一,改变营销方式,调整营销思路。针对非洲国家医药资源有限,有资质的医生较少,有药无医的现状,中国医药企业可以到当地设立专业医院:一方面,可以通过专业医院销售中国医药产品;另一方面,专业医院除了配备专业医生外,应配备一定数量的全科医生,让非洲病人获得较为专业的医疗服务,扩大中国医药和中国专业医院的影响。

其二,根据非洲的实际情况来调整医药配方和包装。根据非洲国家疾病的特点,开发适合这些地区病症和人民体质的中药配方。为适应非洲人民的习惯,可将中药做成西药的片剂或胶囊,并加强其科学配方的研究,附以当地人可以理解的文字说明书,便于非洲人民服用和接受。考虑到非洲消费者的购买力有限,可改用更小的包装,比如用小袋,让每一小份的药品更便宜。

其三,在开拓非洲某国医药市场之前,要加强对当地情况的调研,特别是药品进出口的法律,了解当地的地理地形、气候变化及流行的常见病和多发病,以及当地居民的平均收入状况,调整医药资源的配置和指导医生的配备。根据实际情况合理调配进口药品的种类、数量,防止盲目性,避免造成不必要的损失。在疟疾较为流行的地区设立疟疾专科医院或专科诊所,为疟疾类药物打开销路,在炎热多雨的地带设立风湿病的专科诊所,打开国内风湿类特色药物的营销渠道,等等。

The Development of African Medical Market and China-Africa Medical Cooperation

HU Mei

Abstract：There are a wide range of diseases and a high demand for medicine in Africa. Limited by its economic development，Africa has a low capacity to produce and consume medicine. Due to a lack of a unified market，each African country's demand for a single medicine is relatively limited，and the process of indigenization of African medicine has hit a bottleneck. In order to break down the barrier of Chinese medicine entering the African market，China should provide the most distinctive and advantageous medical resources and establish an international development strategy suitable for Africa. China should increase production capacity cooperation with Africa through international capacity cooperation，and create an "African brand" of Chinese medicine. With the help of medical assistance，China shall promote Chinese medical products and the dissemination and acceptance of the concept and culture of Chinese therapy.

Keywords：African medicine；China-Africa cooperation；capacity cooperation；medical cooperation

（编校:吴月芽）

第四篇

中非人文交流

中国非洲音乐研究 30 年回眸与展望 *

郭克俭　张大军　赵　干

摘要：本文基于最近 30 年已发表的相关文献及论著成果，从文献特征、研究内容等方面对中国的非洲音乐研究成果给予了初步梳理与分析，并就呈现出的学术特点和存在的问题予以评论。中国 30 年非洲音乐研究的学术水平在不断提升，研究范围在逐渐扩大，研究团队初现规模；但同时存在重复性研究较多、持续性关注不够等不足，期待未来加强史学领域、田野个案、文献翻译等方面的纵深开掘。

关键词：非洲音乐；非洲乐器；非洲音乐研究

作者简介：郭克俭（1967—　　），男，江苏睢宁人，浙江师范大学音乐学院教授，文学博士，中央音乐学院博士后。

张大军（1977—　　），男，安徽六安人，浙江师范大学音乐学院硕士研究生。

赵干（1981—　　），男，安徽合肥人，浙江师范大学音乐学院硕士研究生。

中国与非洲有着悠久的历史渊源，但因地理等因素的制约，非洲对中国来说一直是遥远的"想象"。直到最近 30 年，双方合作关系才日益加强。2010 年 11 月，习近平副主席出访非洲，谱写了中非关系的新篇章。随着中非交流与合作的不断深化，非洲在中国学人眼中的地位也已发生转变，研究群体规模不断扩大，研究机构相继成立，非洲研究日渐成为学界一个热门的焦点。非洲这块广袤的大地蕴藏着丰富的物质和人文资源，而最充满神秘灵性的则是其艺术品类，尤其是音乐艺术对当代世界音乐发展影响巨大。

综观中国 30 年的非洲研究，研究领域主要集中在政治、经济、外交等人文社会科学领域，可谓成绩卓然。而对富有典型民族文化地域特征的非洲艺术的研究则相对薄弱，就音乐艺术领域而言，自 1980 年 6 月 13 日至 21 日在南京艺术学院召开"全国首届民族音乐学学术研讨会"以来，随着"文化价值相对主义"

＊　本文发表于 2011 年第 4 期。

观念的播布、争辩与体认，"欧洲文化中心主义"遭到质疑而失去了话语霸权，以"他者的学术目光""田野作业的研究方法"观照非欧音乐的学术理路，成为中国民族音乐学家学术观照的重要取向之一。非洲音乐①研究便在这一历史境遇中，伴随改革开放、国运盛昌之势，昂扬走过三十春秋，这是由孱弱而勃发的学术之旅，在求索与攀登的跋涉中留下了几多华丽的艺术人文图景。

子曰："三十而立。"的确，无论是对人生抑或是学术，"30"都是一个十分关键的数字。本文不揣简陋，假借这"三十立命"的觉解意识，努力完成对中国 30 年非洲音乐研究回望与盘点的学术使命，但求鉴往而知来。

一、研究文献分析

就现有非洲音乐研究文献，本文分报刊、学位论文类和图书类进行分析。

（一）报刊、学位论文类

笔者从中国知网、万方数据资源等中文期刊、报纸数据库中搜索到 104 篇相关文献（1981—2010 年）②，其中，报刊文献 98 篇，学位论文 6 篇。非洲音乐研究文献在这 30 年中的前 20 年基本处于低产状态，后 10 年呈现骤然崛起之势。前 20 年中，发表数量最多的为 1998 年（4 篇），有 6 个年份为 0 篇（1982 年、1984 年、1989 年、1994 年、1995 年、2001 年）。进入 21 世纪后，文献数量明显上升，最高达 14 篇（2010 年），与前 20 年形成明显对比。但从整体上看，平均每年不足 4 篇的研究成果，显示出非洲音乐研究的薄弱。

从不同时间阶段看，1981—1990 年有 13 篇，1991—2000 年有 17 篇，2001—2010 年有 74 篇。第三阶段（2001—2010 年）属于高产期，约为前两个阶段总和的 2.5 倍。各阶段报刊文献数量占报刊文献总数的比例分别是：12.5%（1981—1990 年）、16.3%（1991—2000 年）、71.2%（2001—2010 年）。学位论文有 6 篇，皆为硕士论文（2007 年 2 篇，2008 年 1 篇，2009 年 3 篇）。

---

① 本文所述的非洲音乐是指撒哈拉沙漠以南非洲的黑人音乐。
② 分别以"非洲音乐""非洲器乐""非洲舞蹈（歌舞）""非洲钢琴""非洲鼓（乐）"等为"篇名""主题""关键词"和"全文"进行搜索，搜索范围仅限于中国知网、万方数据资源与报纸全文数据库等中文数据库。尚有部分涉及非洲音乐的文章，如《西非的艺术》（朱奇译，1980）、《非洲艺术的语言》（陈聿东译，1985）、《尼日利亚古代文化艺术史述略》（刘鸿武，张佳梅，1999）、《20 世纪以来中国对非洲艺术的认知》（李彩，2010）等，由于这类文献繁多，音乐研究针对性不强，加上本文篇幅局限，因此本文不收录这类文章。对于一稿多投的文献，本文在统计总数时仅取其中 1 篇。

从文献性质类别看,104 篇文献中,普及介绍类文献为 59 篇,学术研究类[①]为 45 篇,分别占总数的 56.7％和 43.3％。1981—2000 年普及介绍类文献为 22 篇,学术研究类文献为 8 篇;2001—2010 年普及介绍类与学术研究类均为 37 篇。

从研究内容来看,可将非洲音乐研究分为非洲音乐概览、非洲乐器考察、非洲舞蹈音乐、非洲音乐传播、非洲音乐创作、非洲音乐教学等六大类。其中,非洲音乐概览 21 篇、非洲乐器考察 37 篇、非洲舞蹈音乐 16 篇、非洲音乐传播 10 篇、非洲音乐创作 8 篇、非洲音乐教学 12 篇(见表 1)。

表 1　按内容划分的非洲音乐研究文献数量

序号	分类	总篇数
1	非洲音乐概览	21
2	非洲乐器考察	37
3	非洲舞蹈音乐	16
4	非洲音乐传播	10
5	非洲音乐创作	8
6	非洲音乐教学	12

各分类研究在 2001—2010 年的文献数量都高于该类别在 1981—2000 年的数量。六大类别占文献总量的百分比分别是:非洲音乐概览 20.2％、非洲乐器考察 35.6％、非洲舞蹈音乐 15.4％、非洲音乐传播 9.6％、非洲音乐创作 7.7％、非洲音乐教学 11.5％。

上述 104 篇非洲音乐文献由 87 位作者完成,人均不足 2 篇。发表 1 篇者为 77 人,占总人数的 88.5％,共 74 篇文献(包括 3 篇合作发表的文献),占总文献的 71.2％;发表 2 篇者为 6 人,占总人数的 6.9％,共 12 篇文献,占总文献的 11.5％;3 至 6 篇各 1 人[②],占总人数的 4.6％,共 18 篇文献,占总文献的 17.3％。以上数据表明,绝大多数作者并非持续性从事非洲音乐研究,该研究领域的学术队伍体系尚未形成。

---

①　学术研究类文献主要是指运用已有理论与知识对非洲音乐进行深层次研究,并得出结论的文献。普及介绍类文献主要是指一些向国人介绍非洲音乐的普及文献,意在介绍,学术研究价值相对较低。

②　发表 3 篇及以上的有 4 人,分别为李昕(6 篇)、陈自明(5 篇)、董云(4 篇,含 1 篇硕士论文)、陈铭道(3 篇)。

（二）图书类

在这 30 年中，专门研究非洲音乐的著作仅有 3 部，即《非洲音乐》[①]、《从"撒哈拉"往南走：黑人音乐偶拾》[②]和《非洲钢琴曲集》[③]是专门研究非洲音乐的著作。

在部分章节涉及论述非洲音乐的著作、教材则不下 20 部，具有代表性的有《黑皮肤的感觉——美国黑人音乐文化》[④]、《街头音乐：美国社会和文化的一个缩影》[⑤]、《世界音乐简史》[⑥]、《世界音乐》[⑦]、《世界民族音乐》[⑧]、《世界民族音乐地图》[⑨]、《世界音乐文化教程》[⑩]、《世界民族音乐文化》[⑪]、《世界音乐地图》[⑫]、《外国民族音乐》[⑬]等。

二、成果内容述评

（一）非洲音乐概览

众多的部族、多样的语言以及不同的信仰，造就了非洲音乐的多样性。但非洲作为一个音乐文化区，在差异中又蕴含着一定的共性特征，非洲的各种音乐在社会功能、运用方式以及音阶、旋律、节奏的构成等方面都有其相通之处。非洲音乐概览类研究文献有 21 篇（15 位作者），占文献总数的 20.2%，其中普及介绍类与学术研究类文献分别为 9 篇和 12 篇。主要有董云的 3 篇文章——《Ubuntu 视点下的非洲音乐》《辉煌的非洲音乐》和《关于非洲的音乐人类学研究》，以及陈铭道的《非洲音乐的节奏组织原则》，张雷、陈自明的《独放异彩的黑色珍珠——记非洲传统音乐》，承颖的《我舞故我在》等研究成果。

① 恩凯蒂亚. 非洲音乐. 汤亚汀，译. 北京：人民音乐出版社，1982.
② 李昕. 从"撒哈拉"往南走：黑人音乐偶拾. 北京：中国广播电视出版社，2002.
③ 李昕. 非洲钢琴曲集. 上海：上海音乐出版社，2009.
④ 陈铭道. 黑皮肤的感觉——美国黑人音乐文化. 北京：世界知识出版社，1999.
⑤ 洛秦. 街头音乐：美国社会和文化的一个缩影. 北京：人民音乐出版社，2001.
⑥ 王凤岐. 世界音乐简史. 太原：山西教育出版社，2001.
⑦ 提顿. 世界音乐. 周刊，朗丽旋，译. 西安：陕西师范大学出版社，2003.
⑧ 王耀华，王州. 世界民族音乐. 北京：人民教育出版社，2004.
⑨ 陈自明. 世界民族音乐地图. 北京：人民音乐出版社，2007.
⑩ 张谦. 世界音乐文化教程. 北京：中国传媒大学出版社，2007.
⑪ 饶文兴. 世界民族音乐文化. 上海：上海音乐出版社，2007.
⑫ 杜亚雄. 世界音乐地图. 合肥：安徽文艺出版社，2009.
⑬ 杜亚雄，陈景娥. 外国民族音乐. 杭州：西泠印社出版社，2009.

承颖认为非洲音乐的精神实质源自非洲的"黑人性"与他们古老文明的口传方式,非洲人通过这种口头流传的习俗、描述创作者世界观的方式,将不同团体凝聚在一起。在非洲人看来,音乐不是单纯发生在大脑里、两耳之间的客体审美对象,音乐活动也不是个体所领悟的体验,而是一种社会分享和社会参与过程。Ubuntu 是非洲传统的一种价值观,内含着仁爱思想,它将哲学思想和审美观念从形而上学的独断中解放出来,形成了与西方截然不同的音乐观和音乐践行方式。[①] 董云从建构在非洲固有文化基础上的 Ubuntu 哲学角度观审非洲音乐,进而理解非洲音乐深层次的社会文化内涵。当其他民族将世界观或人生理解为"命运"或"痛苦"时,非洲人却把自己对社会生活、生命力的感悟奉献给了 Ubuntu——时间与空间的和谐存在。[②] 张雷和陈自明认为撒哈拉以南非洲作为一个音乐文化区,音乐类型纷繁复杂,但音乐的多样性并未妨碍其整体特征的统一性;他们从音阶、音程、节奏、旋律等方面对非洲传统音乐特征进行了简要的分析。[③] 陈铭道认为非洲音乐的精髓是它独特的时间性节奏组织原则,无论在什么地方,只要某种音乐符合这种原则,该音乐就有它的非洲基因;如果不符合这种原则,哪怕是用最地道的非洲乐器演奏出来,也不能被视为非洲音乐。[④]

此类研究的专著有恩凯蒂亚的《非洲音乐》与李昕的《从"撒哈拉"往南走:黑人音乐偶拾》。前者在 1982 年由国内学者汤亚汀翻译并出版,是国内首部关于非洲音乐的翻译著作。该书对非洲音乐的历史、发展、现状和音乐形态做了系统分析与介绍,并从语言、文学、诗歌等文化层面对非洲音乐予以阐述,是国人认识和了解非洲音乐的重要读本。后者对黑人音乐的共性与个性特征、外来文化的影响、乐器和声乐的表现手法,以及音乐流传的过程等内容进行了探讨,通过文化审视音乐与生活的关系,认为黑人部族音乐正是黑人传统音乐独特性之源,是迄今国内全面研究和评介非洲音乐的唯一著作。

(二)非洲乐器考察

按民族音乐学家萨克斯·霍恩博斯特尔的乐器分类法,我们可将非洲传统

[①] 承颖. 我舞故我在. 艺术百家,2005(1):118-120.

[②] (a)董云. Ubuntu 视点下的非洲音乐. 电影评介,2008(3):93-94. (b)董云. 辉煌的非洲音乐. 世界博览,1993(5):36-38. (c)董云. 关于非洲的音乐人类学研究. 北京:2005 北京第二届世界民族音乐学会学术研讨会论文摘要,2005.

[③] 张雷,陈自明. 独放异彩的黑色珍珠——记非洲传统音乐. 中国音乐教育,1998(4):31-32.

[④] 陈铭道. 非洲音乐的节奏组织原则. 中国音乐,1992(4):36-37.

乐器分为体鸣乐器、膜鸣乐器、弦鸣乐器、气鸣乐器四类,104 篇文献中涉及非洲传统乐器研究的文献共 37 篇(26 位作者),占非洲音乐研究文献总数的 35.6%。其中研究体鸣乐器的 17 篇(占 45.9%),膜鸣乐器的 16 篇(占 43.2%),综合性研究 4 篇(占 10.8%)。可见对非洲乐器的考察主要集中于体鸣和膜鸣两类乐器,弦鸣乐器和气鸣乐器的研究尚无研究者涉足。其实弦鸣乐器中的单弓弦、里拉八弦竖琴、弓形五弦竖琴、西非鲁特琴,气鸣乐器中的牛号角、长喇叭、芦笛等,在非洲地区都是比较常见的乐器,它们都应引起我们的关注。

1. 体鸣乐器研究

该类研究共 17 篇文献(16 位作者),其中姆比拉 2 篇,木琴 15 篇[1],普及介绍类与学术研究类文献的比例为 6∶11。主要文献有李昕的《非洲的"拇指钢琴"——姆比拉琴初探》、张姝佳的《非洲的手指琴——姆比拉》、陈铭道和皮全红的《非洲木琴研究与民族音乐学》等。[2]

体鸣乐器在非洲乐器中最为常见,有木琴、姆比拉等旋律乐器和拉特尔、铃及拍板等节奏乐器。对体鸣乐器的研究主要集中在对姆比拉和木琴的关注上。姆比拉是非洲一种具有典型意义的乐器,演奏时用双手的拇指拨动金属片使其振动发音,也被称为"拇指钢琴"。李昕、张姝佳各有 1 篇关于姆比拉的研究文献,前者详细探讨了姆比拉的历史、流行区域、结构类型、演奏技法与禁忌等内容;后者也简单介绍了姆比拉的构造与演奏技法,并认为姆比拉被赋予了"神灵"的力量,它奏出的音乐常被视为"祖先"的声音,被蒙上了一层神秘的色彩,成为人与神交流的工具,在现实与神灵世界之间架起了一座桥梁。

在非洲体鸣乐器中,木琴备受学界关注。陈铭道和皮全红从木琴的历史发展脉络、分布区域、调音与音阶三个层面对前人的研究进行了梳理,进而以木琴为主线对民族音乐学的发展历程及其各学派的方法论进行了剖析。马林巴属于木琴的一种,它以鲜明的个性特征,在世界打击乐器领域独树一帜。相关文献有 13 篇,其中 3 篇硕士论文(《马林巴琴演奏技法与教学研究》《20 世纪上半叶马林巴及其音乐的发展——简述马林巴成为独奏键盘打击乐器的演变过

---

[1] 对于木琴的研究,主要集中在对马林巴的关注上,共有 13 篇关于马林巴的研究文献,含 3 篇硕士论文。

[2] (a)李昕. 非洲的"拇指钢琴"——姆比拉琴初探. 中央音乐学院学报,1999(3):81-87. (b)张姝佳. 非洲的手指琴——姆比拉. 乐器,2003(3):46-47. (c)陈铭道,皮全红. 非洲木琴研究与民族音乐学. 中国音乐学,1996(4):29-40.

程》和《安倍圭子马林巴作品及演奏初探》①)对马林巴的历史嬗变、演奏、教学等方面做了较为详细的研究。马林巴的发展不断趋于成熟，是值得欣喜之事，但专业化的创作道路也夹杂着一些值得深思的问题。宋菲曾发出这样的感慨："如同许多民间音乐一样，马林巴挟裹着非洲大地那苍茫迷人的节奏线条为本世纪的西方通俗音乐注入了丰富的营养并获得了充分发展，其精神、节奏、音色都得到了精心加工、修饰和培育，但显而易见的，在马林巴日趋专业化的同时，它也逐渐迷离了民间音乐本质和想象力，它再也不是那绝妙无双的民族音乐之声了。"②

2. 膜鸣乐器研究

膜鸣乐器研究共 16 篇文献(15 位作者)，以普及介绍类居多；其中学术研究类文献有 2 篇，分别为李昕的《黑人传统音乐中的鼓文化研究》和陈自明的《鼓和鼓乐在非洲》③。

膜鸣乐器主要是一些形状各异的鼓。鼓在非洲被称为传统音乐之魂，更成为民族、部落与身份的象征。在尼日利亚、乌干达的宫廷中，鼓是王室权威的象征，不同权力等级的人，在重要场合中拥有鼓的数量是有严格规定的，这与中国古代礼乐制度下乐悬在数量的规定上有几分相似。在非洲，鼓又是会说话的乐器，人们利用力度的强弱、敲击部位的差异，创造出不同的音响，将其作为一种信号来传递信息。音乐是黑人文化的财富所在，鼓类乐器则是我们探寻黑人音乐文化的一扇窗口。非洲鼓作为在特定的社会文化环境中孕育出的乐器，仅从音乐角度来研究它显然不够全面，多视角的综合分析显得尤为必要。李昕从文化的层面对黑人鼓乐器的构造特征、音响美学、艺术表现手法和社会功能等进行了阐释。鼓是表现非洲音乐节奏最为常用的乐器，它在非洲人民的生活中占据相当重要的地位。陈自明介绍了非洲鼓的形状、构造、演奏技巧与方式等内容。

3. 综合性研究

非洲音乐的音响既具有功能价值，在音乐音质上还具有美学价值定向上的选择性和目的性。如何看待非洲乐器的独特性？陈铭道给出了四点结论：一是

---

① (a) 李英梅. 马林巴琴演奏技法与教学研究. 兰州：西北师范大学，2007. (b) 吕政道. 20 世纪上半叶马林巴及其音乐的发展——简述马林巴成为独奏键盘打击乐乐器的演变过程. 北京：中央音乐学院，2008. (c) 白海川. 安倍圭子马林巴作品及演奏初探. 上海：上海音乐学院，2009.

② 宋菲. 触摸音乐的细节——非洲传统打击乐器马林巴琐谈. 艺苑，2007(3)：47.

③ (a) 李昕. 黑人传统音乐中的鼓文化研究. 音乐艺术，1999(4)：48-53. (b) 陈自明. 鼓和鼓乐在非洲. 乐器，2000(1)：29.

非洲音乐各种不同的音响存在于不同的文化背景中；二是在不同的文化中，采用不同的美学规范来选择音响；三是非洲音乐作为一个整体，具有宽泛的音乐性音响的美学价值定向；四是节奏性打击乐器是非洲音乐织体中最基本的东西，丰富而又独特的节奏是非洲黑人音乐对人类文化的重要贡献。① 江东认为衡量尼日利亚乐器演奏者的水平，除了要看演奏者对旋律、节奏的诠释正确与否以外，更重要的是看演奏者能否把需要表述的内容予以充分传达。他从弦乐器、鼓乐器、非鼓类打击乐器和管乐器等四个方面对尼日利亚传统乐器进行了简要叙述。② 另有陈自明的《独放异彩的黑色珍珠——记非洲传统乐器》与《布隆迪的民间乐器》两文对非洲传统乐器给予了关注。③

(三)非洲舞蹈音乐

此类研究共 16 篇文献(13 位作者)，占文献总数的 15.4%；其中普及介绍类文献 11 篇，学术研究类 5 篇。主要有李冉和宁坤的《浅谈非洲黑人舞蹈音乐的特点》、陈自明的《非洲屋脊——埃塞俄比亚的音乐和舞蹈》、秦笑笑的《浅谈非洲音乐和舞蹈的相互关系》④等文。

舞蹈是非洲各民族最古老、最主要的艺术表现形式，是非洲音乐生活中不可或缺的重要组成部分，亦是非洲黑人感情的宣泄方式和力量的源泉。它以欢快的节奏、奔放的鼓点、宏伟的气势、激情四溢的表现力自成一格，是力与美的和谐统一。非洲舞蹈主要分为仪式性舞蹈和娱乐性舞蹈两类。李冉和宁坤认为非洲黑人舞蹈音乐的特点在于强烈的节奏感与律动性，舞蹈动作主要来源于对农事、狩猎、战争等活动的模仿。1988 年，文化部艺术教育考察组对埃塞俄比亚进行访问，非洲音乐的独特魅力深深打动了考察组成员，陈自明将所见所闻、所思所想用文本的形式予以展现，并对非洲传统音乐、东正教音乐和现代音乐进行了概括性的叙述。

非洲人的生活中处处有舞蹈的存在，婚丧嫁娶、祭祀庆典、娱乐休闲都离不开舞蹈，喜悦与忧伤也通过舞蹈来宣泄。非洲舞蹈并不孤立存在，它与音乐浑

---

① 陈铭道. 从民族音乐学看非洲乐器. 中国音乐,1993(3):24-25.

② 江东. 黑色鼓角相闻——掠影尼日利亚传统乐器. 中外文化交流,2002(8):47-49.

③ (a)陈自明. 独放异彩的黑色珍珠——记非洲传统乐器. 中国音乐教育,1998(5):18-19. (b)陈自明. 布隆迪的民间乐器. 乐器,1981(4):13-14.

④ (a)李冉,宁坤. 浅谈黑人舞蹈音乐的特点. 艺术教育,2008(4):103. (b)陈自明. 非洲屋脊——埃塞俄比亚的音乐和舞蹈. 音乐生活,2010(3):44-46. (c)秦笑笑. 浅谈非洲音乐和舞蹈的相互关系. 新课程研究:职业教育,2007(10):28-29.

然一体,密不可分。关于非洲舞蹈与音乐的特点、关系等问题,秦笑笑的论文给予了简要的分析。

(四)非洲音乐传播

此类研究有 10 篇文献(11 位作者),占总数的 9.6%;其中普及介绍类与学术研究类文献各为 5 篇。主要有泮洪的《非洲音乐的传统及其新发展》、赵曙光的《初探非洲黑人音乐对南北美洲音乐文化发展的影响》、陈自明的《非洲音乐和美洲——非洲音乐在中国的传播和影响》[①]等。

非洲音乐传遍世界各地,对其他国家的音乐产生了诸多影响,如美洲许多音乐就带有撒哈拉以南非洲音乐文化的烙印。泮洪详细介绍了世界其他地区音乐对非洲本土音乐的影响,如刚果盆地的"刚果风格"很大程度上是在古巴音乐的影响下产生的;"海莱夫风格"则运用了欧美的和声原则,并将西方的乐器纳入自己的伴奏形式中。赵曙光对非洲黑人音乐在美洲的发展情况予以了梳理与论证,认为非洲黑人以自己辛勤的劳动和卓越的音乐才能影响和推动了美洲社会的发展,同时他们用自己的方式保存了非洲传统,使其得以延续。

近年来,中非双方音乐学术交流日益加强。2005 年 10 月,"中-非音乐国际研讨会"在中央音乐学院召开,来自世界各地的学者们欢聚一堂,共同谱写中非音乐的发展前景。李昕对此次研讨会做了相关论述。[②] 关于非洲音乐在中国的传播情况,陈自明做了较为系统的梳理。

(五)非洲音乐创作

该类研究文献共 8 篇(5 位作者),占总数的 5.7%;其中学术研究类 7 篇,均为 2001—2010 年发表,且有 3 篇是关于尼日利亚裔美国黑人阿金·尤巴的作品研究,即李昕的《阿金·尤巴"非洲钢琴艺术"的创作道路》(简称"李文 I")与《"非洲钢琴艺术"创作理论与实践的一个侧面——阿金·尤巴的钢琴组曲〈传统生活情景〉研究》(简称"李文 II"),以及周旭的《通向世界民族音乐融合的桥梁——黑人音乐家阿金·尤巴的歌剧〈查卡〉(*Chaka*)序曲 No. 1 中的"交叉

---

① (a)泮洪. 非洲音乐的传统及其新发展. 人民音乐,1983(6):57-59. (b)赵曙光. 初探非洲黑人音乐对南北美洲音乐文化发展的影响. 安阳工学院学报,2005(5):121-123. (c)陈自明. 非洲音乐和美洲——非洲音乐在中国的传播和影响. 中国音乐,2008(3):64-66.

② 李昕. "亚非相遇"/北京 2005——中-非音乐国际研讨会综述. 中央音乐学院学报,2006(1):141-144.

文化"现象研究》。① 另有李昕的《克瓦本纳·恩凯蒂亚〈教学用曲 12 首〉的"文化"认识与"技术"评价》、江东的《管窥尼日利亚当代音乐》、谢佳音的《加纳作曲家曼纽尔·吉玛·拉比的钢琴作品——〈莲花〉》与《非洲钢琴艺术研究——以三位非洲作曲家的六部作品为例》、吴娟的《从〈通话鼓〉看尼日利亚当代作曲家钢琴作品》②等，后两篇为硕士论文。

传统音乐与现代音乐的划分已成为一个无法回避的现实，是固守传统还是追求现代，抑或寻求两者的契合点？面对艰难抉择，非洲音乐家做了许多很有成效的尝试与探索。阿金·尤巴是尼日利亚裔美国黑人音乐家，他的音乐创作及创作理念对非洲音乐产生了重大影响。李文Ⅰ对阿金·尤巴的"非洲钢琴艺术"创作道路及理念进行了详细的叙述与分析，认为尤巴追求的"现代音乐"并非仅仅是西方风格的现代化，而是蕴含着黑人传统音乐的现代化，是一种具有时代特征的非洲民族钢琴音乐。李文Ⅱ论述了"非洲钢琴艺术"的创作社会背景、思想特征，详细阐释了尤巴的代表作品《传统生活情景》。该作品具有浓郁的黑人民族主义色彩，同时也是一部融入了西方当代音乐创作思维模式，将西方创作技法与黑人传统音乐创作手法融为一体的时代性作品。周旭的论文则从跨文化的视角对阿金·尤巴的歌剧《查卡》序曲 No.1 的音乐创作理念和方法手段给予了探讨。江东则肯定了尼日利亚的流行音乐与新非洲艺术音乐的发展，认为这些新音乐并没有脱离本国传统，而是植根于传统音乐的土壤之中。作为中央音乐学院音乐学系教师的李昕博士，其学术观念、研究方法和理论成果对其学生也产生了重要影响，如谢佳音的硕士学位论文就选取了三位非洲作曲家，运用比较研究的方法，从音乐创作特征、艺术表现方式、社会历史影响与当代音乐发展等四个方面对非洲钢琴艺术进行了解读和探析。吴娟则试图以舒瓦·乌佐伊戈维的钢琴作品《通话鼓》为例，总结提炼尼日利亚当代作曲家钢琴作品的创作特征。

---

① （a）李昕. 阿金·尤巴"非洲钢琴艺术"的创作道路. 音乐研究，2008（4）：66-78.（b）李昕. "非洲钢琴艺术"创作理论与实践的一个侧面——阿金·尤巴的钢琴组曲《传统生活情景》研究. 中央音乐学院学报，2006（2）：62-71.（c）周旭. 通向世界民族音乐融合的桥梁——黑人音乐家阿金·尤巴的歌剧《查卡》（Chaka）序曲 No.1 中的"交叉文化"现象研究. 大舞台，2010（7）：123-124.

② （a）李昕. 克瓦本纳·恩凯蒂亚《教学用曲 12 首》的"文化"认识与"技术"评价. 人民音乐，2010（9）：80-83.（b）江东. 管窥尼日利亚当代音乐. 中外文化交流，2004（2）：44-46.（c）谢佳音. 加纳作曲家曼纽尔·吉玛·拉比的钢琴作品——《莲花》. 人民音乐，2010（1）：86-89.（d）谢佳音. 非洲钢琴艺术研究——以三位非洲作曲家的六部作品为例. 北京：中央音乐学院，2010.（e）吴娟. 从《通话鼓》看尼日利亚当代作曲家钢琴作品. 广州：华南理工大学，2010.

（六）非洲音乐教学

世界各国音乐都有其独特的艺术风格、人文品性和社会内涵，西方音乐仅仅是世界音乐的一部分。世界音乐是由许多个体组成的，而非单一的、绝对的，正如国际音乐教育学会 1993 年所提出的"world musics"（世界音乐）一词一样，"音乐"是复数而非单数。世界各国、各民族的音乐教育体制都有其合理成分，值得我们重视，并从中汲取经验，完善自我。非洲音乐教学研究文献共 12 篇（12 位作者），占总数的 11.5%（2001—2010 年 11 篇，2001 年之前的 20 年仅 1 篇）；其中学术研究类文献 3 篇，普及介绍类 9 篇；12 篇文献中有 7 篇是国内中小学音乐课教案。其中董云的《尼日利亚传统音乐文化的教学》[①]以尼日利亚音乐文化为研究对象，从该国音乐文化的观念、生活世界中的音乐景观、曲库、乐器及部族音乐文化来展示其音乐文化基本风貌，通过对尼日利亚音乐的教学实践，为我国的世界音乐教学提供一些借鉴，引发对当前我国音乐教育的思考。

三、反思与展望

非洲音乐研究经历了一个从无到有、由浅入深的渐进过程。它不仅将绚丽多姿的非洲音乐呈现于我们眼前，也为我们认识世界音乐的多样性开启了一扇窗户，更为我们提供了一个审视自我的视角。回首 30 年研究历程，收获与缺失并存，欣然与遗憾同在。

（一）学术成果特点

通过以上对文献特征与研究内容的梳理与分析，30 年非洲音乐研究具有以下四个特点。

1.量与质的提高

第一、二阶段（1981—2000 年）共 30 篇文献，进入 21 世纪以后的第三阶段（2001—2010 年），文献数量为 74 篇，数量约为之前的 2.5 倍。第一、二阶段有普及介绍类文献 22 篇，学术研究类文献 8 篇；第三阶段有普及介绍类和学术研究类文献各 37 篇。学术研究类文献数量从 8 篇上升到 37 篇，增长了 3.6 倍之多，并有 6 篇颇具学术水准的硕士论文。

2.研究领域拓宽

2000 年以前的 20 年的研究多以非洲传统音乐为研究对象，对非洲当代新

---

① 董云. 尼日利亚传统音乐文化的教学. 南京：南京师范大学，2007.

音乐很少关注。第三阶段出现了 8 篇关于非洲现代音乐创作研究的文献,内容涉及非洲钢琴艺术(6 篇)、歌剧音乐(1 篇),另有 1 篇关于尼日利亚当代音乐的研究文献,研究领域逐步拓宽。

3. 重视乐器研究

在研究内容的六大类别中,非洲乐器研究文献有 37 篇,占总数的 35.6%,乐器研究受到重点关注。而乐器研究的文献主要集中于对鼓与马林巴两种乐器的研究,分别有 16 篇、13 篇,各占乐器类研究文献总数的 43.2%、35.1%。其中对鼓的研究主要是从文化、审美的角度对非洲鼓文化进行了探讨,关于马林巴的文献则主要集中于演奏技法、琴槌的选择、教学等方面的探讨。

4. 学术团队初显

104 篇文献中有 13 篇文献来自中央音乐学院的师生之笔,分别为李昕 6 篇、陈自明 5 篇、谢佳音 2 篇(含 1 篇硕士论文)①,另有李昕主编的《非洲钢琴曲集》等书。李昕、谢佳音师生重点研究的领域为"非洲钢琴艺术",陈自明则更多关注非洲传统音乐。作为世界民族音乐学会会长,陈自明教授为推动世界民族音乐在中国的传播做了不懈的努力。从 1956 年的"几内亚民族乐器改良"开始,陈教授就开始与世界音乐有了不解之缘,在中央音乐学院率先承担起了世界民族音乐的教学任务,并在全国各大高校巡回演讲,开设世界音乐培训班,扩大世界民族音乐在中国的影响,并借助现代传媒来宣传世界民族音乐,培养了一大批世界音乐的爱好者与专门人才。非洲音乐是世界音乐的重要组成部分,陈教授也对此给予了高度重视。为加深对非洲音乐的感性认知,他多次出访非洲国家,在与非洲音乐承载者、学者接触与交流的基础上,对非洲的音乐、舞蹈、乐器等进行了学术层面的思考。

(二)存在问题分析

如前所述,在国内,30 年非洲音乐研究不仅在量的积累上有了提高,在质上也出现了具有较高学术研究价值的文献,为我们以后的研究提供了参照。但随着该领域的拓展与深入,在成绩的背后却存在着诸多不足,具体来说,包括以下四个方面。

---

① 另有谢佳音《约舒瓦·乌佐伊戈维的〈通话鼓〉研究》《曼纽尔·吉玛·拉比〈方言〉之四"菠萝"的音乐创作特征研究》,以及李昕的博士论文《论阿金·尤巴的"非洲钢琴艺术"》,这 3 篇文献由于中国知网、万方数据资源与报纸全文数据库等中文数据库均未收录,故本文所指的 104 篇文献中不含这 3 篇。

1.重复研究居多

综观 30 年非洲音乐研究文献,不乏具有较高学术研究价值的成果,但也出现了一些乏善可陈的文章,就同一个问题进行重复研究的现象屡见不鲜。如在 16 篇非洲鼓的研究文献中,关于非洲鼓的种类、功能与构造给予关注的文献有 11 篇,内容多处雷同,形成对已有知识的重复,且对资料的来源没有说明。此外,同一篇文献在两种以上期刊发表的情况也较为常见,这种一稿多投的现象应该坚决杜绝。

2.质量亟待提升

30 年来发表的非洲音乐文献仅有 104 篇,年均不足 4 篇,专著类文献更是屈指可数,仅有 3 部。诚然,学术研究的深浅不能仅以数量的多少来判定,但数量却真实地反映了非洲音乐研究的现状。没有数量的累积,何谈质量的提升?从文献的质量上来看,叙述性、普及介绍性的论文居多,在深度上亟待纵向开掘。

3.缺少持续深究

从作者的人数来看,根据上文提到的数据,30 年来仅 4 人对非洲音乐给予了持续关注,从比例上看,显然是严重偏低的。增强研究者的持续关注意识,提高研究人员的学术素养,是非洲音乐研究走向成熟的关键所在。

4.价值观念偏移

年均不足 4 篇文献的发表现况,足以证实我们对非洲音乐研究的忽视。究其原因,恐与一些人的"欧洲中心主义"思想不无关系。综观国内音乐教育现状,人们均将西方音乐体系奉为"金科玉律",对中国传统音乐教育重视不够,而关于世界音乐的教育更成为一个薄弱环节。如何以多元化的视角看待世界各民族音乐,首先就需要我们挣脱"欧洲中心主义"思想的束缚。

(三)未来愿景展望

非洲音乐研究处于风气渐成的阶段,尚有诸多领域需要研究者给予深度挖掘。笔者认为最为重要而亟待加强的是以下五个方面。

1.注重史学观照

非洲人创造了自己的历史,其历史源远流长。关注非洲音乐史的研究有利于我们对非洲音乐的过去与现在有一个更加清醒的认识。对该领域的研究,需要有资料的积累。一是需要对纸质文献进行搜集;二是借助口述史来达到对研究对象的了解,因非洲音乐的传承大多经过口耳相传,更多的记载存在于文本背后,通过口述史来研究非洲音乐的历史脉络就显得不可或缺;三是从遗址、出土文物、墓葬等实物资料中窥探历史;四是从非洲当地的民俗中提取有用的历史资料。对非洲音乐史的研究可以从声乐史、乐器史、舞蹈史等着手,也可按照历史分期、区域划分进行梳理。对于这样一个庞大的系统工程,仅凭个人是无法实现的,它需要借助多方面的力量才能最终完成。我们可通过与政府的合作,利用相关研究机构①的资源优势,为我们的非洲音乐研究提供帮助。

2. 深入田野作业

田野调查是音乐人类学最重要的经验和基石,也是研究世界音乐必不可少的手段。对非洲音乐的研究不是去开几次会议、看几场演出就能理解和掌握的,它需要我们参与其中,亲身体味非洲音乐的魅力,既要用"局外人"的宏观视野去理解和认识其文化的本质和意义,也要用"局内人"的眼光去观察、体验音乐事象,即所谓的"参与观察"(participation observation)。通过本文的研究发现,30 年的非洲音乐研究,多数成果缺乏对非洲音乐的实地田野调查。造成此种情况的原因是多方面的,但无论如何都应该转变观念,充分认识到深入田野的重要性。

3. 强化文献翻译

"翻译是以符号转换为手段,意义再生为任务的一项跨文化的交际活动。"②它是人类各民族进行文化交流的一种重要方式。为了更好地理解和认识非洲音乐,翻译原著也是一种行之有效的手段,它是各民族文化交流在空间上的一种拓展。在搜索到的 104 篇文献中有 12 篇为翻译或编译的文章,内容涉及音乐、舞蹈、乐器等方面,文献的原作者主要来自美国、法国、加拿大、日本等国。③一个局外人因文化的差异,不可避免地在研究中会掺杂个人色彩,存有理解上的偏差。某个民族的人对其自身文化中的音乐的感受和表达往往是最值得信赖的,而我们恰恰忽视了这一点。因此,为了更好地了解非洲音乐,我们不仅要阅读和翻译非洲国家以外学者所著的文献,还应对非洲本土音乐学者的相关研究成果给予足够的重视。

---

① 如中国社会科学院西亚非洲研究所(1961 年成立)、中国非洲问题研究会(1979 年成立)、北京大学非洲研究中心(1998 年成立)、浙江师范大学非洲研究院(2007 年成立)、云南大学非洲研究中心(2007 年成立)等。

② 许钧. 翻译论. 武汉:湖北教育出版社,2003:75.

③ 仅有《非洲舞蹈》([塞内加尔]热·阿科妮著,黄吟诗译,《舞蹈论丛》1983 年第 3 期)与《交往:音乐在非洲社会中的作用》([加纳]J. H. 克瓦本纳·恩凯蒂亚著,冯炳崑译,《国际社会科学杂志》1985 年第 2 期)两篇文章源自非洲本土音乐家。

4．关注传统变迁

随着全球化趋势的加强,世界各国在政治、经济、文化等领域的交流日益增多,西方音乐以一种势不可挡之势遍布全球,对世界各国的音乐产生了重要影响,非洲音乐同样未能阻挡西方音乐的强势介入。非洲国家以怎样的心态来看待西方音乐？西方音乐对非洲音乐的影响何在？非洲音乐家如何面对传统与现代的问题,在音乐作品中是如何体现的？非洲音乐在世界的传播过程中发生了哪些变化？这些问题都是值得我们进一步研究和关注的。

5．完善方法视域

音乐不是孤立存在的,宗教、语言、文学、诗歌、习俗、生态环境、舞蹈等与音乐紧密联系,不能离开这些因素而单独研究音乐。音乐人类学的兴起为研究非洲音乐提供了一个可供参考的方法。梅里亚姆将音乐人类学视为对"音乐中的文化"和"文化中的音乐"以及将"音乐作为文化"的研究,它融合了社会科学与人文学科为一体的综合性视角,采用人类学的视角来研究非洲音乐,有利于我们对研究对象的全面体悟、省察和理解。

诚然,非洲音乐研究关涉的领域还很多,诸如非洲的宗教、仪式音乐有哪些,它们以何种姿态显现？非洲各国的音乐有哪些异同？我们如何突破西方学者的非洲音乐研究成果所造成的先入为主的误读、误判、误识,智慧地提出自己的解读,形成中国学者的学术特色？而最关键的是,我们如何切实运用人类学的观念方法,摆脱猎奇心态;恪守"文化互为主体性"的原则,以"他者的目光"走进非洲田野,以主位的姿态,从被研究者的观点出发来理解他们的音乐文化,更加全面客观地观察、把握与阐释非洲音乐,推人及己,为中华民族的传统音乐文化发展提供镜鉴。

这,或许正是我们研究非洲音乐的出发点和根本点。

Review and Outlook of African Music Studies in China During the Past Three Decades

GUO Kejian　　ZHANG Dajun　　ZHAO Gan

Abstract：Based on the related literature and research results published during the past three decades, this article makes a preliminary analysis of African music studies in China in terms of features of literature, research content, etc., and makes comment on the academic characteristics and existing problems. The three-decade studies in African music have shown some academic improvement, the scope has been gradually expanded, and the scale of research team has taken shape. But at the same time, many problems still exist, such as repetitive research and lack of sustained attention. It is hoped that further research will emphasize historical studies, case and field studies, and translation of literature in the future.

Keywords：African music; African musical instrument; African music studies

（编校：钟晨音）

论新时期中喀文化交流与合作*

周海金

摘要：自 20 世纪 70 年代以来,中喀文化交流合作在 30 多年的历程中取得了显著的成效,双方多次签署政府间的文化协定,双边文化互访日益增多,各种文化交流活动愈发频繁。但同时中喀文化关系也面临着民间文化交流不够、文化协定具体执行不力、中方缺乏主动性、中国对喀麦隆文化艺术研究不够等诸多问题。为切实推动中喀文化在新时期的交流与合作,除了强调民间合作、学术界的参与及加强政府投入外,建议在喀麦隆成立中国文化中心,并以孔子学院为依托培养一批喀麦隆汉学家。

关键词：喀麦隆;中喀文化交流;孔子学院

作者简介：周海金(1977—　　),女,湖南郴州人,浙江师范大学非洲研究院副研究员,哲学博士。

2011 年是中喀建交 40 周年,40 年来,中喀关系日益密切深入。随着新时期中喀关系的全面发展,中喀文化间的相互了解和认同、交流与互鉴也成为日益迫切并急需解决的重要问题。能否妥善解决文化交流合作方面遇到的问题与挑战,并探寻新时期中喀文化交流合作的新领域、新途径,直接关系到未来中喀关系的发展走向和持续推进情况。

一、中喀文化交流与合作的成效与特点

当代中喀文化交流与合作始于 20 世纪 70 年代初。1974 年 1 月浙江省在雅温得和杜阿拉举行的工艺美术展览正式拉开了中喀文化交流合作的序幕。同年 12 月,武汉杂技团在杜阿拉的精彩演出受到了喀麦隆 5000 多位观众的热烈欢迎。20 世纪 70 年代是中喀文化交流的起步时期,双方的文化交流活动不是很频繁,但是已经涉及一些领域。中国分别派出杂技团、体育代表团、武术团

＊　本文发表于 2011 年第 4 期。基金项目:教育部哲学社会科学重大课题攻关项目"新时期中非合作关系研究"(09JZD0039)。

和足球队访问喀麦隆，喀方也派新闻代表团、男子排球队和女子篮球队访问中国。

20 世纪 80 年代至 90 年代，随着两国关系的进一步发展，中喀文化交流进入了蓬勃发展的新时期。1983 年 5 月文化部顾问陈辛仁率中国政府文化代表团访喀，并同喀麦隆新闻、文化部部长纪尧姆·布韦莱于 6 月 2 日在雅温得草签《中喀 1983—1984 年文化交流计划》。同年 9 月，文化部顾问陈辛仁和喀驻华大使临时代办在北京签署了《中喀政府文化交流 1983—1985 年度执行计划》。同年 10 月，中国电影周首次在雅温得举行，放映了《丝路花雨》《神秘的大佛》《喜盈门》和《孔雀公主》。此后，1987 年、1989 年和 1991 年又举行了三次中国电影周。

这一时期，双方交流合作的内容和领域较之 20 世纪 70 年代已有很大的拓展，交往也更为频繁。80 年代至 90 年代，中喀文化方面的交流活动达 38 项之多，内容主要集中在双方艺术团互访、文化部门代表团互访、举办电影周、赠送乐器等文娱用品、签订文化交流协议书和文化合作协定（共签署 3 项文化交流协议书，2 项文化合作协定），并派出教育考察组和电影公司业务小组赴喀麦隆实地调研。1992 年，中央电视台摄制组应喀麦隆驻华大使邀请，赴喀拍摄国庆活动和西部风光。

进入 21 世纪以后，中喀文化交流合作朝着纵深的方向发展。2000 年中非合作论坛的建立使中非文化交流提升到了新的水平。2001 年，喀麦隆文化国务部长奥约诺率喀政府文化代表团一行 6 人访华。

2004 年，"中华文化非洲行"的第二站便是喀麦隆，7 月 19 日，中国刺绣展和"锦绣中华"图片展在喀麦隆首都雅温得国家博物馆隆重开幕。喀麦隆文化国务部长奥约诺为开幕式剪彩，他高度评价了中华民族的悠久历史和灿烂文化，并指出，此次展览是让喀麦隆人民了解中国文化的传统和创新、了解中国社会巨大变化的好机会。该展出每天吸引着络绎不绝的观众。

2005 年 9 月，应喀麦隆文化国务部长邀请，中国文化部派遣由青海省民族歌舞剧院演员娜尔斯和北京舞蹈学院编导蒋可钰组成的培训小组赴喀麦隆，配合喀文化部重新组建其国家舞蹈团。原喀麦隆国家舞蹈团成立于 1977 年，由于经济困难等多种因素的困扰，长期处于名存实亡的状态。喀麦隆政府一直希望将其复兴，并多方寻求合作。我国文化部十分重视该合作项目的进展，曾向喀文化部赠送了 13 万元人民币的物资，援助了 312 平方米的舞台专用胶地板及配套胶带，大大改善了训练环境。三年里，两位中国舞蹈教师克服了伤病、文化等重重困难,毫无保留地向喀麦隆演员传授舞蹈和编舞技能,使喀麦隆国家舞蹈团在短短三年内实现了从无到有、一年一个飞跃的奇迹,从而圆满地完成了帮助喀麦隆政府重建国家舞蹈团的重任。

近年来,中喀文化交流日益活跃,中国在喀麦隆举办了多场大型图片展、面具和少数民族服饰展,以及各种武术、杂技、歌舞等艺术表演,受到了喀麦隆人民的热烈欢迎和高度赞赏。2006 年,中国驻喀大使馆在雅温得喀麦隆国家博物馆举行了"和谐中国:追求与梦想"大型图片展,庆祝中华人民共和国成立 57 周年。2007 年 9 月 24 日,中国驻喀大使馆在喀麦隆国家博物馆举行了"北京欢迎您"大型图片展,以庆祝中华人民共和国成立 58 周年,共展出 60 余张图片,主要展示了北京筹备 2008 年奥运会的情况,让喀麦隆人民了解中国的文化和历史,看到中国人民的激情和决心。

2008 年,中国政府再次与喀麦隆政府签署了《中华人民共和国政府和喀麦隆共和国政府文化协定二○○八年至二○一○年执行计划》。

在"2009 中国文化聚焦"大型中非文化交流活动期间,中国"东方魅力"艺术团分别于 9 月 20 日和 22 日在喀麦隆首都雅温得会议大厦和杜阿拉为喀麦隆观众献上了精彩的中国文化盛宴。中国演员婀娜多姿的舞蹈、神奇迷人的武术和令人惊叹叫绝的杂技表演,一次又一次倾倒了全场观众。"东方魅力"艺术团所到之处,掀起了当地的中国文化热。

2010 年,为配合文化部部长蔡武访问非洲,庆祝喀麦隆等非洲国家独立 50 周年,中国少林武僧团于 5 月 18 日至 31 日赴非洲三国进行了文化交流。5 月 21 日,中国少林武僧团在喀麦隆首都雅温得多功能体育馆进行了一场中国功夫表演,武僧团圆满的演出不仅为喀麦隆的国庆活动增添了喜庆的气氛,也再一次激起了喀麦隆民众对中国武术及中国文化的喜爱和追捧。

自中非合作论坛建立以来,中喀两国的文化交流进入了前所未有的活跃期。高质量、高频率的文化交流活动体现了两国之间的友好关系,并极大地增进了两国人民的了解和友谊。30 多年来,中喀文化交流与合作主要呈现出了以下一些特点。

(1)喀麦隆主流派高度评价中国,赞赏中国文化。喀麦隆文化国务部长奥约诺对中国怀有深厚感情。他对中国古老的文化和现代先进的思想都很感兴趣,并称中国是世界上的文化大国,多姿多彩的中华民族文化艺术为人类文明发展做出了重要贡献。奥约诺早在法国学习时期就读过《老子》《庄子》和儒家的一些著作。20 世纪 60 年代,他通读了《毛泽东选集》。他特别提到,毛泽东的对立统一理论对他认识和分析问题有很大帮助。喀麦隆现任总统比亚也曾于 1987 年和 1992 年来华访问,并于 2003 年 9 月对中国进行了国事访问。比亚对中国文化颇有兴趣,并赞赏中国文化为世界文化所做出的重大贡献。在 2007 年与胡锦涛主席的会谈中,比亚表示中喀关系建立在平等与相互尊重的坚实基础之上。多年来,中喀人民友谊不断深化,两国各领域互利合作成果丰硕,双方相互理解和支持,喀方深表满意。比亚还宣称"中国是喀麦隆伟大的朋友,喀麦隆是中国的忠诚朋友"①。

(2)中喀政府和官方的交流合作活跃。中喀双方国家领导人都十分尊重对方的文化与艺术,以国家的力量积极推进中喀文化交流与合作。在过去的几十年里,中喀双方互派了高级别的文化访问团,双方重要的文化团体、知名人士、著名演员多次到对方国家访问。中国还与喀麦隆签订了文化交流的友好协议,形成了以政府间交流为主渠道的中喀文化交流与合作模式。

(3)双边艺术展览和文艺演出的规模不断扩大,内容更加丰富多彩。多年来,中国同喀麦隆互办各种类型和规模的艺术展览及文艺会演达数十次,参展的内容和水准越来越高,歌舞、杂技、武术等各种文艺演出也是日益频繁,且规格越来越高。

(4)中国艺术家对喀人力资源培训工作取得可喜成果。从 2005 年开始,中国舞蹈家辛勤耕耘三年,让沉寂了 20 多年的喀麦隆国家舞蹈团重焕活力。如今的国家舞蹈团已成为喀麦隆文艺界的标杆,曾经稚嫩的舞蹈团演员已迅速成长为成熟、有独立编舞能力的艺术人才。两年来,喀麦隆国家舞蹈团创作了 17 部完整的艺术作品,并多次参加重大演出活动,赢得了各方赞誉。喀麦隆总统出访法国、赴加纳出席非洲杯足球赛、赴日本参加日非论坛期间都指派舞蹈团随行表演。北京奥运会期间,舞蹈团两次应邀访华,参加了大型文艺演出,获得了中国观众的一致好评。喀麦隆国家舞蹈团的重生成为中喀文化艺术友好交流与合作的成功范例。

二、中喀文化交流合作面临的问题与挑战

文化交流是中喀友好合作关系的重要组成部分。近年来,由于政府、领导人,以及民间团体的大力倡导和推动,中喀文化交流发展快速、良好。但相对于外交、政治和经济方面日渐紧密的交往,文化交流远远不够,并处于一个相对滞

---

① 胡锦涛同喀麦隆总统比亚会谈. (2010-10-22)[2010-10-28]. http://politics.people.com.cn/GB/5352553.

后的状况。下面笔者将结合在喀麦隆实地调研取得的一手资料,分析现阶段中喀文化交流合作中存在的问题与挑战。

(1)中喀文化交流合作以政府间交流为主,地方政府、民间组织、专业团体的交流不够。2000—2010年,来华的喀麦隆艺术家和团体相对而言有所增加,但是中国去喀麦隆采风、摄影、创作的艺术家和团体却是少之又少。

(2)中方在中喀文化艺术交流合作中缺乏积极主动的倡导和计划。在中喀文化艺术交流活动中,一些切实可行的计划大多由喀方提出,中方再加以回应和配合,但中方很少积极主动地提出或制订这些计划。如2005年中方向喀麦隆国家舞蹈团派出舞蹈老师,以及即将实施的往喀派出乒乓球教练,这些项目都是喀方主动提出的。

(3)现有的文化合作过于强调为国家政治和外交服务。服务政治和国家外交是国家文化交流合作的重要使命之一,但是文化交流合作的出发点更应该是为双方主体呈现文化的多样性和差异性,从而提高双方的人文素质,加强两国人民心灵的沟通和对话。而从另一方面来说,传统友谊的巩固与提高自然会强化两国间的政治和经济关系。

(4)自1984年起,中喀已签订多个文化合作协定,这些文化合作协定在内容上都非常全面具体。双方不但制定了访问、演出、展览等文化艺术交流合作的形式,还就教育、医药、体育、新闻、影视、图书馆交流合作等制定了交流方案。① 但从总体来看,能得到很好落实的却不多,文化协定因为缺乏后续的执行计划往往很难推进。

(5)尽管文化交流合作的重要性已经被中喀双方高瞻远瞩地意识到,但实际的配套政策和文化资源还远远跟不上现实的需要。此外,文化交流合作需要投入很多,较之政治和经济,又往往很难在短期内看到收益,因此推进的速度也很缓慢。

(6)由于喀方行政管理水平相对较低和接待能力有限,文化协定中应该由喀方承担的责任和承诺经常不能兑现,这就容易导致计划搁浅。② 有的中国学者被邀请过去,但是到了喀麦隆以后却得不到对方的接待。如中国向喀麦隆派出舞蹈老师,根据协议,喀方应向中方老师提供交通费等其他一些费用,但最后

---

① 有关中喀最早签署的文化合作协议之详细内容,请参考《中华人民共和国政府与喀麦隆共和国政府文化协定》。

② 有关中喀文化交流合作面临的问题与挑战,大部分是根据笔者2010年11月赴喀麦隆调研期间与中国驻喀麦隆使馆相关工作人员的座谈内容整理而来。感谢他们提出的诸多宝贵意见。

很多都没有兑现。

（7）中方对喀麦隆文化艺术的研究还很不够，懂得喀麦隆文化艺术的中国专家学者太少，而了解中国文化艺术的喀麦隆专家学者更是稀缺，普通民众更是如此。由于对彼此的文化艺术不了解，一些到喀麦隆从事经商贸易和工程的中国公民，可能出现不尊重当地文化与习俗的行为，造成一些文化冲突，对中喀经济合作产生不利影响。而毋庸置疑的是，中喀双方的公民只有熟悉了对方的文化、艺术、宗教、观念、法律、道德，才能更好地开展合作。

三、中喀文化交流的决策与建议

自比亚总统 1982 年开始执政以来，喀麦隆对内实行"民族复兴"纲领，主张"民主化和民族融合"，经济上实现有领导的"自由主义"政策；对外奉行独立、不结盟和广泛国际合作政策。① 因此长期以来，喀麦隆政治和社会稳定，经济发展良好，是中西部非洲具有典型性的国家。自 1971 年中喀建交以来，中喀关系稳步发展，在各个领域进行了真诚友好的合作。2007 年胡锦涛主席对喀麦隆进行了国事访问，与比亚总统就双边关系深入交流了意见，达成了广泛共识。双方发表了《中华人民共和国和喀麦隆共和国联合公报》。至此，中喀政治经济关系进入了一个前所未有的新时期。

在当今竞争日益激烈的国际关系和国际外交中，政治与经济的交流合作比以前任何时代都更需要文化和智力的支撑。文化的交流合作为国际关系和经济关系所带来的重大影响已经被世界各国越来越清晰地认识到，这从各国制定的对外文化政策上就可以看到。中非关系是中国外交关系的重点，中国应进一步从战略高度认识文化交流在对外交往中所起到的重要作用，并采取相应措施，使中喀文化交流合作迈上新台阶。

（1）积极推动中喀民间及地方文化交流合作，开辟多渠道宽、领域的合作模式。今后应该在加强政府间交流的同时，更积极地推动中喀民间文化艺术交流，鼓励中国与喀麦隆的商业性艺术团体，按照自己的需要进行形式更多样化的交流与演出。同时推进更多的中国与喀麦隆城市成为文化友好城市，开展"中国文化周""中国电影周""中国图书展"等系列专题活动，为喀麦隆人民了解中国文化打开更多的窗口。

（2）中国文化部门宜采取更积极、主动的姿态，改变"喀方提议，中方回应"

---

① 喀麦隆概况.（2010-11-01）[2010-11-09]. http://world. people. com. cn/GB/8212/72474/72476/5015059. html.

的被动局面。政府可加大对文化交流合作的资金投入，完善实际的配套政策，加强文化资源的及时跟进。应制订切实可行的文化执行计划，确保两国文化交流合作项目顺利推进。中国有很多的文化资源和相对优势的文化产业，这些资源对喀麦隆来说非常珍贵。中方可基于自身的优势积极策划一些针对性强的文化交流项目，也可就喀方的强项，引进对方的文化资源，如足球文化。

（3）在喀麦隆创建一个中国文化中心。目前在喀麦隆设立的外国文化中心有法国、德国和美国的三家。法国在雅温得和杜阿拉分别设有文化中心，活动十分丰富，主要对象是喀麦隆中下层人士和学生。德国文化中心虽然规模不如法国的大，但活动频繁，与喀麦隆文化界关系密切。美国文化中心则侧重于中上层和知识界。在非洲，喀麦隆是一个有着丰厚历史文化底蕴的国家，人民对文化艺术和精神生活也有一定的追求，但与此相反，国家文化产品和文化场所远不能满足人民的需求。中国文化中心的建立一方面将有利于为中国文化在喀麦隆的传播和发展提供一个方便的平台，另一方面也将为喀麦隆民众提供一个集娱乐、休闲和阅读于一体的好去处，为喀麦隆本土音乐、电影和绘画提供一个展示的舞台。[①]

（4）学术界应在增进中喀民族文化交流与相互理解方面担当重任。喀麦隆孔子学院汉语教师 2008 年的调查报告显示，有 65％的喀麦隆人对中国了解很少，甚至有 16％的人对中国一无所知。[②] 中国民众对喀麦隆也知之甚少。基于这种情况，针对社会普通民众的有关双方历史文化的宣传工作还任重道远，还需要双方专家学者努力。一方面，中方的专家学者应在传递客观信息、提高国民对喀麦隆文化的认知程度、树立正确的喀麦隆观念方面发挥更大的作用；另一方面，喀方学者要积极宣传中国文化，介绍中国国情，将汉语教学更广泛地推广到中小学，使更多的喀麦隆人多渠道地了解中国。

（5）应以孔子学院为依托，培养一批喀麦隆汉学家。近年来，随着中国与喀麦隆友好交往的日益频繁，对中国语言和文化感兴趣的喀麦隆人越来越多，汉语热不断升温。喀麦隆孔子学院在为学生提供多样化、高质量的教学的同时，还举办了丰富多彩的活动。从汉语水平考试、中文歌曲比赛、汉语口语比赛到中国文化讲座、图片展、夏令营、太极拳培训及书法比赛，几年来，孔子学院几乎

---

① 笔者于 2010 年 11 月赴喀麦隆调研，重点考察了法国文化中心。该中心成功的运作模式和管理体制可为中国文化中心的设立和运作提供诸多信息和很好的参考。

② 刘岩. 喀麦隆汉语推广调查研究. 浙江师范大学学报（社会科学版），2008，33（5）：32.

月月有活动，成为媒体的关注焦点。^① 中喀文化交流可以孔子学院为依托，在传播中国语言文化的同时培养一批喀麦隆汉学家，以使他们在以下方面发挥积极作用：第一，向社会各个阶层介绍中国历史文化，使喀麦隆人民更全面深入地了解中国；第二，用喀麦隆本土的语言创作描述中国文学与历史的作品；第三，将中国传统思想（如儒、道、释）逐步引入喀麦隆，在中国学者的帮助下完成对中国经典的阐释和翻译。以上这些建议的目标就是：加强中国和喀麦隆两国的联系，寻求两个民族间的共同利益基础。

四、结　语

中喀建交以来，在两国政府和人民的共同努力下，中喀文化交流合作取得了很好的成绩。通过各种形式的文化交流与互动，越来越多的喀麦隆民众钟情于丰富而灿烂的中华文化，并对中国赋予了他们友好的情感；中国民众则通过欣赏喀麦隆音乐、舞蹈等形式的艺术，对喀麦隆文化也有了全新的认识和兴趣。两种异质文化的相互交流、借鉴和融合，巩固了中喀人民的友谊，增强了中喀人民之间的感情。

新时期中喀关系的全面发展对双方文化艺术的交流合作提出了更高、更多的要求。未来中喀文化的交流合作必须在传统的基础上拓宽新的领域，提出新的方法，实施新的途径，只有这样才能更好地为中喀关系的持续稳定发展提供文化上的保障和智力上的支持。我们相信，在中喀人民的共同努力下，中喀文化交流不仅源远流长，而且将日新月异，不断进步。

China-Cameroon Cultural Exchange and Cooperation in the New Era

ZHOU Haijin

Abstract：Since the 1970s, many achievements have been made in the cultural exchange and cooperation between China and Cameroon；there are a

---

① 喀麦隆孔子学院深情迎送中方院长．（2010-11-01）［2010-11-08］．http：//news．163．com/10/1002/20/6I13TNG100014JB5_2．html．

series of inter-governmental cultural agreements，more and more bilateral cultural visits，and increasing cultural exchange activities。But at the same time，many problems have arisen in China-Cameroon cultural relations：not enough people-to-people cultural exchange，the agreements have not been resolutely put into practice，the Chinese side hasn't taken the initiative，and a lack of profound related academic research，etc。In order to promote China-Cameroon cultural exchange and cooperation in the new era，this article puts forward a suggestion that apart from emphasizing people-to-people cooperation，the participation of academia，and the increase of governmental financial investment，China needs to establish a Chinese cultural center in Cameroon，and cultivate native Chinese studies scholars in Cameroon on the basis of the Confucius Institute。

Keywords：Cameroon；China-Cameroon cultural exchange；Confucius Institute

（编校：钟晨音）

中国与莫桑比克文化交流探析*

邢献红

摘要：中莫文化交流历史悠久，是中非文化交流的重要组成部分。近年来，特别是 2012 年莫桑比克蒙德拉内大学孔子学院成立以来，中莫文化交流得到了很大程度的提升。但由于社会背景不同、殖民文化影响等原因，中莫两国文化上的相互认同感不强，中莫交流仍然存在着诸多问题。本文梳理了中莫文化交流的历史和现状，分析了目前存在的问题及主要影响因素，提出了深化和扩大中莫文化交流的思考和建议。

关键词：中国；莫桑比克；文化交流

作者简介：邢献红（1964—　　），男，浙江金华人，浙江师范大学外国语学院副教授。

莫桑比克位于非洲东南部，是非洲两个最重要的葡萄牙语国家之一，国土面积将近 80 万平方公里，资源丰富。中莫合作不仅是南南合作的重要组成内容，更是促进中非友谊不可或缺的一部分。2016 年 12 月 3 日，国家主席习近平在约翰内斯堡会见莫桑比克总统纽西时指出："中莫传统友谊是由两国老一代领导人亲手缔造和培育的，我们都十分珍惜，要做好朋友、好伙伴、好兄弟。双方要始终从战略高度和长远角度看待和把握两国关系，在涉及彼此核心利益和重大关切问题上继续相互理解和支持；深化石油天然气工业、矿业、加工制造业、农业、基础设施建设和运营、投融资等领域互利合作；加强教育、文化、卫生、旅游、青年、智库、媒体等领域交流合作；密切国际协作，维护发展中国家共同利益。"①由此可见，加强中莫文化交流与合作、促进双边关系发展具有十分重要的意义。

---

*　本文发表于 2018 年第 5 期。

①　耿学鹏.习近平会见莫桑比克总统纽西.（2015-12-04）[2015-12-10]. http://www. xinhuanet. com/world/2015-12/04/c_1117350081. htm.

一、中莫文化交流的历史与现状

中莫两国经贸往来和文化交流的历史源远流长。历史上,莫桑比克处于中国古代"海上丝绸之路"的最南端,也曾经是中国与非洲、西方进行海上贸易的重要停靠地。"丝绸之路"开辟以后,中国的黄金、丝织品、瓷器等远销莫桑比克,或通过莫桑比克再转运至葡萄牙等欧洲国家,深受当地人喜爱。

明朝中后期是中国瓷器远销海外的鼎盛时期。葡萄牙是第一个向中国采购瓷器的欧洲国家。莫桑比克是葡萄牙的殖民地,受葡萄牙人的影响,直到现在,还有不少当地人有使用中国瓷器的习惯。他们不仅用瓷器盛饭盛水,还把瓷器碎片贴在墙上、镜子上做装饰。据《明史》记载,郑和下西洋的终点是"比刺"和"孙刺","比刺"即现在莫桑比克的中部城市贝拉,而"孙刺"则是现在莫桑比克的沿海省索法拉。

新中国成立后,中国与莫桑比克的交流与合作进一步加强。在莫桑比克人民争取民族独立和民族解放斗争以及后来的社会主义建设中,中国为莫桑比克提供了许多无私的援助。[①] 中莫两国于 1975 年 6 月正式建交,双方一直保持着政治、军事、经贸等领域的交流与合作,双边关系不断得到巩固和发展。近年来,中莫两国政府在基础设施建设、农业、矿业、加工制造业、教育、文化、卫生、旅游、能源等领域的交流更加频繁,合作进一步深化。

2011 年 4 月,莫桑比克蒙德拉内大学与中国国家汉办(孔子学院总部)正式签署了在首都马普托共建蒙德拉内大学孔子学院的协议。2012 年 1 月,中方正式派遣中方院长和汉语教师志愿者前往莫桑比克蒙德拉内大学筹建孔子学院,同年 10 月孔子学院正式挂牌成立。从此,两国文化交流正式通过官方教育载体得到了展开。目前,该孔子学院已在莫桑比克首都马普托、中部城市贝拉、北部城市楠普拉等地建立了 11 个教学点,共有汉语教师和志愿者 24 人,注册学员 1000 余人。孔子学院汉语教师、志愿者、学生以及孔子学院所依托的合作方蒙德拉内大学开展的汉语教学和丰富多彩的中国文化活动是近年来中莫文化交流的中坚力量。另外,孔子学院经过前期四年不懈的努力,在 2016 年与蒙德拉内大学文学和社会科学院合作开设了莫桑比克第一个汉语专业,将汉语教学正式纳入莫桑比克国家教育体系,极大地提升了汉语在莫桑比克的地位和影响力。

---

① 剑虹. 莫桑比克指南. 北京:中国科学文化音像出版社,2010.

2013 年 5 月 13 日，习近平总书记在北京人民大会堂会见来华出席太湖文化论坛第二届年会的莫桑比克总统格布扎，希望两国不断巩固和深化友好合作关系。2016 年 5 月，《中华人民共和国和莫桑比克共和国关于建立全面战略合作伙伴关系的联合声明》发布，声明中明确提到了"21 世纪海上丝绸之路"。双方将进一步扩大人文交流，促进两国在文化、教育、卫生、青年、地方政府、智库、媒体等领域的合作。双方将共同建设好莫中文化中心和孔子学院，加强两国青年、智库、媒体交流，支持两国建立更多友好省市关系，促进地方政府间的交流与合作。

二、中莫文化交流存在的问题

(一)中莫文化交流的广度和深度有待拓展

广度上，中莫文化交流的领域比较狭窄。双方建交以来，虽然签署了数个交流合作计划，但在民间文化交流层面，莫桑比克还没有邀请能代表中国艺术造诣、具有行业代表性的团队去交流；而官方的文化交流，尽管层次较高，但交流内容往往比较单一，大多为展示性项目，仅限于一些文艺演出之类的具有表演性质的项目上。

深度上，目前中莫文化交流的莫桑比克受众对象主要是那里的精英阶层，普通民众很少有机会接触和了解中国文化。这一方面是因为宣传的渠道不够宽，另一方面是因为场地限制，参加活动的人数往往受限，能来观看、参加文化交流的多是来自莫桑比克政府部门和一些有一定社会地位和经济基础的人，这在很大程度上制约了中莫两国文化交流的深度。

(二)中莫文化交流的语言障碍问题亟待解决

由于葡萄牙语目前在中国仍属小语种，懂葡语的人相对来说比懂英语的人要少得多，而莫桑比克当地懂英语的人又很少，所以去莫桑比克工作、经商的中国人与当地人交流沟通就变得非常困难。中国人对葡萄牙文化、葡属殖民地文化的了解也非常有限。两国没有出现专家学者、艺人、匠人间的深入对话，双方文化理解仍停留在较为浅显的层次。而从中国留学回到莫桑比克，具有相当高的汉语水平、能胜任中葡翻译和汉语教学的人大多不愿意也不安心从事汉语教学工作，因为在莫桑比克的中国国企和一些私人企业，中葡翻译人员的工资比当地教师工资待遇要高得多。此外，中国的影视和艺术作品、城市宣传片等可视材料很少有精准的葡语表达,文化作品尚未依托有效的官方媒体加以宣传,这也极大地限制了当地人对中国文化的深入了解。

(三)莫方对当下中国的了解严重不足

由于地理位置、经济条件、语言、国家政策、经商环境等原因,与非洲其他国家相比,中国去莫桑比克工作、经商的人相对较少,中莫两国的文化交流也因此受限。中国近40年来社会发生了翻天覆地的变化,虽然中莫双方政府依旧在开展年度交流合作,但是莫方对于真正的中国、中国的发展趋势、中国的流行文化以及中国改革开放所取得的成就知之甚少。当地很多人对中国的看法和认识仍停留在改革开放前的状态,或者认为葡萄牙在国际舞台上依然占有一席高地。因此,在推动政治经济发展的同时,需要给予中莫两国文化交流以新的认识和新的动力。

(四)文化交流的方式方法过于简单

近几年来,中莫文化交流的方式主要还是局限于国家和地方政府艺术团的歌、舞、杂技、武术、书法等传统形式。当地孔子学院也以汉语教学、介绍中国传统节假日等为主要的授课和活动形式,对中国其他文化的挖掘创新不足,导致莫桑比克当地民众对中国文化内涵的理解浅薄,仅仅停留在对中国汉字和中国功夫等文化符号的认识上。[①]

三、影响中莫文化交流的主要因素

由于地理位置、经济、语言、历史、政治、舆论等各种原因,比起与很多其他非洲国家的交流,中国和莫桑比克的文化交流严重滞后。主要影响因素有以下几个方面。

(一)莫方因素

1. 莫桑比克经济非常落后

莫桑比克几乎没有自己的工业,经济主要靠农业和渔业支撑。而农民和渔民的生产技术又非常原始,因此产量很低,很多农作物当地人都不会种植,再加上农田几乎没有水电、水利等基础设施,绝大多数农民几乎靠天吃饭,所以经常

[①]　沈御风,兰林枫. 中国文化在"一带一路"非洲支点的传播状况研究——以肯尼亚为例. 传媒,2017(7):74-77.

会发生"旱的旱死，涝的涝死"等现象。尽管近几年也有中国的农业专家过去指导培训，但也是杯水车薪，而且成本很高、代价很大，普及起来相当困难。莫桑比克工业化、城市化水平很低，而且面临资金短缺、技术落后和经验不足等问题。另外，中国与莫桑比克在语言文化、宗教信仰、政治体制等方面存在明显的差异性，开发中莫投资项目，必然要实现跨文化管理，这是一笔巨大的开支，而一旦涉及政治敏感问题或政权更迭，还可能会出现当地政府"翻脸不认账"的情形（后一任总统有时会不承认前一任总统与中国签订的协议），这就很容易导致中国企业投资失败甚至破产。尽管也有一些富裕的商人，但莫桑比克绝大多数人很贫穷。很多孩子仍上不了学，读不起书。莫桑比克公共设施也很不完善，很多学校没有校舍，有的甚至连教室也没有，学生就在露天（比如大树下面）上课。当然，这些不仅仅是莫桑比克的问题，也是非洲绝大多数国家共同面临的问题。要想改变这一现状，需要大量的资金投入，而政府缺乏资金，对此无能为力。孔子学院在莫桑比克建立以来，通过报纸、电视、电台的广告宣传，使得当地人中也有不少对中国语言和文化产生了兴趣。为了鼓励当地民众学习汉语，减轻他们的经济负担，孔子学院也只是象征性地收取学费，很多时候每学期的学费只有当地货币 300 梅蒂卡尔（约合 50 元人民币），但很多人还是支付不起。相当多的人甚至连公交车票都买不起。因此，在这样的经济条件下，推广汉语、进行中莫文化交流，难度可想而知。

2. 莫桑比克的语言情况相当复杂

莫桑比克的官方语言是葡萄牙语，但该国有 60 多个部族，各部族又有自己的语言或地方方言。整个莫桑比克目前约有 13 种较有影响的民族语言，包括斯瓦希里语、班图语等。有些语言保留有书面形式，并通过文字传承下来，如班图语等；但绝大多数地方方言则只有口头形式，只能通过口口相传的方式流传下来。因此，在莫桑比克还有相当大比例的人不会讲葡语，也听不懂葡语，他们只会讲本地的方言。当然，这主要跟家庭的经济条件和所接受的教育程度有关。尽管莫桑比克的周边国家，像坦桑尼亚等都是英联邦成员国，而且莫桑比克也于 1995 年正式加入英联邦，但是莫桑比克的英语普及率并不高，会讲英语的人并不多。因此，一个只会英语不会葡语的人来此工作、生活会感到处处不便。另外，受葡萄牙几百年的殖民统治、独立后与西方意识形态对立、旷日持久的内战以及落后的经济状况等历史原因，也导致英语并不像人们想象的那样在莫桑比克流行。①

3.文化的隔阂

莫桑比克在历史上被葡萄牙殖民统治达500多年。在这500多年漫长的岁月中,莫桑比克社会的各个领域都深受葡萄牙的影响。莫桑比克人的思想、价值观等在葡萄牙文化的熏陶下已经潜移默化,甚至根深蒂固,具体表现为:物质文化方面,莫桑比克的饮食、服饰、建筑、交通生产工具等都沿用了葡萄牙的习惯和风格,尽管有些偏远的农村地区仍会保留一些当地的风俗和传统,但主流文化已经不可逆转地变成葡萄牙文化了。莫桑比克的哲学、宗教、艺术、伦理道德以及价值观念、政府管理者的思想意识形态、教育工作者的办学和教育理念等也可说是完全"西化"了。

(二)中方因素

1.国内能够胜任中葡翻译的人才奇缺

近几年来派往莫桑比克孔子学院的中方院长、汉语教师和志愿者都不是葡语专业的,尽管他们也能用英语交流,但交流的群体非常有限。当地能用英语进行交流的群体主要是有一定经济基础、受过良好教育的人,而普通群体甚至绝大多数中小学校长都不懂英语,这给中莫两国的文化交流带来了不少困难和障碍。而与英语、法语、德语等语种相比,国内开设葡语专业的高校数量相对较少,所以目前市场上中葡翻译人才往往供不应求。由于莫桑比克相对比较贫困,知名度又不高,再加上语言上的障碍,所以前往莫桑比克发展和经商的中国企业和商人相对去非洲其他国家的来说数量偏少。这从某种意义上也影响了中莫两国之间的相互交流和了解,也影响了莫桑比克民众对中国文化的认知,从而影响了中莫文化交流的进程。

2.文化交流的内容和载体都比较单一

从官方看,一方面,缺少文化年、合作年等形式的深度交流活动,文化渗透力不强,官方对民间的引导带动也不够,使得双方文化交流渠道不够畅通,市场推广和媒体渠道相对薄弱,影响力不大;另一方面,信息反馈机制不够完善,未能准确捕捉莫桑比克对中国的文化需求,运作经验和合作项目依然过少。

从民间看,商演、画展、设计、音乐、服饰、美食等领域的交流几乎空白,且辐射范围和宣传内容过于狭隘。国内文化经纪公司的进军目标仍主要是欧美市

---

① 剑虹. 莫桑比克指南. 北京:中国科学文化音像出版社,2010.

场,由于对非洲缺乏了解,在开拓非洲市场方面尚未开启工作重心和目标转移策略,态度仍显消极,甚至排斥。

另外,交流的内容也不平衡。中莫官方交流与合作中,教育类占比较少,更多地侧重于农业技术、基础设施建设及经贸洽谈等方面。其主要原因在于莫桑比克自独立后,经济一直处于萎靡不振的状态,人民生活依然处于贫困边缘,发展经济是莫桑比克政府亟待解决的问题。所以莫桑比克与中国建交后,急需得到中国在基础设施建设、农业、渔业、商业和金融方面的支持。因此,历年来其与中国签订最多的依然是技术合作、国家帮扶方面的协议,而教育类的文化交流尚未得到足够的重视。

(三)国际舆论环境的影响

欧美等西方国家为了谋取更多的利益,故意挑拨中非关系,在国际新闻媒体中制造"中国威胁论""中国新殖民主义论""中国无原则寻找在非能源"等言论,散布流言说中国用文化软实力入侵非洲文化,不关心非洲的经济发展状况,只为本国经济谋利,廉价索取非洲的丰富资源。[1] 而非洲国家的民主政治、人权主义和主权问题也出现了分歧,特别是从 20 世纪中期以来,非洲人民反殖民主义情绪高涨,特别抵制外来文化入侵。因此,欧美国家所散布的这些言论必然会影响中莫友好关系,破坏中国在莫桑比克人民心目中的良好形象。除此之外,当代莫桑比克国家领导人大多接受的是西方民主教育,对西方文化有相当高的认同感,在政治主张和个人情感上易受西方价值观念和主流媒体的影响。[2] 中国的电影、汉语、传统文化、意识形态、音乐、饮食以及价值观等对莫桑比克的影响远不如西方国家,莫桑比克很多人会去学习英语、法语、德语等,却不一定会去学习汉语。

四、思考与建议

在新时代,为了进一步促进中莫两国关系的发展,进一步拓展交流合作的广度和深度,结合目前所存在的问题,笔者提出如下思考与建议。

---

① 刘杨. 论全球化语境下文化传播与中国国家形象塑造. 长江师范学院学报,2014(4):2-3.
② 倪建平. 中国在非洲的文化传播和国家形象塑造. 对外传播,2008(1):42-45.

（一）政府要加大支持力度

1.中国政府要加大对莫桑比克的支持力度

通过国企等大型企业的投资建设,改善莫桑比克落后的基础设施情况。中莫两国政府要多沟通、多协调,出台一些更优惠的政策,鼓励更多的中国人去莫桑比克投资兴业,以促进当地的经济发展,从根本上改善和提高莫桑比克人民的生活水平。同时可以与莫桑比克政府签订有关协议,鼓励地方政府、民间组织每年定期举办一些文化交流活动,扩大受众面和受众层次。

2.进一步拓宽中莫政府间的文化交流渠道

首先,要通过定期、多维度、多层次开展与莫桑比克在文化领域的协商与对话,以期达到双方相互理解,避免给双边关系造成消极的影响。其次,中国政府应加强同莫桑比克国家电视台、报纸等主流媒体的交流与合作。再次,应加大对莫桑比克民众学习汉语的投资力度,加大对当地孔子学院的支持力度。通过中国驻莫桑比克大使馆,调动各方力量,打造个性化、特色化平台,吸引更多中方、外方的力量加入到中莫文化交流活动中来。

3.提高莫桑比克本土汉语教师工资待遇

鉴于目前莫桑比克本土汉语师资流失严重、不稳定的现象,中莫两国政府可以沟通协调加以解决。比如,在头几年可以由中国政府全额或部分资助,解决莫桑比克本土汉语教师工资待遇问题,然后逐步平稳过渡,随着当地经济的发展,再由莫方政府自行解决师资待遇问题,实现本土汉语师资队伍稳定发展。

（二）打造民间交流活动品牌

“国之交在于民相亲。”首先,可以在各种媒体平台上加强宣传,客观分析中莫文化优势,扬长避短,将这些特点量身定制,打造出“春节”“端午”“中秋”等中莫文化交流名片,将古典艺术、现代艺术、美食艺术、手工艺术等融入品牌活动中。文化交流不光要迎合莫桑比克民众心理、文化需求,更要保留中国特色、中国精髓。在艺术欣赏、观众品位、文化特征、趣味倾向上进行深加工,真正做到“吸引眼球,赚饱口碑”。另外,要结合企业发展思路,制定发展模式,让中国文化通过商业模式,真正走进莫桑比克民众生活,而不仅仅只有一个语言传播过程。其次,要借鉴他国成功经验,大力提升民间力量在文化传播和交流中的地位和作用。可以充分借鉴德国的“歌德学院”、西班牙的“塞万提斯学院”、法国的“法语联盟”、英国的“英国文化协会”等机构在全世界文化交流方面已取得的成功经验,并结合莫桑比克多部落、多民族的具体实际情况,采取有效的、切实可行的措施,进一步打造民间交流活动品牌。

(三)开启全方位、多层次、宽领域的文化交流格局

莫桑比克的文化和艺术有其独到之处。民众因深受殖民地文化影响,作品多影射反对殖民压迫、奋起反抗的内容,其文学造诣不容小觑。出生于中部城市贝拉的著名莫籍作家米亚·科托曾是诺贝尔文学奖候选人之一,在西方英语、葡语学界广受推崇。莫桑比克本土教育机制和教学理念上亦有很多可供孔子学院学习借鉴的地方。因此,一方面应针对对外汉语教师广泛开展葡语以及葡语文学教学,引进莫桑比克学者、匠人等进行中莫双方人才交流,甚至推出年度交换合作计划,不局限于文学、艺术领域,更多地可以是园林设计、土木工程、中医、绘画、音乐、舞蹈、烹饪、服装、手工等全方位、多层次、宽领域的交流与合作。另一方面,要充分发挥孔子学院中方合作院校的作用,利用中方合作院校对非洲研究的优势,深入开展中莫民间文化、通俗文化、非洲殖民文化研究,并联合国内优秀媒体平台,设计开发出真正符合中莫文化交流的品牌内容。对于当地孔子学院而言,则可通过官方和民间力量,开通电视、电台的影视化、娱乐化、教学化的媒体宣传平台,打造常态性节目。可以建立友好城市交流、友好学校交流,开展年度化的规模较大的演出、美食节、乐器展、音乐会、讲座等活动。应深刻理解"一带一路"经贸合作和新时代中国特色大国外交政策,认真贯彻2018 年中央全面深化改革领导小组第二次会议中提出的推进孔子学院改革发展思路,通过当地孔子学院及中方合作院校的努力,争取让中莫文化交流再上一个新台阶。

(四)加大中葡双语人才培养力度

首先,应尽量选派葡语专业的教师或志愿者前往莫桑比克孔子学院任教,以便更顺利地与当地人沟通交流。莫桑比克孔子学院的中方合作院校可开设葡语专业,外方合作院校蒙德拉内大学可提供强大的葡语师资力量,这样既可以加强校际交流,促进学校国际化的战略发展,同时又可为莫桑比克孔子学院以及在莫其他中资机构输送更多的汉葡双语专业人才,从而更加有效地推动中莫两国文化交流。

其次,要加大本土化汉语师资的培养力度,编写适合莫桑比克当地的汉语教材,只靠中国国内培养中葡双语人才毕竟不是长久之计。从长远来看,莫桑

比克汉语教学还是要依靠本土化的汉语师资力量。只有这样，汉语教学才能在莫桑比克获得可持续发展，中莫文化交流才能不断走向深入。

（五）努力消除国际舆论负面影响

面对西方舆论和中莫政治文化差异的不利因素，中国应调整对莫外交政策，秉持共同发展、集约发展、绿色发展、安全发展和开放发展等五大合作发展理念，维护中莫两国的共同利益；协助莫桑比克科学开发自然资源，优化农业发展模式，将粗放型经济体制转变为集约型经济体制；为其提供教育资金，创办教育机构，借助教育事业宣传中国优秀传统文化和现代社会主义先进文化。同时，要借助莫桑比克电视节目、广播、报纸等媒体做好中国经济、政治、文化的宣传与介绍工作，让中国形象深入莫桑比克民众，树立中国文明、和谐的良好形象，扩大中国在莫桑比克的影响力。① 此外，在莫桑比克传播文化时还应注重创新，推崇科学、民主与法治，尊重莫桑比克国家的政治意识形态，减少中莫政治文化的分歧，维护文化多样性，实现中莫文化共同繁荣。

Exploration and Analysis of Cultural Exchange Between China and Mozambique

XING Xianhong

Abstract：China and Mozambique have a long history in cultural exchange，which is an important part of China-Africa cultural exchange. In recent years，particularly since the Confucius Institute at Eduardo Mondlane University was established in Mozambique in 2012，the cultural exchange between China and Mozambique has been improved to a large extent，but many problems still exist because Chinese culture and Mozambican culture don't have much in common due to the two countries' different social backgrounds，the influence of the colonial culture，and so on. This article

---

① 姜宏敏. 从跨文化传播视角探究走向世界的中国电影对国家形象的塑造——以四大国际电影节部分获奖中国影片为例. 济南：山东大学，2011.

summarizes the history and current situation of China-Mozambique cultural exchange，analyzes the existing problems and main influencing factors，and puts forward some thoughts and suggestions on deepening and expanding China-Mozambique cultural exchange.

Keywords：China；Mozambique；cultural exchange

（编校：傅新忠）

在华非洲留学生文化适应策略研究[*]

温国砡

摘要：近年来，在华非洲留学生的文化适应问题凸显。在"移民文化适应"框架下，本文通过对华东地区五所高校的非洲留学生的参与式观察与访谈调研，分析了非洲留学生在中国的文化适应状况及存在的问题，并提出了相应的文化适应策略。研究发现，非洲留学生在中国的文化适应围绕着向上社会流动以及更自由的生活状态而展开，受学习与生活压力、文化冲击等因素的影响，他们在中国的文化适应策略存在着情境化选择的趋势，需要加以正确引导，从而为中非关系深入发展提供人才支撑。

关键词：在华非洲留学生；文化适应策略；情境化选择

作者简介：温国砡（1987— ），男，江西赣州人，中山大学粤港澳发展研究院博士研究生。

21 世纪以来，在华非洲留学生的文化适应问题凸显，越来越成为社会各界关注的话题。随着中国大学在全球排名的上升①，以及留学中国的成本比西方国家低廉等因素②，中国已成为一个重要的国际留学目的地。中国自 2009 年以来一直都是非洲第一大贸易伙伴，2018 年中非贸易额达 2042 亿美元，加之中非合作论坛的成立与发展以及"一带一路"倡议的提出，招收更多的非洲学生来华学习已成为中非合作的重要内容之一。

近年来，来华非洲留学生的数量急剧增加，到 2018 年已达 81562 人。③目前，中国已成为非洲学生留学的主要目的国之一，更是亚洲接受非洲留学生最

---

* 本文发表于 2020 年第 2 期。

① Ahmad, B. A. & Mahsood, S. International Students' Choice to Study in China：An Exploratory Study. *Tertiary Education and Management*，2018(24)：5-18.

② 段胜峰. 非洲来华留学生教育管窥：历史、发展与现状. 湖南社会科学，2015(6)：199-203.

③ 2018 年来华留学统计.（2019-04-12）[2019-05-10]. http://www.moe.gov.cn/jyb_xwfb/gzdt_gzdt/s5987/201904/t20190412_377692.html.

多的国家。① 随着在华非洲留学生的日益增多，他们的文化适应问题日益凸显，而他们能否很好地适应中国文化，关系到中非未来合作的大局。鉴于此，本文采用定性研究的方法，探讨分析非洲留学生在中国的文化适应状况、存在的问题以及文化适应策略，以促进非洲留学生群体更好地适应中国的社会环境。

一、文献回顾与研究方法

(一)文献回顾

非洲学生来华留学的历史始于 1956 年。②非洲留学生是伴随着中非关系的建立与发展而到来的。来华非洲留学生教育经历了初创阶段、起步阶段和发展阶段三个阶段，当前处于发展阶段，呈现出留学生规模增长迅速、生源结构多极化的特征。③ 在华非洲留学生有着不同的种族、政治、历史、宗教和文化背景，因此加强文化适应性教育，引导他们建立正确价值观指导下的留学生文化显得非常重要。④ 非洲来华留学生受中非关系的影响，呈现出独特的特点，并发挥着中非之间中介桥梁的作用。

当前，学界对于是否将在华非洲留学生视为移民的一部分存在争议，但大多数学术文献都认为他们是移民的一部分。⑤ 作为移民的一种，在中国的文化适应不仅关系到他们能否安心在中国学习生活，而且还关系到中非友好交流的目标能否实现。文化适应是指当不同文化群体的人进行持续不断的直接接触时，一方或双方的原文化类型所产生的变化，这种变化主要是处于弱势的文化一方发生改变以适应强势的文化一方。⑥ 文化适应模式主要是指个体面对两种不同文化时所表现出来的不同心理和行为方式。⑦ 有学者把来华留学生的社会文化适应分成了七大维度：生活适应、公德意识适应、交往适应、社会支持适应、

① 曲俊静. 非洲留学生跨文化适应调查与对策分析：以淮安信息职业技术学院为例. 唯实·现代管理，2018(10)：47-48.

② 李安山，沈晓雷. 非洲留学生在中国：历史、现实与思考. 西亚非洲，2018(5)：61-89.

③ 段胜峰. 非洲来华留学生教育管窥：历史、发展与现状. 湖南社会科学，2015(6)：199-203.

④ 曹洁，闫妍，李薇. 文化管理视角下的非洲来华留学生管理问题研究. 农村经济与科技，2017，28(4)：233-234.

⑤ 李安山，沈晓雷. 非洲留学生在中国：历史、现实与思考. 西亚非洲，2018(5)：61-89.

⑥ Redfield, R., Linton, R. & Herskovits, M. J. Memorandum on the Study of Acculturation. *American Anthropologist*, 1936(38)：149-152.

⑦ Berry, J. W. Acculturation and Adaptation in New Society. *International Migration*, 1992(30)：69-85.

服务模式适应、社会环境适应以及当地人生活习惯适应。[①] 也有学者将非洲留学生在中国的社会适应分为文化适应、心理适应与学业适应三个方面[②]，其中文化适应被认为是重中之重。[③] 国外有学者将移民在移入地的适应分为三个方面：(1)一般适应，包括衣食住行等；(2)交往适应，包括与移居国居民交往的情况及感受等；(3)工作适应，指对在移入地所从事工作的感受。[④] 综上所述，在华非洲留学生的文化适应可以概括为：作为移民的非洲留学生个体，在中国处理各种挑战和不适过程中产生的心理和行为上的变化。也就是说，当移民到达移居国后，由于社会环境、政策及个人自身因素等的不同，会面临由文化差异带来的各种问题，由此他们会运用一系列文化适应策略来适应移居国的社会文化环境，从而导致移民的行为及心理发生变化，包括社会交往、生活状况以及心理状态等方面。

学界对非洲留学生在中国面临的文化适应问题进行了大量研究。有的以中非文化差异为切入点论述，认为非洲留学生来到中国后会遇到母体文化与中国文化的冲击，具体包括教育环境、文化传统、社会关系、社会礼仪、时间观念等方面。[⑤] 有的从留学生管理方面阐述，指出非洲留学生对中国高校的部分规章制度和管理服务工作不理解。例如，非洲留学生认为宿舍是私人空间，他们难以理解学校对学生公寓的干预和对校外住宿的查访行为。[⑥] 有的从社会支持的视角探讨了非洲留学生在中国所获得的社会支持网络，指出在华非洲留学生的社会支持网络密度越高，他们的社会文化和心理适应就越能得到帮助。[⑦] 学者们对在华非洲留学生面临的社会、文化适应问题进行了多方位、多角度的探讨，有助于我们了解非洲留学生在中国的学习生活状况，从而帮助非洲留学生更好地适应中国文化，增进中非友谊。

但是，来华非洲留学生如果在跨文化交流中感受到移居国的歧视与疏远，

[①] 陈慧. 留学生中国社会文化适应性的社会心理研究. 北京师范大学学报(社会科学版)，2003(6)：135-142.

[②] 张雯. 非洲来华硕士项目留学生的学术适应、文化适应与文化认同：一项质性研究. 金华：浙江师范大学，2016：5-16.

[③] 陈秀琼，龚晓芳. 来华非洲留学生跨文化学业适应调查与分析. 教育评论，2018(9)：55-59.

[④] Black, J. S. & Gregersen, H. B. Antecedents to Cross-Cultural Adjustment for Expatriates in Pacific Rim Assignments. *Human Relations*，1991(44)：497-515.

[⑤] 肖娴，张长明. 非洲来华留学生跨文化适应问题与对策. 高教学刊，2016(15)：9-13.

[⑥] 宜丹平，邱洋海. 中国大学对非洲来华留学生的影响力分析：以 Z 高校为例. 非洲研究，2018(2)：150-161.

[⑦] 冯超. 来华非洲留学生的社会支持网与跨文化适应研究. 金华：浙江师范大学，2014：3-31.

即被移居国现有的社会环境所拒绝,则会退缩到他们自己所熟悉的环境中,不愿意主动与外界进行交往,①以此来规避跨文化互动带来的不适和冲击。此外,当移民到移居国后,会面临语言障碍、不了解当地社会文化规范以及游离于主流社会网络之外等情况。例如,相较于来自其他地区的留学生,非洲留学生(尤其是自费生)在中国面临着较大的经济压力,对校外兼职的意愿亦更为强烈。来自南京的非洲留学生群体案例表明,68.1％的非洲留学生有过寻找兼职失败的经历,仅有少数人(31.9％)成功获得了兼职。②

有关非洲留学生在中国采取的文化适应策略,学界已进行了相关研究。李安山与沈晓雷③、马恩瑜④、博多莫⑤等先后发现,在华非洲留学生成立相关非洲留学生社团组织与烹饪非洲美食是他们努力在中国学习与生活的跨文化适应策略。有学者发现许多非洲留学生倾向于与相同国家或地区的群体交往,喜欢居住在相同的小区,甚至合租、群租,以免与不同宗教信仰、语言文化、生活习惯的其他留学生、中国学生发生冲突。⑥

已有的研究表明,远离故土的非洲留学生在中国或多或少面临着文化适应问题,这些问题也影响着他们的留学生活。学界对非洲留学生在中国的文化适应问题及策略虽进行了一些研究,但大都基于中国一所高校或一个城市的非洲留学生进行考察;有的亦从历史与国际关系的角度去探讨他们的文化适应策略,鲜有学者从移民适应性的视角去考察非洲留学生的文化适应问题及策略,这给本文留下了研究空间。本文将分析非洲留学生在中国的文化适应状况及存在的问题,并探讨相应的文化适应策略,为培养知华、友华、爱华的非洲留学生提供参考。

(二)研究方法

本文采用定性研究方法,基于 2014 年 3 月至 2017 年 11 月笔者对华东地区(金华、温州、杭州及上海)五所高校的非洲留学生进行的参与式观察与访谈调

---

① 洪子杰,黄之静,罗欢,等. 来华留学生管理中文化冲突问题与策略. 中国民族博览,2019(10):65-67.

② 其中仅部分人从事的是合法兼职. 孙玉兰,李灿,吴红梅. 从理想到现实:非洲来华留学生兼职困境研究——以南京八所高校为例. 高教探索,2015(12):99-106.

③ 李安山,沈晓雷. 非洲留学生在中国:历史、现实与思考. 西亚非洲,2018(5):61-89.

④ 马恩瑜. 从广州非洲人餐饮活动透视其文化特性. 非洲研究,2014(11):227-240.

⑤ 博多莫. 全球化时代的中非关系:在华非洲商贸团体的角色. 肖玉华,译. 西亚非洲,2009(8):62-67.

⑥ 吴燕萍. 非洲来华留学生的学习适应研究. 邢台职业技术学院学报,2018(5):44-47.

研。这五所高校分别为浙江师范大学、温州大学、温州医科大学、杭州师范大学、上海大学。其中非洲留学生最多的两所高校是浙江师范大学与温州医科大学，两校非洲留学生人数均超过 200 人；温州大学、杭州师范大学与上海大学的非洲留学生人数则相对较少。此外，受访者均出生于非洲大陆，受访时拥有中国高校学籍，并在中国学习生活满 3 个月。为了保证样本多样化，根据受访者留学中国时的年龄和非洲国别分布，本研究招募了 18 岁到 50 岁的在华非洲留学生作为访谈对象（详见表 1）。

表 1　在华非洲留学生访谈个案情况

国别	受访人数	奖学金生人数/自费生人数
喀麦隆	8	4/4
加纳	6	2/4
莫桑比克	3	1/2
索马里	1	0/1
布隆迪	1	1/0
尼日利亚	2	1/1
埃塞俄比亚	2	1/1
坦桑尼亚	3	1/2
赞比亚	1	1/0
南非	7	2/5
乍得	1	1/0
总计	35	15/20

二、在华非洲留学生文化适应方面存在的问题及原因

（一）在华非洲留学生文化适应现状

1. 复杂的生活与文化体验

许多受访者表示，他们对在中国的学习生活感到满意，并且很愿意和中国人及来自其他国家的人交流。首先，他们对中国便利的生活最为满意，例如，医疗保障服务、交通设施、通信网络、购物环境等。其次，他们对中国的社会治安环境较为满意，普遍认为在中国非常安全，几乎没有在中国遇到过社会治安事件。此外，他们还对中国高校提供的课程、奖学金以及开放的学术氛围比较满

意,认为留学中国能够学到很多知识。来自南非的杰兹同学(24;25;男;金华)①提到了他在中国学习、生活的感受:

> 我来到中国后才发现,不是所有的中国人都会功夫。这里让我印象最深的就是安全,我在这里从来没遇到过什么不好的事情,比如有人抢我东西什么的。在中国两块钱可以去很远的地方,公共交通很方便。可以在网上随便买东西。

但是,非洲留学生在中国也有不满意的地方。例如,许多非洲留学生表示,在他们国家,出租车是默认拼车的,而在中国则不是,而且他们认为中国的出租车司机经常绕路,这让他们感到很不适应。此外,他们在中国最不满意的事就是不能去兼职(或就业)。②许多非洲留学生在来中国前一直以为,留学期间可以通过兼职补贴日常开销,但是他们来到中国以后才发现事实并非如此,这导致了一部分自费生对留学经费充满担忧情绪。来自喀麦隆的卢纳德同学(22;23;男;金华)道出了他在留学中国后对中国的认知变化:

> 作为一名留学生,在这里最不满意的事就是不能去做兼职。我们在这里每天都花钱,除了花钱还是花钱。你知道在其他国家的话,你是有机会去(校外)做兼职的,但是在中国,我们的签证是不允许做(校外)兼职的。

2. 对中国及中国人的认知

在访谈过程中,大部分受访者都对中国的经济发展"点赞"。在来中国前,非洲留学生对中国的了解还停留在传统媒体与网络报道、别人的转述中。来华亲身体验后,他们对中国有了更加真实全面的认知。许多非洲留学生发现,他们在非洲认识的中国人与在中国认识的中国人有一些不同。在非洲,他们认为中国人很勤劳、工作很认真努力,大部分中国人都会中国功夫;到中国后,他们发现现实并非如此,而且中国人对他们的态度也复杂多样,其中有对他们很热情的人,也有行为举止令他们不解的人。例如,有些中国人长时间盯着他们看,

---

① "24"为受访者到中国留学时的年龄,"25"为受访时的年龄,"男"为受访者的性别,"金华"为受访者高校所在地。后文此类标注亦遵循此规则。

② 根据《高等学校接受外国留学生管理规定》等有关规定,外国留学生在校学习期间不得就业、经商或从事其他经营性活动。

有的故意远离甚至躲避他们等。面对这些中非文化差异,来自喀麦隆的乔西(24;25;女;杭州)讲述了她的遭遇:

> 有一次我去杭州万象城买东西,我走在路上,发现很多人用打量动物一样的眼光看着我,这让我很不舒服,我不明白他们为什么要那样看着我。

3. 对未来的不确定

由于在中国不能兼职(或就业),非洲留学生的留学经费只能依赖于奖学金和家庭资助。在访谈过程中,除少数非洲留学生明确表示毕业后想留在中国或回国发展之外,大部分受访者对未来的发展没有明确的意向。作为一类移民,非洲留学生在中国没有独立的经济来源,并且受签证政策限制,他们做不了兼职工作,因而很多非洲留学生对他们未来的发展方向很不明确,这导致了他们对在中国留学过程中所采取的文化适应策略也举棋不定。虽然近几年中国经济的发展吸引了许多非洲留学生通过各种方式留下来[1],但是中国的移民政策等因素的存在,使得非洲留学生对于自我的期待以及采取何种文化适应策略充满着诸多不确定。

(二)在华非洲留学生文化适应方面面临的问题

1. 学习与生活压力

由于在中国没有独立的经济来源,非洲留学生在中国的日常开销主要依赖于奖学金或家庭资助。中国政府、孔子学院、高校等提供的奖学金是按照中国的生活标准发放的,这比非洲国家的生活标准要高很多。不过,申请奖学金的一个重要条件就是要有相应的 HSK[2] 成绩,成绩越好申请到奖学金的概率亦越高。因此,为了获得奖学金,很多非洲留学生学习很努力,学习任务繁重。以2015 年为例,来自非洲的奖学金生与自费生比例约为 1 比 5。[3] 大量自费生的存在,加上中非之间生活与消费水平的差异,使得非洲留学生在中国面临着较大的经济压力。[4] 此外,有一部分非洲留学生在来中国前并没有经过系统的汉

---

① 刘海方. 中国对非洲留学生奖学金政策沿革与绩效研究. 中国非洲评论研究,2017(7);141-192.

② 汉语水平考试的简称,从 1 级到 6 级,级别越高汉语水平越高。

③ 李安山,沈晓雷. 非洲留学生在中国:历史、现实与思考. 西亚非洲,2018(5);61-89.

④ 孙玉兰,李灿,吴红梅. 从理想到现实:非洲来华留学生兼职困境研究——以南京八所高校为例. 高教探索,2015(12);99-106.

语学习，这导致他们来到中国后很难与中国人交流。来自尼日利亚的留学生桑迪（21；23；男；温州）表达了他的观点：

> 2 个月前，我的一个来自我的国家的朋友，他不会说汉语，在这里什么都不懂，他去哪里我都要陪他去。买东西，我得告诉他，那些是什么。

2. 中非文化差异导致的文化冲突

当个人或群体从一个熟悉的文化环境到另一个陌生的文化环境生活学习，常会因为价值观念、行为准则、生活习惯等方面的差异出现文化冲突。[①] 具体而言，非洲留学生在中国常常会遇到以下几种因文化差异而产生的文化冲击情形。

第一，价值观差异。受中非双方各自的历史沿革、文化背景、种族肤色、教育等因素的影响，中非双方民众之间的交流往来中存在着一些价值观上的差异，如思维方式不同、处事风格差异等。许多非洲留学生表示他们很难理解中国人与自身的价值观差异。一般而言，价值观不同时，包容对方意味着否定自身。随着年龄的增长，非洲留学生们会逐渐理解与中国人生活方式和价值观上的差异，并主动融入中国社会。

第二，生活方式冲突。非洲留学生在中国学习生活的过程中，他们原来的生活方式有时会与中国人的生活方式产生冲突，如饮食不同、时间观念存在差异等。此外，由于中国与非洲存在时差，许多非洲留学生的作息时间基本上与他们母国时间保持一致，意图通过这种方式来缓解思乡的孤独感。这样，晚睡的非洲留学生就有可能影响到他人休息，从而招来不必要的麻烦。一位来自南非的留学生戴维（26；27；男；金华）讲述了他在中国留学期间的经历：

> 我来到中国以后，我们经常会睡得很晚，因为这样可以和国内保持联系。加上我们晚上经常聚会，有时候会很大声，所以（容易）吵到旁边的邻居。我们也不想这样。

第三，宗教信仰上的差异。大部分非洲留学生都有宗教信仰，并且参与宗教活动的热情很高。尽管他们身处大学校园，但是并没有停止宗教活动，他们

---

① 黄伟，杨雨航. 来华留学生跨文化适应问题及对策. 新闻前哨，2018(10)：74-75.

或者自发组织祷告会,或者组团前往所在城市的教堂、清真寺参加宗教活动,依然沿袭非洲时的宗教生活习惯。但是,中国的宗教氛围相对不浓,中国学生与非洲留学生的宗教热情存在一定差距。因此,有些非洲留学生与中国学生因宗教信仰上的差异难以深入交流。

3. 自然环境不适应

在华非洲留学生是一个多样化个体组成的群体,加上中非之间的气候、环境差异,导致他们对中国的自然环境感到诸多不适。许多受访者称,他们虽然来中国前对中国的天气有过预估,但他们还是低估了中国"冬冷夏热"的气候温差,这令他们非常难受,甚至出现部分非洲留学生寒暑假回国避寒、避暑的现象。随着非洲留学生在中国留学时间的增长,这些不适应的程度会慢慢降低。

(三)在华非洲留学生出现文化适应问题的原因

1. 中非文化差异

中国与非洲大陆远隔万里,双方民众在文化、肤色、语言、宗教等方面存在诸多不同,因而非洲留学生来到中国,必然会面临各种各样的文化适应问题。中非双方的发展道路、社会制度、教育体系亦存在着诸多不同,这也是引发文化适应问题的因素。此外,在华非洲留学生来自非洲各地,他们之间的文化习俗、宗教信仰、生活习惯等也不一样,来到中国后难免会产生多样的文化适应问题。

2. 非洲留学生准备不充分

非洲学生到中国留学不是一件简单的事情。留学不仅是一个家庭青年劳动力的迁移,还涉及留学经费筹措等问题。在访谈过程中,虽然大多数非洲留学生表示他们来中国留学得到了家人经济和精神上的支持,并且他们在来中国前也做过其他一些准备,但来中国后仍感到准备得不够充分。例如,许多自费生在来中国前没有去孔子学院学习汉语及中国文化,到中国后面临语言障碍及文化隔阂。此外,有的非洲留学生家庭经济条件不好,只能负担其前期留学的开销,到了后期基本无能为力,这让他们在中国的留学生活中充满焦虑感。因此,留学前准备得不充分,直接影响非洲留学生在中国的学习与生活,也影响他们在中国留学的文化适应。

总体而言,中国与非洲国家之间巨大的国情与文化差异,使非洲留学生来到中国后表现出一定的文化不适应。有鉴于此,非洲留学生作为中非教育合作的践行者,他们在中国所采取的文化适应策略以及相应的生活状态如何,关系到中非教育合作的成效以及中非民间友好交流的初心能否实现。因此,在分析了非洲留学生在中国的文化适应状况、存在的问题及原因后,探讨他们在中国的文化适应策略就十分有必要。

三、在华非洲留学生文化适应策略

(一)积极的融入策略

非洲留学生主要通过学习汉语与中国文化来积极融入中国社会。众所周知,如果移民掌握移居国语言,了解移居国文化,不仅容易与当地人拉近距离,还能获得更多的其他机会。因此,非洲留学生掌握汉语、熟悉中国文化,会对他们适应中国的学习、生活带来很大帮助。一般而言,中国高校招收的非洲留学生如果不懂汉语,学校会要求他们花半年到一年时间学习汉语,之后才能选择专业进行专业学习。因此,很多非洲留学生在中国都很努力地学习汉语,主动了解中国文化,希望能够以此获得奖学金,找到合适的专业学习。来自坦桑尼亚的卡桑加同学(23;26;男;金华)表达了他对学习汉语与中国文化的观点:

> 当你来到这里,你说不来汉语,而大部分中国人说不来英语,那就不能很好地沟通了,更不用说了解中国文化了。如果你来到中国不能说汉语的话,就不能了解中国人想什么、做什么。为了解决这些问题,我就尽自己最大努力尽快去学会汉语。

通过该同学的叙述,可以看出学习汉语对他们的重要性。学好汉语不仅能使他们尽快地适应中国的社会环境,还能了解中国人的行为处事方式。在访谈过程中,有一半以上的受访者表示,他们曾在自己国家的孔子学院学习过汉语与中国文化,而且他们几乎都是通过申请孔子学院奖学金的方式前来中国留学的。相较于那些没有通过孔子学院学习来中国的非洲留学生,他们更容易获得奖学金,能更快地适应中国社会。作为传播中国文化的平台,非洲地区的孔子学院在非洲青年学生的培养方面成效卓著。截止到 2018 年 12 月,中国已在非洲 43 国建立了 59 所孔子学院,在非洲 18 国建立了 41 个孔子课堂。① 本文的访谈对象来自非洲 11 个国家,除索马里、乍得外,其余 9 国均设有孔子学院。除此之外,学习中国发展经验、体验中国各地的风土人情以及积极与中国人交

---

① 第十三届孔子学院大会:数据看孔院. (2018-12-10)[2018-12-19]. http://conference. hanban. org/pc/index. html.

朋友等也是非洲留学生积极融入中国社会的表现。

(二)隔离与边缘化的适应策略

中非之间存在的文化、语言、传统、习俗、规范和社交模式等差异,使得在华非洲留学生会基于族群、文化以及肤色等原因,形成一个独立于当地社会的非洲移民社群,出现一种相对隔离并边缘化于中国社会的社交圈子。在华东地区各高校,非洲留学生们的身份认同不再拘泥于是否来自于同一个国家,而以肤色、语言、宗教认同为主,这些特征在团队协作以及社交聚会中得以体现。

在日常生活中,每当非洲留学生遇到需要团队协作的情况时,只要通知他们中的一个人,就能把一群人叫出来。例如,足球比赛时,就不再有喀麦隆队、坦桑尼亚队、南非队等区别,有的只是非洲队和中国队的区别了。在位于金华的浙江师范大学周边的田野,晚上 9 点以后,往往有成群结队(多则 20 多人,少则七八人)的非洲留学生聚集在烧烤摊,一人一瓶酒,几乎没有吃的东西,但能在烧烤摊聊天聊到凌晨。一人一瓶酒从晚上 9 点喝到凌晨,表明非洲留学生晚上的聚会"醉翁之意不在酒",而在于聊天。在日常聚会中,非洲留学生基本采取 AA 制,故而当 A 叫 B 和 C 出来喝酒聊天时,不一会儿 B 和 C 就能把 D 和 E 也叫出来,如此往往能很快凑齐一大桌子人。这种社交聚会的模式,一方面使非洲留学生们能够形成一个相对隔离于中国社会的社交圈子,能够在老乡、朋友之间相互照应,另一方面也减少了他们与中国人交流的机会。

除奖学金生外,自费的非洲留学生往往不在学校提供的宿舍里居住,因为他们认为学校的住宿费很贵,而倾向于选择在校外租房。以浙江师范大学为例,双人间的宿舍人均每月住宿费用约 450 元人民币,大学附近的民房便宜一些,一室一卫的房型一个月人均租金约 400 元人民币,故而他们喜欢选择到校外租房。非洲留学生到校外租房,一般都聚居,容易形成非洲留学生聚居的社区,如浙江师范大学东门的勤俭村、温州大学城北门的商业村等。

(三)功利主义下的情境化选择策略

在非洲留学生看来,只要能够获得来中国或留在中国的机会,就是一种成功向上社会流动的标志。受制于经济发展水平,非洲除少数国家外,绝大多数国家的大学毕业生平均月工资约 1000 元人民币。以喀麦隆、坦桑尼亚为例,两国成年劳动力平均月工资约合 700—750 元人民币,大学毕业生则约合 1000 元人民币。① 而非洲留学生拿到的中国政府奖学金、孔子学院奖学金等每月都超过 2000 元人民币。以孔子学院奖学金为例，该奖学金给非洲留学生提供了从 4 周研修到 4 年本科学习、2 年汉语国际教育专业硕士学习等不同类型学习的资助，包含了学费、住宿费、生活费和综合医疗保险费。其中，本科生、一学年和一学期研修生的资助标准为每月 2500 元人民币，汉语国际教育专业硕士生为每月 3000 元人民币。②

为了获得更多向上社会流动的机会，出于功利主义的想法，非洲留学生会努力采取各种方式适应中国社会以争取更多的自身利益。因此，当非洲留学生被奖学金、优质的生活条件等吸引的时候，他们会努力适应中国社会，去学习汉语与中国文化。但是，当他们在现实生活中面对语言、社交障碍时，则倾向于采取隔离或边缘化的适应策略。这种面对机会时采用努力适应中国社会的策略，以及面临融入障碍时就采用隔离或边缘化策略的状况，使得非洲留学生在中国的文化适应处于一种极不稳定的情境化选择状态之中。

总体而言，虽然非洲留学生来到中国后会面临诸如文化差异、生活不适应等跨文化适应问题，但多数非洲留学生面对生活中遇到的不适，都会采取一系列文化适应策略解决各类问题。不论如何，非洲留学生在中国采取的文化适应策略都是围绕获得向上社会流动的渠道以及向往更自由的生活状态而进行的。他们希望通过自身努力，不仅可以实现自己的"中国梦"，也能够让他们在中国的留学生活更自由，更舒适。

四、结　语

本文通过对华东地区五所高校非洲留学生的参与式观察与访谈调研，探讨了非洲留学生在中国的文化适应问题，即在华非洲留学生文化适应状况、存在的问题以及文化适应策略等。

研究表明，非洲学生来中国留学这一过程，属于经济相对欠发达地区到相对发达地区的移民流动，留学过程本身就承载着他们及家庭对优质生活和向上

---

① 笔者曾在坦桑尼亚(2014—2016)、喀麦隆(2016—2018)两国的孔子学院工作过。坦桑尼亚成年劳动力平均月工资约 20 万坦先令(约合人民币 700 元)，大学毕业生平均月工资约 30 万坦先令(约合人民币 1000 元)；喀麦隆成年劳动力平均月工资约 7 万中非法郎(约合人民币 750 元)，大学毕业生平均月工资约 9 万中非法郎(约合人民币 1000 元)。

② 第十三届孔子学院大会：数据看孔院．(2018-12-10)[2018-12-19]. http://conference.hanban.org/pc/index.html.

社会流动的期冀。① 留学期间,他们不仅通过学习汉语与中国文化来适应中国社会,以获得向上社会流动的渠道,而且还会在面临融入障碍时采取隔离或边缘化的适应策略,以便在中国这个异国他乡获得归属感,维持自己作为非洲人的整体身份认同感。在此过程中,孔子学院与中国高校发挥了重要作用,不仅加深了非洲留学生对中国的印象,而且还为他们提供了一个前往中国或在中国展现自我的舞台,这在一定程度上为中国政府培养知华、友华、爱华的留学生贡献了力量。

在全球化时代,移民个体经常在保留原籍国的文化特色与融入移居国的文化中游走。② 作为移民的一类,非洲留学生在中国的社会文化适应策略亦很不稳定,这种不稳定状态主要体现在他们对文化适应策略的情境化选择上。非洲留学生一边倾向于获得向上社会流动的渠道,一边采取隔离或边缘化策略规避跨文化的冲击,这使他们在中国的文化适应中成为一个矛盾体,导致他们在中国学习、生活常遇到一些文化冲击。这个问题需要引起注意。

总体而言,出国留学不但包含着对未来的憧憬、对美好生活的向往,其背后也有诸多不为人知的心酸与苦楚。受相关因素限制,本文并未将其他地区的在华非洲留学生与华东地区的非洲留学生进行对比,因此这些文化适应策略并非完全符合所有地区的来华非洲留学生,但以上这些特征在华东地区非洲留学生群体中较为常见是不争的事实。

A Study on African Students' Acculturation Strategies in China

WEN Guozhu

Abstract:In recent years, the acculturation of African students in China has become a hot issue. Under the framework of "acculturation of

---

① 王炳钰. 移民与家庭生活:新西兰中国新移民实证研究. 中山大学学报(社会科学版),2019(3):137-145.
② 王炳钰. 移民与家庭生活:新西兰中国新移民实证研究. 中山大学学报(社会科学版),2019(3):137-145.

immigrants", this article analyzes the acculturation status and existing problems of African students in China through the participatory observations and interviews with African students at five universities in East China, and puts forward corresponding acculturation strategies. This study has found that their acculturation centers on upward social mobility and a freer living condition influenced by factors such as study and life pressure or even cultural conflicts. There is a trend of contextualized choice in acculturation strategies that needs to be properly addressed to provide talent support for the in-depth development of China-Africa relations.

Keywords：African students in China；acculturation strategies；contextualized choice

（编校：吴月芽）

新时期对非语言战略初探[*]

罗美娜

摘要：本文基于非洲国家的语言现状并结合国家汉语战略，提出新时期对非语言战略应以增进中非民众的深层认知和交往，促进汉语成为非洲人民广泛学习使用的语言之一，传播中国文化，提升中国在非洲的软实力，进一步巩固中非关系为目标。其主要任务是：增进中非民众的语言文化接触和认知，促进中国文化在非洲的接受与扎根，与非洲人民共建和谐语言社会。在未来的对非语言工作中，应通过加强汉语和中国文化在非洲的传播，推动非洲语言人才培养等措施来推动对非语言战略的实施。

关键词：对非语言战略；国家软实力；话语建设；非洲关键语言

作者简介：罗美娜（1978—　），女，浙江遂昌人，浙江师范大学外国语学院副教授。

进入 21 世纪，中非政治经贸往来日益频繁，中非关系快速发展。2000 年中非合作论坛机制的创建、2006 年《中国对非洲政策文件》的发布、中非合作论坛北京峰会的召开及"中非新型战略伙伴关系"的确立，为今后中非关系的发展奠定了新的基础。中非正在形成以发展为核心的，互为机遇、互利共赢的命运共同体。

在中非关系日益密切的过程中，我们也应该清醒地看到，中非民众对彼此的了解还很有限，在语言与文化交流上也存在不少困难。对很多中国人来说，非洲仍然是世界上他们最不熟悉的地区。走进非洲的很多中国人对当地的风土人情、社会文化和法律法规了解甚少，难以融入当地社会。从非洲方面看，大多数民众对中国语言文化、中国的发展道路、中国历史、中国人的生活和思想状况了解甚少。即使是中非学者，对彼此的历史、文化和社会等方面的了解也不够深入，往往需要借鉴国际上已有的研究成果。可以说，语言不通、缺乏多元文

---
* 本文发表于 2014 年第 1 期。

化视角所导致的信息不畅、交流困难是中非交流进一步深入的重要障碍之一。

语言自古以来就是政治经济文化的桥梁,当前,它既是"文化软实力"的根本载体,又是"走出去,引进来"的先导和基础。语言战略是国家战略的重要组成部分,关系到对外交流与合作、信息安全、语言文化遗产的保护等重要领域,语言战略更是大国博弈的重要武器。当前,语言及其影响下的各方面因素在对非战略中还没有引起足够的重视,因此,在延续既有对非战略的同时,在新时期应加强对非语言战略的研究。

一、对非语言交流的现状及面临的挑战

20 世纪 50 年代,中国向埃及开罗大学派出了第一名汉语教师,揭开了当代非洲国家汉语教学的序幕。1973 年汉语被列为联合国的工作语言之后,突尼斯、刚果(布)等国开始开设汉语课。此后,中国政府先后向毛里求斯、毛里塔尼亚、塞内加尔、苏丹、埃及、喀麦隆等国派遣汉语教师,援赠教学仪器和图书资料,创建汉语培训中心和语言实验室,协助所在国开展汉语教学与研究。自中非合作论坛成立以来,非洲的汉语推广发展迅速,"汉语热"在非洲大陆迅速升温。埃及、苏丹、突尼斯、南非等国在一些高校开始设置中文专业,埃及艾因夏姆斯大学中文系甚至招收了中文专业的硕士、博士生。一些非洲国家还将汉语教育从大学延伸到了中等教育阶段,并将其纳入国民教育体系。[①] 在这样的背景下,中国政府采取了积极的措施,满足非洲国家对汉语教学的需求。首先,中国加大了向非洲国家派遣汉语教师和为非洲国家培养汉语师资的力度。根据国家汉办公布的数据,截至 2005 年,中国先后向非洲 10 多个国家派遣了 200 多名汉语教师。为了培养高水平、应用型的非洲本土汉语教师,2009 年国家汉办开设了非洲汉语教师来华培训班,并向非洲国家提供孔子学院奖学金。其次,中国与非洲国家合作开办了多所孔子学院。2005 年 12 月,非洲第一家孔子学院——肯尼亚内罗毕大学孔子学院开课。截至 2013 年 9 月,非洲共有 26 个国家开办了 35 所孔子学院,8 个国家开设了 10 个孔子课堂。[②] 孔子学院积极开设各类汉语课程,开展多种形式的文化活动,已成为中国语言文化在非洲传播的重要基地。

综观中国对非汉语教学推广的历程,对非汉语教学从援助走向合作,并进入非洲国家官方的教育体系,扎根于非洲广阔的大陆。2005 年非洲第一所孔子

---

① 徐丽华,郑崧. 非洲汉语推广的现状、问题及应对策略. 西亚非洲,2011(3):42-46.
② 相关数据由国家汉办公布的数据整理而成。

学院的创立标志着非洲汉语推广在向深度推进。对非语言战略呈现出了从隐性到显性的过程，但仍然是分散的、模糊的、附属的，还需形成统一的、清晰的、体系化的语言战略。对非语言交流目前还面临着许多问题和挑战。

（一）国家语言战略升级后对非语言战略规划相对滞后

中国现有的语种能力十分有限，语种人才分布极不合理，特别缺乏"多语种能力"的人才，这跟一个崛起中的大国的地位是不相称的。[①] 可喜的是，2012 年 12 月国家语委公布了《国家中长期语言文字事业改革和发展规划纲要（2012—2020 年）》，提出要"根据国家战略需求，制定应对国际事务和突发事件的关键语言政策，建设国家多语能力人才资源库，促进制定外语语种学习和使用规划"。纲要在对外汉语推广战略上有以下建议。一是要推进国际汉语教育。加强国际汉语教育教师培训、教材建设和教学研究，继续推动汉语相关水平测试向海外拓展，增强中华文化国际影响力。继续发挥普通话、规范汉字和《汉语拼音方案》在国际汉语教育和海外华文教育中的主导作用。二是要提升中文的国际地位。促进中文成为有关国际组织的正式工作语言、国际会议的会议语言，提升中文在国际学术界的影响力。扩大、深化与世界各国和地区的语言文化交流与合作。[②] 对非汉语战略是国家全球汉语国际推广的重要组成部分，国家语言战略升级后，对非语言战略研究有许多问题值得思考：对非语言战略在国家对非战略中的地位和作用如何？针对非洲国家的特殊国情，应怎样加强对非汉语推广的理论与对策研究？是否应有专门机构统筹规划中国对非语言文化输出和非洲语言文化输入，并协调和整合相关资源？非洲语言种类繁多，哪些语言需要被确立为关键语言？这些都是对非语言战略必须面对但又尚未解决的问题。

（二）对非汉语师资、教学资源和设备紧缺

虽然对非汉语教学发展迅速，但与快速发展的中非政治经济关系相比，对非汉语和文化推广还远不能满足需求。随着非洲汉语学习需求的快速增长，现有的师资队伍在数量和质量上已远远满足不了学习者的需求，汉语教师资源匮乏已成为推广汉语的瓶颈。此外，教学资源和设备紧缺也制约了汉语推广的速度。一些非洲国家的教学投入有限，教学设施缺乏，教学设备简陋，仅靠中国政

---

① 李宇明. 国家的语言能力问题. 中国科学报，2013-02-25(7).
② 国家中长期语言文字事业改革和发展规划纲要（2012—2020 年）. （2013-01-06）[2013-07-01]. http://www.chinanews.com/cul/2013/01-06/4462831.shtml.

府的援建无法满足汉语教学规模日益扩大的趋势。如何争取当地政府的支持，培养非洲本土汉语教师，因地制宜开发教学资源是非洲汉语教学本土化面临的巨大挑战。

(三)国内非洲语言文化的教学及研究薄弱

国内能开设非洲本土语言专业的高校仅有几所，每年培养的涉非人才有限，通晓非洲语言文化的人才紧缺。涉及非洲语言文化的基础性学术研究目前还非常薄弱，进行非洲研究的机构、学者、智库等力量还不够强大，系统的非洲文化研究成果还不多，难以满足国家的战略需要。虽然"中非联合研究交流计划"已实施三年多，中国社会科学院西亚非洲研究所，浙江师范大学非洲研究院、非洲翻译馆，北京外国语大学非洲语言与文化研究中心等研究机构围绕中非关系中的重大现实问题已开展了大量相关研究，但国内关于非洲语言文化等方面的基础性学术研究还远远不能满足现实的紧迫需求。

二、新时期对非语言战略的目标和主要任务

新时期对非语言战略的规划需要考虑外部环境和内部条件，更需要重点考虑如何与国家重大发展战略相结合。在目标上应顺应国家对非战略和中国大国崛起的和平形象，增进中非民众的深层认知和交往，促进汉语成为非洲人民广泛学习使用的语言之一，传播中国文化，提升中国在非洲的软实力，进一步巩固中非关系。

(一) 增进中非民众的语言文化接触和认知

中国和非洲相隔千山万水，遥远的距离导致了中非民众有较强的文化陌生感。中非民众对彼此的政治、历史、语言、文化、艺术等方面的认知都很有限，要让非洲民众有更多的机会接触中国语言和文化，同时也要让中国人民接触更多非洲本土的语言和文化。要鼓励在非中国人真正"走出去"，与当地民众广泛接触，融入当地社会。要在广泛交流中学习当地语言和文化，培养多元文化的视角和意识。同时，在非中国人是非洲人民直接认知中国的窗口。走进非洲当地部落、社区，意味着为非洲民众提供了接触汉语和认知中国文化的机会。民间语言文化交流和正规的语言教育并重才能增进中非民众对彼此的认知。

(二)促进中国文化在非洲的接受与扎根

中非地理环境和气候差异很大，中非文化也呈现出明显的差异性，在性格

和气质,行为方式与金钱观,对中央集权、国家和部族的概念,政治、历史、文化、艺术和语言的多样性等方面存在很大差异。[①] 作为一种外来文化,中国的文化价值观如何能被非洲民众接受并进一步扎根于非洲大陆是一个亟待解决的问题。相对于西方文化与非洲文化长期以来的紧密关系,中国文化在非洲大陆处于相对弱势。由于西方列强在非洲殖民统治时期强行推行西化教育,实行文化高压政策和同化政策,因此非洲国家在文化上对外部干预非常反感和排斥。虽然中国文化从来不是一种侵略性的文化,但作为一种具有五千多年悠久历史和深厚底蕴的异质文化,中国文化难免会使非洲其他民族或国家感受到某种程度的压力。所以,要让非洲普通民众不仅因汉语在经贸往来与文化交流中实用价值的不断提升而投入到汉语学习中,更要发自内心地喜爱、接受和热爱中国文化,而非强势推行汉语教育。

(三)加强在非话语权建设

语言不只是表达意义的工具,常常也是意义本身。使用一定的语言,其实是接受与之相应的思维方式和价值观,在语言背后实际隐藏着社会影响力。全球化对话中使用什么样的公共话语,不仅是一种语言表象,也是一种权力表征。中国在非洲一直秉持着"不干涉内政"和"尊重各国自主选择发展道路"的原则,埋头实干抓生产,促经济。虽然中国在一些非洲国家和地区逐渐积累了经济方面的影响力,但在话语权方面的影响并未同步发展,与西方相比仍有很大的差距。由于西方和非洲的殖民关系,"西方中心"的惯性仍然主导着非洲通行的概念和标准。所以应重视和加强汉语在非洲事务中的地位,争取将汉语作为大型会议的工作语言,商贸行业的服务语言,中资机构援建或建设的如铁路、机场等大型基础设施项目的服务语言。在非洲的各个领域多用汉语发声,建立新概念、新表述,用汉语积极传播具有中国特色的文化视野和文化成果,通过平等的话语权促进中国文化软实力在非洲的提升。用汉语塑造中国形象,让世界重新认识和理解中国,并让中国真正为非洲其他民族所认识与认同。在非洲话语权的提升也会给中国带来更大的经济效益、更好的政治外交和文化产品。

(四)与非洲人民共建和谐语言社会

中国政府所提倡的"和谐世界"理论,将中国文化价值观中积极倡导和平、

---

① 周海金,刘鸿武. 论文化的互通性与差异性对中非关系的影响. 浙江社会科学,2011(6):41-47.

民主、和谐的理念融入外交战略，提倡构建一个以团结、相互尊重、友谊、和平、和谐和共同繁荣等为特点的稳定的国际社会。"和谐世界"离不开和谐的语言生活。语言和谐是构建各种和谐关系的纽带，也是建设和谐社会的基础。中非语言文化的差异性可能会成为中非关系的障碍，在中非交往中造成误解，在贸易中制造摩擦，在外事上形成争端，这些都有可能影响中非关系的健康发展。因此，要以平等、友好、和谐、共同繁荣的合作式话语与非洲人民共建和谐语言社会。非洲许多国家部族林立，语言繁多。语言隔阂、矛盾和冲突在一定程度上影响了非洲的发展和稳定。"语言和谐"的理念或许能为非洲消除部族纷争和地区冲突提供一点有益的启示。应在语言交流与传播过程中激活中国古代传统文化，进一步提炼中国文化中关于仁爱、公平、包容、互敬、团结、善治、合作、互利、友谊、和谐等思想，充分挖掘中国传统文化智慧对于现代社会的价值和意义，并将其融入对非语言与文化传播。

三、对非语言战略的实施途径

(一)推进汉语和中国文化在非洲的传播

当前，许多大国都在根据世界形势制定有利于宣传本国文化的语言战略，为本国语言在全球语言秩序中寻求制高点。在语言教育方面，非洲汉语教学要深入调查和研究当地汉语学习情况和语言政策。一方面力争将汉语作为外语纳入高等、中等和基础阶段的非洲国民教育体系；另一方面要因地制宜，根据学习者的不同学习需求，开办适合各类人群、面向社会各阶层的普及型、开放性的非学历教育。除了孔子学院这种汉语教学机构外，需鼓励民营培训机构参与汉语教学和文化推广。在师资方面，除了加大公派教师和志愿者的数量，更要着重培养非洲本土汉语教师，提高非洲本土汉语教师的数量和质量。在教材方面，应结合当地实际开发教材和教学资源，按语种、教学层次、教学对象，分类编写对非汉语教材。在教学内容方面，应提供形式多样、品种繁多的教学内容。

在文化传播方面，应结合非洲所在国不同对象的需要进行不同层次的文化传播。对于汉语初学者，可以书法、武术、美食等有形的器物或行为层面的文化吸引非洲民众对中国文化产生兴趣。尤其要针对非洲民众爱好音乐和舞蹈的特点，多介绍中国的民族音乐和舞蹈等当地民众喜闻乐见、易于接受的文化表现形式，使接收者能够零距离接触中国文化。深层次的文化传播则可通过系统教学的形式，循序渐进地展示中国传统文化中关于人生、社会、政治等各个方面的核心理念和价值。应发挥广播、电视、报纸等大众媒介的力量，更要凸显网络等新媒介在文化传播方面的作用。应争取当地政府的支持并加强与当地华人社团的合作，共同开展文化传播。孔子学院作为对非中国文化传播的主要机构，除了汉语教学之外，在中国文化的传播上应重视文化传承与创新，努力在政府外交无法触及的层面润物无声地撒播中国文化和谐的种子，让孔子学院真正成为联通"中国梦"与"非洲梦"的桥梁和纽带。

（二）提倡使用和谐语言

中国领导层在与非洲交往时经常使用"和平共处""共同发展""友谊""互惠互利"等得体的合作式的语言，以真诚的态度与非洲国家交往，相比西方国家的"内战""贫困""疾病""不发达"等字眼，中国领导层在与非洲国家合作中使用的语言更礼貌，更优雅，措辞更灵活，因而赢得了非洲国家领导人的赞赏与认同，从而增强了他们与中国进一步开展合作的信心。对非语言战略要大力提倡使用和谐语言。一是要使用委婉语言，纠正伤害性的语言。不使用歧视性称呼，少用命令式语句，多使用委婉语气，以礼貌原则和合作原则规范言行。二是要讲究诚信，杜绝语言欺诈。有些中国公司唯利是图，不守诚信，不遵守所在国的法律法规，从而遭到了非洲当地政府和人民的排斥和反感。对非语言战略的实施应建立在诚信的基础上，达到心与口的和谐。三是要进行和谐语言教育，提高公民修养。在非中资机构和企业要对员工进行当地文化习俗及和谐语言教育，让他们在工作和日常生活中避免与当地人产生言语摩擦和冲突。互相尊重、平等友爱，将泱泱大国、礼仪之邦的友好文明之风带入非洲，才能以和谐的理念影响非洲民众，从而与非洲民众共同建设更加和谐的社会。

（三）加强非洲语言人才的培养

非洲语言人才的培养是落实国家对非语言战略的重要力量，而加强非洲语言文化的教学是培养具备非洲关键语言能力、通晓非洲文化的涉非人才的重要途径。非洲语言种类繁多，哪些语言需要被确立为关键语言进入教学体系值得深入探讨。根据联合国教科文组织的统计，非洲人使用的语言有 2000 多种，占世界上语言总数的 30％。虽然非洲语言纷繁复杂，但非洲社会高级研究中心的研究结果显示，75％以上的非洲人实际使用的总共只有 12 种非洲核心语言，它们分别是：恩戈尼语、苏托-茨瓦纳语、斯瓦希里语、阿姆哈拉语、富尔富尔语、班巴拉语、伊格博语、豪萨语、约鲁巴语、罗语、东部内拉卡斯蒂恩语和西部内拉卡斯蒂恩语。① 非洲各国由于受殖民时期语言政策的影响，通常将原殖民国家语言定为官方语言。而当前非洲联盟使用的工作语言有阿拉伯语、英语、法语、葡萄牙语、西班牙语和斯瓦希里语。

综合上述非洲语言的现状，结合全球语言系统的 12 种超中心语言②（即阿拉伯语、汉语、英语、法语、德语、印地语、日语、马来语、葡萄牙语、俄语、西班牙语和斯瓦希里语），以及与中国政治经贸往来密切程度和国内非洲本土语言教学能力的情况，中国对非语言战略中的非洲关键语言应包括：阿拉伯语、英语、法语、葡萄牙语、西班牙语、斯瓦希里语、阿姆哈拉语、豪萨语、祖鲁语和约鲁巴语。其中，斯瓦希里语、阿姆哈拉语、豪萨语、祖鲁语和约鲁巴语为非洲本土语言。应鼓励更多有条件的高校开设非洲方向的课程，以培养"非洲本土语言＋非洲学核心课程③＋外语（英语/法语/葡萄牙语/西班牙语/阿拉伯语）"的多语型人才和"非洲关键语言＋非洲学核心课程＋专业（外交/经贸/法律/新闻）"的复合型人才。而站在全方位、宽领域、普及型培养对非人才的角度，应鼓励更多高校开设有关非洲语言文化的选修、辅修或是通识课程。师资方面除了聘请专业外籍教师外，还可以与非洲国家的大学开展姊妹学校之间的国际合作交流。也可让留学生、来华长短期培训的非洲研修人员不同程度地参与授课、讲座或是非洲角的活动，充分整合各种教学资源。

（四）提升对非研究机构的学术研究水平

基于非洲在我国对外交流上的重要性和特殊地位，对非语言战略规划和决策要充分考虑到语言及与之相关的各方面因素。对非语言战略研究是一个系统的工程，应从国家战略高度，从全局出发制定中长期发展规划，统筹政府和民间资源、协调和沟通国内各参与部门和院校。中非合作需要融资，更需要融智。高水平对非学术研究机构的存在，能为国家对非政策（包括对非语言战略规划）提供强有力的科研和智力支持。所以政府应投入更多资源和人力，培育高水平的非洲研究机构和研究队伍。中非双方的大学要联合培养有志于从事中非研究和交流的青年人才，建立战略性涉非、涉华语言人才库。建设好相关图书资料中心、网络数据库等设施，并加强学者间的信息交流与共享。研究机构和研

---

① 罗美娜. 非洲国家的多元语言使用问题. 世界民族，2011(2)：76-81.
② 斯旺. 世界上的语言. 乔修峰，译. 广州：花城出版社，2008：120-125.
③ 浙江师范大学非洲研究院将非洲学导论、非洲史纲要、非洲教育导论、非洲经济导论、非洲文化导论、非洲政治导论、非洲国际关系导论、非洲研究的理论与方法、非洲研究名著导读等课程作为非洲学核心课程建设项目，这一课程体系可作为确定非洲学核心课程的参考。

究队伍要把握时代性,增强使命感,围绕中非关系中的重大理论和现实问题开展研究,凝聚智慧,加强学术交流,以高水平的学术研究成果为中非关系发展提供理论指导和智力支持。

An Exploration into Language Strategies toward Africa in the New Era

LUO Meina

Abstract：Based on the language situations of African countries and combined with the national strategies of promoting the Chinese language，the goals of language strategies toward Africa in the new era include the following parts：increasing Chinese and African people's deep understanding and communication，promoting Chinese to become one of the most widely learned and used languages by the African people，spreading Chinese culture，and enhancing China's soft power in Africa so as to further strengthen China-Africa relations. The following are the main tasks：increasing Chinese and African people's contact and knowledge of language and culture，promoting Chinese culture to be accepted and to take root in Africa，and building a harmonious language society together. To implement the strategies in the future，it is necessary to take measures such as strengthening the spread of Chinese language and culture in Africa，and improving the training of talents of African languages，and so on.

Keywords：language strategies toward Africa; national soft power; discourse construction; critical languages in Africa

（编校:钟晨音）

喀麦隆汉语推广的现状、问题及应对策略 *

徐永亮

摘要：喀麦隆的汉语推广工作开始于 20 世纪 90 年代，自雅温得第二大学孔子学院成立以来，喀麦隆的汉语推广进入了快速发展期，但是在人才支撑、教材及教学设备方面面临挑战。因此，深化喀麦隆汉语推广需要优化师资队伍结构和配置，开发本土化教材并且加强孔子学院的社会网络资源整合。

关键词：喀麦隆；汉语推广；孔子学院

作者简介：徐永亮（1978—　　），男，陕西渭南人，浙江师范大学行知学院讲师，文学硕士。

一、喀麦隆汉语推广的历史与现状

喀麦隆是一个多民族、多语言国家，其官方语言为法语和英语。虽然早在 1971 年就已经与中国建交，但是汉语教学在喀麦隆却只有不到 20 年的时间。基于中国教育部和喀麦隆高等教育部的合作协议，喀麦隆汉语培训中心于 1996 年在雅温得第二大学（University of Yaoundé II）下属的喀麦隆国际关系学院（International Relationship Institute of Cameroon，IRIC）正式成立并开始汉语教学，中方对口合作单位是浙江师范大学。1998 年，IRIC 的法语教师张宝玲（Zang Atangana Pauline）女士赴浙江师范大学进行了为期两年的汉语学习，回国后成为喀麦隆第一位本土汉语教师。

然而，喀麦隆的汉语教学开始进入快速发展期则是在雅温得第二大学孔子学院成立以后。2007 年 1 月，胡锦涛主席访喀期间与保罗·比亚总统就设立孔子学院达成共识；同年 11 月，雅温得第二大学孔子学院（简称雅二大孔院）揭牌，由浙江师范大学与雅温得第二大学合作共建，成为撒哈拉以南非洲第一所

---
* 本文发表于 2016 年第 2 期。基金项目：教育部哲学社会科学重大课题攻关项目"深化中外人文交流的战略布局与运行机制研究"（15JZD003）。

孔子学院。2008年,雅二大孔院在马鲁阿大学高等师范学院(University of Maroua,ENS)设立汉语师范专业,开始培养本土汉语教师。截止到2015年4月,雅二大孔院累计已培养中学汉语教师147人(其中50人已经被中等教育部分配到各地中学承担汉语教学工作)。目前,雅二大孔院在喀麦隆已经建立了20个教学点,2015年孔院各类注册汉语学习者人数总计达9470人,当年汉语水平考试HSK、中小学生汉语考试YCT及汉语水平考试口语测试HSKK的参考人数总计达1294人。在岗师资方面,目前喀麦隆有中国国家汉办公派教师10人,志愿者33人及本土汉语教师3人。在当地中学,汉语已经成为初中毕业会考科目;有300名初中毕业生参加了2014年6月喀麦隆中等教育部组织的首次汉语统考。

二、喀麦隆汉语推广的主要特点

(一)一院多点,注重全面推进

雅二大孔院是喀麦隆唯一的一所孔子学院。可以说,喀麦隆汉语教学的快速发展和壮大主要得益于孔子学院的大力推动。20世纪90年代,喀麦隆汉语培训中心的设立一定程度上主要是为了促进中喀官方交流及培养高级人才的语言需要,面向普通高校、中小学乃至社会的汉语教学相对有限。因而,在一段时间内,汉语教学规模无法迅速扩大,直到成立了孔子学院,才真正为喀麦隆的本土汉语师资培养和汉语推广与教学提供了更大的平台。在"一院多点"①思路的指导下,汉语教学没有拘泥于首都雅温得和"经济首都"杜阿拉的社会培训,而是采用"自上而下"战略与喀麦隆高等教育部、中等教育部及当地大学和中小学积极展开直接合作,先后在雅温得第一大学、雅温得第二大学、布埃亚大学、几内亚湾大学、高等商业管理大学、非洲信息学院等设立学分课程或必修课程;在圣安德烈双语学校、拉盖特国际学校、幸运儿学校及勒迪古狄学校等著名小学开设汉语课程。汉语推广工作直接"切入"其教育机构起到了很好的引领和示范作用。目前还有多家大学和中小学与孔子学院协商,希望开设汉语专业及课程。

---

① (a)徐丽华.非洲孔子学院:检视、问题与对策.浙江师范大学学报(社会科学版),2012,37(6):52-56.(b)张笑贞.雅温得第二大学孔子学院一院多点模式探究.浙江师范大学学报(社会科学版),2012,37(6):57-60.

（二）突出重点，注重内涵发展

随着汉语教学点在全国各地的广泛设立和汉语教学总规模的不断扩大，喀麦隆汉语推广工作一直注重把汉语教学纳入当地的国民教育体系。早在 2008 年，雅二大孔院就与喀麦隆极北大区马鲁阿大学展开了深度合作，设立了三年制的汉语师范专业，至今已培养毕业生 180 名，毕业生被中等教育部以国家公务员身份派到中学教授汉语。2014 年，雅二大孔院通过与马鲁阿大学高等师范学院和高等教育部合作，增设师范专业高级资格证书阶段的培养工作，开始了 5 年制硕士文凭项目的招生。目前，师范专业有本科阶段在读生 84 名，硕士阶段 14 名。此外，2014 年雅二大孔院与马鲁阿大学文学院合作开设了汉语言文学本科专业，培养汉语专业人才，首批招收学生 48 名，学生完成学业将获得汉语语言文学学士学位。往届、应届汉语师范专业毕业生及在职中学本土汉语教师攻读汉语语言文学学士学位的人数两年总计 89 人。2015 年，雅二大孔院通过与马鲁阿大学协商，3 名汉语国际教育硕士专业毕业回喀学生被招聘为马鲁阿大学正式编制教师，和中方教师共同进行教学工作。2015 年，在孔子学院及中方合作院校的共同努力下，马鲁阿大学汉语师范专业成为首批所在国合作院校与中国国家汉办共建的师范专业；汉办将专门出资支持，为该专业设立若干个"核心教师"岗位，以推动马鲁阿大学设立更多正式的本土汉语教师岗位。再加上汉语专业毕业生良好的就业趋势，因此可以说汉语师范专业和汉语语言文学专业的设立，使喀麦隆以汉语为工作方式和内容的人越来越多，对汉语推广工作产生了长远的影响，[①]取得了良好的社会效应，也为喀麦隆的汉语推广和教学进入可持续发展良性轨道奠定了社会基础。

（三）融入当地，注重资源整合

汉语推广工作长远、深入发展的重要一步在于"本土化"，只有凝聚了当地社会的各种力量和资源才能把汉语推广工作推向新的高度。在 2014 年 12 月第九届全球孔子学院大会上，国家汉办主任许琳就着重强调，孔子学院要融入所在国文化，实现本土化。除了直接与当地教育部门和教育机构开展合作，喀麦隆的汉语推广工作与当地其他社会机构及中资企业形成了良好的互动关系。这种互动关系主要表现在以下几个方面。首先，针对具有一定社会影响力的机

---

① 徐永亮. 非洲孔子学院汉语言专业点的建设与发展——以喀麦隆雅二大孔院马鲁阿汉语专业点为例. 孔子学院发展研究，2014(1)：45-50.

构和团体开设汉语特色培训班。如与罗杰·米拉基金会(Roger Miller Foundation)合作开设青少年足球球员汉语培训班,与喀麦隆中国武术协会合作开设汉语及武术培训班,与喀麦隆选美协会合作开设选美小姐汉语培训班,与喀麦隆记者协会、非洲第一银行及政府部门合作开设系列汉语培训班等。其次,与驻喀中资企业积极合作,实现优势互补。在华为、中铁五局、中化国际、华山国际及山西建工等企业设立汉语教学实训基地,同时为汉语学习者提供专职、兼职工作机会。再次,分别通过与喀东部大区贝尔图阿孔子基金会、南部大区桑梅利马运动学院合作成立当地主导的区域性汉语推广联络点。最后,在大学的校园广播、当地电视频道 CANAL 2 投放汉语学习专栏节目。中国外交部部长王毅 2015 年 1 月视察雅二大孔院期间曾与雅二大校长一同为校园广播汉语专栏的开播揭幕。孔子学院在教学与文化资源配置过程中与当地各种力量和资源所形成的正式关系和非正式关系共同构成孔子学院社会关系网络。① 与当地社会机构和团体的积极互动,为汉语及中国文化的推广创造了广泛、良好的社会舆论环境,提升了社会影响力,也使汉语推广工作形成了有效合力,从而加速了汉语推广工作的本土化进程。

三、喀麦隆汉语推广的困难与挑战

(一)规模发展——深化发展与人才支撑的矛盾日渐显现

喀麦隆在非洲属于经济、社会发展比较落后的国家,也缺少汉语及中国文化教学与研究的底蕴。如前文所述,其汉语教学是在孔子学院的主导下发展壮大的,这与许多欧美国家大学本身就有汉语专业及中国研究形成强烈反差。随着汉语教学点在喀麦隆各个大区的设立,汉语学习人数的迅速增长及教学层次的不断提升,师资及人才支撑问题开始出现。其一,虽然汉语师范专业及汉语语言文学专业毕业生能基本满足当地中、小学汉语教学的需求和教师资格方面的要求,但是对于高等院校汉语专业及学分课程而言其资格和水平还不能满足要求。尽管 2015 年马鲁阿大学设置了 3 个汉语教席,但与目前的汉语教学总量相比只是杯水车薪;喀麦隆汉语推广仍然依赖中方派遣师资。其二,目前在喀汉语推广已经形成了南部杜阿拉、中部雅温得及极北部专注于汉语专业教学的马鲁阿三大教学基地,围绕三大基地的"卫星"教学点已达到 15 个,这给师资

---

① 宁继鸣,孔梓. 社会资源的聚集与扩散——关于孔子学院社会功能的分析. 理论学刊,2012(12):76-80.

配备、人员管理带来了巨大负荷。其三，汉语本科学历专业及研究生学历项目的设立对教师的学历和资历形成了挑战。显然，以志愿者为主体的师资队伍面临着巨大压力。

(二)培养口径——优化教学与本土化教材短缺形成矛盾

喀麦隆汉语推广的教材需求从培养口径方面可以分为四大类：汉语专业类（针对师范专业和汉语语言文学专业）、汉语通识类（针对大学学分课程、必修课及选修课）、社会培训类（针对社会培训班）和中小学汉语教材类。到目前为止，在喀麦隆还没有任何一种本土化的教材。各类课程使用的均是中方教材和自编教材，无论是在内容上，还是在难度上，或者在知识体系上，其契合度离培养目的还有相当大的距离。比如，对于汉语师范专业，囿于教材条件所限，实践中各门专业课程的教材从横向和纵向上都很难形成相互贯通的体系和语言知识互补。另外，在语言方面，虽然喀麦隆是双语国家，但是其 10 个大区中只有 2 个大区是英语语系，而目前的教材还是以英语版为主，法语版的教材凤毛麟角。教材问题不仅给教师造成了压力，对于不同口径的汉语教学也造成了一定的障碍。

(三)设备匮乏——现代化的教学模式和教学手段难实现

目前喀麦隆 18 个汉语教学点当中，总共只有一间语音教室（中国政府早期赠送），其余全部是普通教室，极个别教室配有音响及电视。以马鲁阿汉语教学基地为例，该教学点承担了喀麦隆所有本土师资及汉语语言本科、硕士阶段的培养，其 6 间教室均为普通教室，没有任何电教设备。听力课上教师使用的是从中国带来的移动扩音设备，其他课程基本都采用"水泥黑板＋粉笔"的形式授课。由于经济条件滞后，学生基本没有电脑，也没有课本；课堂上，都是抄黑板、记笔记，更不用提利用多媒体或者丰富的网络资源进行教学了，学生完全没有条件在课外进行听力和语音的学习。这些在很大程度上阻碍了汉语教学的进度和效率。随着教学规模的继续扩大，教学设施和场所也将愈加无法满足实际需要。

四、困境与挑战的应对策略

(一)职能归位——优化师资配置和师资队伍结构

在喀麦隆，孔子学院是汉语推广工作的"引擎"，应当在汉语教学体系中发挥核心作用。在汉语学习"热起来"以后,孔子学院的职能需要重新定位,毕竟中方派遣师资的数量是有限的。因此,首先应将中方师资优先配置在核心的教学点和教学岗位,继续发挥引领作用。对于中小学的汉语教学工作,则主要由本土汉语教师来承担;对于教学效益较低的教学点应当进行重新整合,以节约中方师资。其次,应扩大中方公派教师、专职教师和艺术专业教师的数量,逐步减少志愿者教师的数量。相对而言,志愿者教师流动性太强,给教学工作的连续性带来了挑战。这也是喀麦隆汉语师资队伍学历、职称结构失衡的主要原因。随着汉语教学层次的不断提高、文化推广活动的深化和管理负荷的增加,汉语推广工作越来越需要一支富有教学和管理经验,并且具有开拓精神的师资队伍。当然,对于部分较低层次的汉语教学和社会培训教学,则应当以本土教师为主。孔子学院可与教育部门合作,逐步建立汉语教师资格认证制度,促使合格的社会培训人员走上专职或者兼职的汉语教学岗位。总之,汉语推广工作需要把有限的中方师资队伍建好、用好,逐步引导,最终形成"本土人士利用本土资源进行汉语教学"的良好局面。

(二)开发教材——满足汉语教学四个序列的需要

在中国出版的教材无法满足当地汉语教学需求的情况下,孔子学院应积极总结和研究四个序列汉语教学[①]的实际需求,成为喀麦隆本土化教材的研发中心。孔子学院的职能定位不是进行单项的语言和文化推广,而是促进中国文化与当地文化的对话和交流。[②] 因此,孔子学院也需要不断增强其"软实力",而不仅仅只是单纯地把师资全部配置在汉语教学第一线,进行简单而重复的基础教学工作。据2012年的一项调查,当地学生对教材的满意度标准化得分仅有56.4,主要是因为教材对当地学生来说实用性和趣味性不强。[③] 孔子学院应当成为当地文化、教育的研究中心,并结合研究孵化包含当地文化元素且为当地汉语学习者喜闻乐见的系列教材。只有使教材的内容、形式和难度适合四个教学序列的需要,才能说汉语教学基本实现了本土化。

(三)塑造品牌——统筹各类资源以改善教学条件

作为喀麦隆全国唯一的汉语推广机构,雅二大孔院是汉语学习的主要"窗

---

① 即汉语专业课程教学、学分课程教学、选修课程教学及社会培训教学。

② 周璐铭. 从文化战略的角度看孔子学院的定位. 华北电力大学学报(社会科学版),2014(2):136-140.

③ 高航. 喀麦隆孔子学院办学模式研究. 金华:浙江师范大学,2012.

口"，因此具备统筹中喀两国各类相关资源的条件机遇。当然，孔子学院首先需要塑造品牌，把自己打造成一张出色的"中国名片"和促进中喀交流的重要平台。对于当地社会，孔子学院目前正处于品牌的成长期，吸引受众、增强品牌的感染力是本阶段的主要任务。① 孔子学院唯有塑造出良好的品牌形象，才能获得除国家汉办资金支持外，中国国内相关部门和院校、当地中资机构以及喀麦隆政府和机构更多的资源和支持，从而为改善教学条件筹集更多资金。值得注意的是，对双方合作关系的正确认识和定位是统筹各方力量的前提。喀方合作院校在投入上过分依赖中方，甚或认为孔子学院是免费的汉语学习场所，这种做法和观念将使汉语推广工作的力度和效度降低。孔子学院社会关系网络结构的完善将直接影响汉语教学资源的配置。因此，当务之急是加强研究与协商，有效整合各方资源，共同建设办学质量保障体系。

Popularizing Chinese in Cameroon：
Status Quo，Problems and Solutions

XU Yongliang

Abstract：Chinese language teaching in Cameroon started in the 1990s. Since the establishment of Confucius Institute at the University of Yaoundé II，popularizing Chinese language has been accelerated while faced with the challenges of lacking teaching staff，teaching resources and facilities. To optimize Chinese teaching and learning in Cameroon，the institute needs to employ more instructors with expertise and make a good use of them，localize the textbooks and coordinate the social resources at home and abroad.

Key words：Cameroon；popularizing Chinese；Confucius Institute

（编校：傅新忠）

---

① 赖祯黎. 孔子学院成长期品牌塑造策略. 青年记者，2012(10)：63-64.

附录
APPENDIX

长江学者刘鸿武教授：
学术成就与治学特色*

2013年，浙江师范大学非洲研究院院长刘鸿武入选教育部"长江学者特聘教授"名单，这是该人才奖励计划实施14年来首次在国际政治和国际关系领域设立长江学者，是对刘鸿武教授长期扎根于遥远而艰苦的非洲、坚持用中国眼光与民族立场观察非洲问题并做出具有原创意义成果的认可与嘉奖，也表明了非洲研究日益受到国家的重视。

刘鸿武教授的学术生涯具有传奇色彩，他的学术视野开阔，治学领域广泛，才情志意丰富，是一位横跨诸多学科领域、富有思想创新与学科战略规划能力的优秀学者。其学术贡献大体可归结为"心性之学"与"治平之学"两个互为支撑的特殊领域。

1.跨文史哲诸学科基础理论研究

中国传统学术，讲求"正心诚意、格物致知"，而后"修身、齐家"，最后"治国、平天下"。学问虽广博无边，无外乎"心性之学"与"治平之学"两端，学者唯有先确立内在人格理想，然后方能推己及人，担当天下。长期以来，刘鸿武教授一直从事有关人生意义与精神生活的思考研究，在传统学术、现代人文科学领域多有建树，出版了一系列具有"心性之学"思想意义的重要成果，如《守望精神家园——人文科学论纲》（云南大学出版社2000年出版，2002年获教育部优秀教材奖二等奖）、《人文科学引论》（中国社会科学出版社2002年出版）、《故乡回归之路——大学人文科学教程》（清华大学出版社2004年出版，被教育部推荐为人文素质教育教材并入选"当代云南社会科学百人百部优秀学术著作丛书"，多次再版）、《人文学散论》（人民出版社2019年出版）。他开设多年的"人文科学

* 本文发表于2015年第2期。本书收录时做了部分补充修订。

概论"课程具有丰富的美感,在大学生中具有广泛的影响力,并于 2004 年入选教育部国家级精品课程,在全国被广泛推荐。正是这些"心性之学"思考赋予了刘鸿武教授一份内在人生信念,使其能从开阔高远的境界上来理解学术的意义,并因此而长期扎根于非洲,坚守一份冷寂的事业,最终建构起一份与众不同的关乎非洲发展问题与中非关系的"治平之学"。

2. 非洲文明形态与文化特征研究

刘鸿武教授的非洲研究是从最为基础的非洲文明形态与文化史研究开始的。1990 年他首次赴非留学,选定的课题就是非洲文化史和制度史方面的。回国后近 30 年来,他一直坚持在此基础领域做深入研究,取得了一系列重要成果,如《蔚蓝色的非洲——东非斯瓦希里文化研究》(云南大学出版社 2008 年出版)、《东非斯瓦希里文化研究》(浙江人民出版社 2014 年出版)、《非洲文化与当代发展》(国家社科基金后期资助项目,人民出版社 2013 年出版)、《从中国边疆到非洲大陆:跨文化区域研究行与思》(世界知识出版社 2017 年出版)。早在 1997 年,他主持的精品课程"非洲文化史课程建设"的教学成果获教育部国家级教学成果奖二等奖,是迄今为止唯一的非洲领域国家教学成果奖。这些科研与教学成果,从开阔的视野上系统研究了非洲文明的历史进程与当代形态,以及与当代非洲政治经济发展之间的复杂关系。近年来,刘鸿武教授还在非洲艺术领域做了许多开拓性工作,在浙江师范大学建成了国内首个非洲博物馆,多次组织举办非洲艺术展览和研讨会,其主编的《非洲艺术研究》(云南大学出版社 2010 年出版)是国内首部系统阐释非洲艺术基本形态及中非艺术元素融合的著作,具有特殊的意义。

3. 非洲国家建构与政治发展研究

过去百年非洲大陆"如何从传统部族社会转变为现代国家的国家建构问题",是刘鸿武教授在 20 世纪 90 年代初就提出并致力于推进的一个重大理论与现实命题。对这一命题的学术意义、核心内容与研究路径,他曾做过专门的规划设计,并在随后的一系列论著中做了探讨,其中《从部族社会到民族国家——尼日利亚国家发展史纲》(云南大学出版社 2000 年出版)和《尼日利亚建国百年史(1914—2014)》(浙江人民出版社 2014 年出版)是这一领域的扛鼎之作,在学术界影响广泛。同时,按照这一规划,刘鸿武教授指导历届博士研究生选取非洲国家进行深入的田野调查与个案研究,完成了多篇博士学位论文,已出版著作如《当代肯尼亚国家发展进程》《当代赞比亚国家发展进程》《当代坦桑尼亚国家发展进程》《乌干达圣灵抵抗军研究》《当代埃塞俄比亚政治进程研究》。这些系列化论著深化了人们对"当代非洲国家建构与成长"这一重大问题的认识,开拓了中国比较政治学和国际政治学研究的新领域。

4.中非合作关系理论与战略研究

2006 年 10 月,刘鸿武教授出席中非合作论坛北京峰会,随后其研究成果报告《论中国对非战略》获得中国国际关系学会首届优秀课题奖,时任国务委员唐家璇亲自为其颁奖。2010 年 10 月,刘鸿武教授率团在南非主办"纪念中非合作论坛成立 10 周年研讨会",受到时任国家副主席习近平同志的接见,习副主席还对其工作给予高度评价。近年来,刘鸿武教授根据国家战略需要,按照问题导向原则,主持完成了系列重大重点课题和多份咨询报告,出版了多部影响广泛的论著,如《新时期中非合作关系研究》(教育部哲学社会科学重大课题攻关项目成果,经济科学出版社 2015 年出版,2019 年获教育部全国高校第八届科学研究优秀成果奖人文社会科学领域的二等奖)、《中非发展合作:理论、战略与政策研究》(国家社科基金项目成果,中国社会科学出版社 2011 年出版)。2012 年12 月,他的《中国对外援助与国际责任的战略研究》一书在北京大学做专题发布,被世界银行前首席经济学家林毅夫教授誉为"填补国际学术空白的重大成果"。2014 年 3 月,刘鸿武教授应邀赴英国皇家国际事务研究所发表演讲,成为首位在此国际顶级智库系统阐释中非合作关系的中国学者。

5.有特色的"中国非洲学"理论形态研究

近年来,刘鸿武教授结合非洲研究院的建院实践,就创立有特色的"中国非洲学"的理论形态、实践基础及由此牵涉的中国学术创新与智库建设等问题做了系列创新研究。他系统全面地提出"建设有特色的中国非洲学"理念,将其作为非洲研究院的目标与理想,并成功付诸实践。他在《非洲研究》创刊号上发表了《推进有特色的中国非洲研究事业的发展》的发刊词,主编了八大系列 120 多卷的"浙江师范大学非洲研究文库"并撰写了《非洲研究:中国学术的"新边疆"》的总序,系统阐释创建中国非洲学的时代意义、学术理念、方法路径及平台建设问题。随后几年他陆续发表了许多相关文章,如《国际思想竞争与非洲研究的中国学派》《中国非洲研究的知识体系与话语形态构建》《在国际学术平台与思想高地上建构国家话语权》《非洲学是一门行走与实践的学问》等,在此基础上,他的著作《非洲学发凡——实践与思考六十问》于 2019 年在人民出版社正式出版,是国内首部系统探讨非洲学理论与实践问题的专著,在学术界产生了重要影响。这些探索对中国非洲学的长远发展具有特殊的意义。

6.刘鸿武教授的治学特色及其个人风格

在学生的眼中,刘鸿武教授是一位具有诗人才情的学者,他的治学风格具有鲜明的特色：一是心性之学与治平之学的互为支撑，二是学术问题与人生理想的有机结合，三是科研成果与教学育人的相互转化，四是理论追求与经世实践的知行合一，五是民族风格与全球眼光的动态平衡。他出生于中国西南边疆民族地区的横断山脉深处，后又长期行走于遥远的非洲大陆，因而对于边地文化中的大自然的雄奇壮阔，对于遥远世界人类精神生活的多样性与丰富性，都有着敏锐的感受、欣赏与把握能力，他曾撰写出版过《中国少数民族文化简史》（云南人民出版社 1996 年出版）、《文史哲与人生》（云南大学出版社 2010 年出版）等多部基于其人生经历与情感体验的著作。可以说，他的学问与思想都不是对任何空洞理论与概念的模仿和照搬，而是来自他自己的人生实践，来自他对世界的独立观察与行走过程。

同时，刘鸿武教授还是一位具有学科战略谋划、团队培育经验、资政建言能力的组织者。近年来，他将学术理想与国家需要有机结合起来，逐渐将浙江师范大学非洲研究院建设成国内外知名的学术机构与国家智库，带出了一支年轻的学术团队，在用学术为国家和社会服务方面做出了特殊贡献。2009 年，刘鸿武教授作为"感动非洲的十位中国人"之一，荣获"中非友好贡献奖"，评委会认为刘鸿武教授的学术研究"有着独特的视角，充满了个人的心灵体验与感悟"，这或许是对这位中国当代学者治学之路和内在精神世界的最好诠释。

图书在版编目(CIP)数据

中非合作论坛 20 年:回顾与展望:中非关系研究论
文集锦 / 刘鸿武主编. —杭州:浙江大学出版社,
2020.12
(浙江师范大学非洲研究文库)
ISBN 978-7-308-20542-9

Ⅰ.①中… Ⅱ.①刘… Ⅲ.①中外关系－非洲－文集
Ⅳ.①D822.34-53

中国版本图书馆 CIP 数据核字(2020)第 167827 号

中非合作论坛 20 年:回顾与展望——中非关系研究论文集锦

主　　编	刘鸿武
副主编	王　珩　吴月芽

策　　划	董　唯　张　琛
责任编辑	董　唯
责任校对	张远方　祁　潇
封面设计	周　灵
出版发行	浙江大学出版社
	(杭州市天目山路 148 号　邮政编码 310007)
	(网址:http://www.zjupress.com)
排　　版	浙江时代出版服务有限公司
印　　刷	广东虎彩云印刷有限公司绍兴分公司
开　　本	710mm×1000mm　1/16
印　　张	16.5
字　　数	318 千
版 印 次	2020 年 12 月第 1 版　2020 年 12 月第 1 次印刷
书　　号	ISBN 978-7-308-20542-9
定　　价	58.00 元